家長最想知道、認識自學的第一本指南

自主學習大未來

凱莉·麥克唐納 Kerry McDonald／著

UNSCHOOLED

Raising Curious, Well-Educated Children Outside the Conventional Classroom

林麗雪／譯

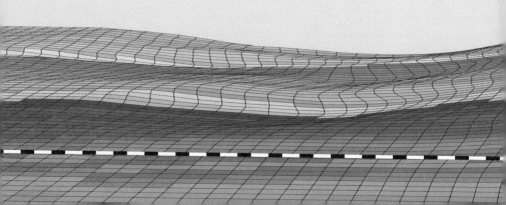

獻給教我如何學習的傑克、莫莉、艾比、山姆

好評推薦

身為自學生家長，這些年我和孩子一起走在自學的道路上。我常想著，除了教科書之外，我們的教育可以帶給孩子什麼？透過這本書，或許我們可以重新想像教育的形狀！

教育不該只有一種方式，期待每個孩子，都能依照個人特質，得到適才適性的教育，進而發展出各自多元、獨特的模樣！

——王婉諭，立法委員

很多人對學習的理解，還停留在學習就是要上學、要去參加課程，卻不知道在現今的世界，學習可以以各種方式進行。

很多家長在臺灣為子女申請自學，卻仍停留在學校那一套，變成了「一人學校」。建議想落實自主學習理念的親師生們，能讀讀這本書，打開對學習固著的觀念，以一種更彈性、更自由、更量身打造的方式，來面對學習。

——朱佳仁，自主學習促進會理事長

要真正放心讓孩子自主學習，必須相信人類生來就具備了一切善的特質，信任孩子生來就會主動學習，無須刻意教導。但這是學校教育中成長的我們，無法想像、信服的。本書清晰有條理的告訴我們，為什麼學校式的教育並非必須，甚至有害。

善與學習的本能，使人類繁衍昌盛，創造累積出驚人的文明成就；在這個資訊爆炸的網路時代，我們已經毋須擔憂孩子不上課就學不到東西。

自主學習是生活的成果，是人生的過程，更是自我賦能。讓孩子做他生命的主宰，從他生命的第一天起，因為孩子生而圓滿，你也是。

——林睿育，臺灣瑟谷實驗教育機構負責人

這本是目前為止我看到的書籍裡，對自主教育做出最佳介紹的一本。……這是一本做過徹底研究，包含充分資料的著作，描述了家庭以及愈來愈多的社會正在協助孩子提升自我教育能力的所有方式。

——彼得・格雷（Peter Gray）博士，波士頓學院心理系研究教授，
《會玩才會學》（*Free to Learn*）作者

無論你目前是正在自學，對自學感到好奇，還是只是對制度化教育感到不對勁，凱莉・麥克唐納這本書都是寶貴的資源。讀了就會意識到教育原來可以多麼豐富。

——班・休伊特（Ben Hewitt），《在家成長》（*Home Grown*）作者

麥克唐納提出強而有力的證據，不上學依然能取得高品質的教育，迫使我們思考一個讓人不安的可能性：我們的義務教育體制可能弊大於利。

——蔻莉・迪昂格利斯（Corey DeAngelis），《事半功倍》（*Doing More with Less*）作者

這本研究做足且振奮人心的書清楚表明，自主教育支持每個人與生俱來的好奇心和學習動力。即便其對每個人的影響獨一無二，但經驗顯示它通常可以培養自信、增加社區參與度，以及對學習的持久熱愛。

——勞拉・葛雷斯・威爾頓（Laura Grace Weldon），《散養學習》（*Free Range Learning*）作者

這本書為讓孩子們重新找回他們的大腦、時間、好奇心、動力、快樂提供了一個令人信服的案例。

——莉諾・絲珂娜姬（Lenore Skenazy），非營利組織「讓孩子成長」（Let Grow）總裁暨「散養孩子」（Free-Range Kids）資訊網創辦人

一本精采絕倫的書，在扎實的數據與真實家庭和年輕人的溫暖故事之間取得了令人欽羨的平衡。寫出這些年輕人如何在我們國家如工廠般的學校體制之外蓬勃發展。

——羅伯特・艾普斯坦博士（Dr. Robert Epstein），美國心理學家，《青春2.0：讓孩子和家庭擺脫青春期的折磨》（*Teen 2.0: Saving Our Children and Families from the Torment of Adolescence*）作者

這本書包羅萬象：連貫的歷史課、引人入勝的觀察側寫、對自主學習如何運作的解釋以及創新計畫的概述，一切都以生動而鼓舞人心的語言呈現。

——葛瑞絲・勒維琳（Grace Llewellyn），《青少年解放手冊》（*The Teenage Liberation*）、《游擊式學習》（*Guerrilla Learning*）作者

從制度化教育轉向家庭和社區自主學習，對於各地風起的草根運動，凱莉・麥克唐納做出了非凡的概述。

——派翠克・法倫加（Patrick Farenga），《教育自己的孩子》（*Teach Your Own*）作者、《不上學長大》（*Growing without Schooling*）雜誌發行人

目次

凡例

本書作者依美國狀況使用homeschooling與unschooling二字。兩者都是「自學」，不過有細膩的分別。

homeschooling，指父母在家自行教育小孩，也包含有課程、進度、評量等學校架構的方式；中文一般譯為「在家自學」或「在家教育」。

unschooling，則指更進一步地去學校化，捨棄課程、進度、評量標準等制約形式。唯臺灣尚未有約定俗成的譯名共識，考量到臺灣讀者既有的理解語境。本書譯文將視各處上下文脈絡處理，主要譯為「無校自學」，以強調核心概念及相關實踐型態、模式；偶有採用涵蓋範圍較廣的「自學」一詞。

另外，原文註釋統一置於書末，書中隨頁註則為編輯所加。

作者的話

自學就是生活，允許孩子不帶著常規教育與學校思維的靈魂生活。這是融合生活與學習，並把兩者等同視之的行為。要成為一名自學生沒有一個特別的方法，要促進孩子自主學習，也沒有任何單一途徑。這是你、你的孩子、你的家人、你的社區——你的人生。你將會以自己的方式定義與實踐自學。我希望，本書的想法可以給你一些觀念和建議，但你的自學冒險是完全獨一無二屬於你的體驗。

本書表達了我關於無校自學與自主學習的個人看法和經驗，但不代表所有自學生或任何特定自學組織的信念。許多在這條道路上走了很久的人，他們都非常有想法，也有許多寶貴的見解可以分享。書中我已經試著強調當中一些人的看法，其他人的則補充於書末的「全球資源」單元。

本書所提到的所有人名與細節都是真實的。沒有一個人要求匿名，所有人都非常熱切地想要分享他們對自學的觀點。本書大部分聚焦於美國的自學，但許多概念也可以應用到全球各地。關於各地的自學規範與另類教育需求，本書並無意提供法律指導。對於本書探討的主題，如果想得到更多資訊，請參見網站 www.unschooledbook.com。

推薦序

在臺灣的教育土壤中，開拓多元繽紛的自學花園

陳怡光／保障教育選擇權聯盟總召集人

自學是什麼？是每天睡到自然醒，還是通宵打遊戲呢？是要養成奧運桌球國手，還是成為職業圍棋棋士呢？其實每個人的自學經驗就像ＤＮＡ一樣是獨一無二的，在開始閱讀這本書之前，首先要放下所有對自學的預設揣想和評斷，不帶成見地以開放心態進入它。

＊＊＊

二〇二〇年，我代表臺灣出席全球在家教育交流平台的領袖論壇，跟代表美國的本書作者凱莉・麥克唐納同台，其他還有來自加拿大、義大利、肯亞及巴西的自學倡議者，大家一起分享各國自學的現況與挑戰。凱莉除了和我們一樣都是自學家長外，也是哈佛大學的教育碩士。有別於一般以自學家長的經驗談為主的著作，凱莉在這本書中也分析了學校教育的包袱和緣由，可以幫助讀者了解，我們習以為常的學校教育是怎麼變成現在這副德性。這本書不僅把慣行教育（school）的來龍去脈解釋得很清楚，也提供了以自學作為未來教育藍圖的想像，對任何想認識不

同教育理念的人，或是關心自學未來發展趨勢都很有幫助。

本書提到的美國現代自學發展，緣起於一九七〇年代的社會運動對慣行教育的反思；隨著自學學生人數的成長，自學類型也開始多樣化，不再只是單純不去學校上課而已。自學就像個人的飲食禁忌或偏好選擇，有很多種方式可以吃出健康的生活，本書論述的主要是無綱無本的無校自學（unschooling），但所談及的「自主學習」的精神可跨越任何自學類型，皆能適用，只是在執行的內容和方式上會有所不同。在有數百萬學生的美國自學市場，有出版商專門為在家自學（homeschooling）設計課程和教材，學生和家長只要照表操課就可以輕鬆上手；也有家長認為自學應該要有機學習，堅持沒有進度表、不評量、不使用任何套裝知識的課程與教材的無校自學（unschooling）；還有折衷自學（ecletic learning）的家長認為，只要對自學生的學習有效，並不排除一部分的學習有進度表，除了使用各種套裝知識外，也混搭經驗知識。

自學在臺灣的發展現況

如果你從來沒接觸過自學，一聽到本書介紹美國的自學，可能會覺得「美國好好，有這麼多自學資源和選擇！」或是「這種自學方式在臺灣的教育環境絕對行不通的！」事實上，作者所提到的各種自學方式，在臺灣不但行之有年，而且有專法保障自學生權益，甚至每學期還會提供學費補助，直接發現金到學生的帳戶內。

臺灣自學的發跡比美國晚二十年，是在一九九〇年代跟臺灣的民主化一起衝撞體制而踏出第一步，並促成政府在一九九九年修訂《國民教育法》，將「非學校型態實驗教育」入法。之後，經過二十年的滾動修正，使自學生的各種權利逐一透過法律明文獲得保障，包括：二〇一四年底通過具指標性的《高級中等以下教育階段非學校型態實驗教育實施條例》、《學校型態實驗教育實施條例》、《公立學校委託私人辦理實驗教育實施條例》的「實驗教育三法」，讓自學的法律位階從原本的行政命令提升到法律；再到二〇一九年發布《高級中等教育階段非學校型態實驗教育未取得學籍學生受教權益維護辦法》（簡稱《高中自學生受教權維護辦法》），明文規定自學生享有的各種與學校學生相同的權益，至此，臺灣的自學法規有大致完備的整體規畫。

相較於美國的五十州各有不同的自學規定，臺灣是統一由《高級中等以下教育階段非學校型態實驗教育實施條例》規定全國二十二個縣市的自學，每年的四月和十月由學生家長向戶籍所在地的教育局（處）提交申請書和實驗教育計畫，經審議會審議通過，下一個學期就可以開始自學。申請自學時要記得找關鍵字「非學校型態實驗教育」。

自學的三大類型

臺灣的非學校型態實驗教育又可依人數差異，分成個人、團體、機構三種。「個人」顧名思義，就是一個人的「自學武林」；「團體」是由三位以上的學生家長共同辦理的「自學互助會」，總人數以三十人為限；而「機構」與其說是自學，還不如說是「類學校」，每班學生人數不得超過二十五人，各教育階段總人數與師生比都有所規範，不過「機構」類的自學生學籍還是得設在一所由教育局指定的公立學校。

原則上，個人自學的自由度高於團體，團體又高於機構，但實務上還會因個別自學計畫的內容而有所不同。例如，有些家長之所以申請個人或團體實驗教育，用意仍是為了應付考試，不僅將慣行教育照單全收，還變本加厲納入補習教育，與本書所描述的自主學習精神可說是南轅北轍。另一方面，有些機構內自學生的學習自由度，可能更大過於多數的個人或團體實驗教育，如新北市臺灣瑟谷實驗教育機構便屬此類。因此，家長在選擇非學校型態實驗教育之前，一定要到現場多看，向自學生家長多打聽，多問辦學者的教育理念和執行細節。

公家單位提供充足的自學資源

臺灣與美國自學另一個不同之處，是政府的參與。美國各州政府對自學的管制程度不一，但多半認為教育是家長的責任，家長有權為其子女選擇教育方式，因此不太介入自學相關業務。在臺灣，重視家長教育選擇權的地方政府會成立專責單位來辦理實驗教育相關業務，如臺北市實驗教育創新發展中心、臺中市實驗教育中心、宜蘭縣實驗教育中心和桃園市自主學習3.0實驗室等單位。其中，臺北市的實驗教育學生人數居全國之冠，遠超過總學生人數更多的新北市，因此，臺北市教育局每年要審議上千件的個人自學申請案，還要訪視上百位自學生及評鑑數十間機構。

可以說，比起美國的公部門，臺灣中央和地方的教育主管機關對自學生所需的學習資源提供了相當的支持。如作者在書中描述美國部分公立圖書館發揮的作用，臺北市實驗教育創新發展中心在上班時間也同樣開放讓自學生使用，作為他們免費學習和討論的空間。桃園市自主學習3.0實驗室則較類似作者介紹美國的一些私人學習空間，除了有專題講座和探究性課程外，也能媒合自學生到各級學校去旁聽或選修課程，另外還有實驗室設備可供申請使用。臺中市實驗教育中心在自學生進路輔導方面做得特別細膩，經常安排各種升學管道和就業計畫的工作坊，消弭自學生在這方面的資訊落差。

在中央政府部分，屏東縣國立海洋生物博物館、臺中市國立自然科學博物館、高雄市國立科學工藝博物館、臺北市國立臺灣科學教育館、國立臺灣藝術教育館，以及基隆市國立海洋科技博物館等部屬機構，也都有許多學習資源歡迎自學生多加利用。

另外，臺灣自學發展的優勢還在於，有比美國更成熟的短期補習教育市場，不論是技藝補習班、文理補習班或請家教，學生很容易找到適合自己預算和學習方式的非學校學習資源。

臺灣自學生的教育認證獨步全球

不僅如此，臺灣的自學生也有學力證明的保障。在其他沒有禁止自學的國家，高中自學生在申請入學大學時，不外乎以下三種情形：大學採認自學家長自己核發的畢業證書和成績單，大學沒有設入學的學歷限制，或是要另外透過學力鑑定考試取得申請入學資格。這方面臺灣也獨步全球，只要高中階段申請自學和上學的時間加起來有達三年（自學時間須至少一年半以上），不用另外參加學力鑑定考試，就可取得政府發的「完成高級中等教育階段實驗教育證明」，以同等學力報考大學。

在臺灣，國民教育階段的自學生，學籍是設在戶籍所在地的學區學校，完成國小、國中自學時便能自動取得學校所發的畢業證書。至於高中，雖然是十二年國民基本教育的一部分，但因不屬於義務教育，所以自學生需選擇用不同種方式取得高中自學生身分證明，包括：一、與學校合作，同時取得學校的學籍、畢業或修業證書；二、與學校合作使用學校資源，但不取得學校學籍與文憑，由地方主管機關發給學生身分證明；三、不與學校合作，由地方主管機關發給學生身分證明。原則上，要同時取得高中學校的畢業或修業證書的第一種自學申請，還得滿足高中學校規範學生的畢業條件，例如參加各種考試等，限制較多。不跟學校合作的揮灑空間最大，也是最多人採用的自學方法。學生可以依照自己的狀況和需求，來決定要採取哪一種方式自學。

基本上，臺灣的自學是採取許可制而非登記制，政府在家長申請自學時進行了把關，也就得為學生的學習成果背書。再加上，文憑在臺灣除了是升學考試的應考資格外，也是參加各種國家考試、甚至求職的必要資格，甚至連參選公職的競選公報都要揭露學歷；有了政府所發的官方文憑，基本上就不必擔心自學生日後的發展進路被限縮。

＊　＊　＊

臺灣的自學法規雖然完善，但仍可將本書作為借鏡，學習到外國更多元的自學理念和辦理方式，以合作社或社會企業方式來辦理自學生的支持系統；也歡迎更多有興趣和充滿熱情的教育工作者投入並壯大自學的土壤，保障學生學習權及家長教育選擇權，提供學校型態以外之其他教育方式及內容。

歡迎聯繫：

保障教育選擇權聯盟 https://www.homeschool.tw

臉書專頁「台灣爸爸陳怡光」

推薦序

彼得・格雷博士／波士頓學院心理系研究教授

在你開始讀這本由凱莉・麥克唐納撰寫的精采著作之前，我要告訴你，這本書非常能幫助你廣泛思考**教育**的意義。在日常的語言中，我們經常把教育等同於**上學**。當我們問某個人：「你接受了多少教育？」我們預期對方會回答他在學校就讀了多少年，或他們的最高學歷。但是，當我們對教育做嚴肅思考，就需要想得比學校教育更宏觀、更截然不同，而且是一件無法量化的事情。

就人類長久的歷史來看，我們今日常態的學校教育其實是相當新的制度，成為常規只有約莫一百五十年的歷史。其出現的時機是，當時的人們認為，對兒童來說，最重要的一堂課就是服從，為此有些明確的事實（或被視為事實的事情）必須灌輸到每一個人的頭腦中。因此，學校的設計是為了訓練與灌輸服從，而且直到今天，學校仍堅持朝這些目標前進，完全不在乎校內的管理人員、老師、家長、學生本身的目標。

把學生限制在按照年齡分班的教室裡、由上而下的權威階層體系、必修的課程，以及統一的考試與評分制度，學校的種種結構全都表明，服從與記憶是學校教育的主要目標。只要學生服從，做老師要他們做的，記老師要他們記的，他們就能過關。唯一的失敗方法就是不服從。今天，即使不是大部分的人，也已有許多人意識到，針對個人或社會的真正需要，學校並沒有提供完善的服務。學校無法培養孩子的積極主動性、創造力、批判性思考、對學習的熱愛、社交情感技能（social-emotional skills），在今天的世界中想要成功與幸福，這些是非常寶貴的能力。然而，我們卻非常愚昧地想藉由行不通的方法——要求孩子每天花更多小時、每年花更多天數、人生中花更多年留在學校，以解決這個問題。

教育和**上學**是截然不同的兩件事，只要我們是人，教育就是人類天性的一個必要部分。我們可以把教育定義得非常廣義，它可以是**讓一個人能過上一個滿足而有意義的人生所學習的一切事務的總和**。這包括不管一個人住在哪裡，他或多或少都要學習的事，例如如何直立行走、如何說母語、如何與他人相處、如何控制自己的情緒、如何制定計畫並貫徹執行，以及如何進行批判性思考並做出良好的決定。此外還包括某些文化上的特定技能，例如在我們的文化中如何閱讀、如何計算、如何使用電腦，也許還包括如何開車，這些都是大部分的人覺得必須學會的事，目的是為了讓他們在他們成長的文化中過上他們想過的生活。但是，對每一個人來說，教育大致上意味著一套個別差異很大的技能與知識，即使是在同一個文化中也是如此。由於每個人對「滿足而有意義的人生」的看法都是獨一無二的，因此每個人需要的教育也是獨一無二的。而社會也能從如此的多樣性中得益。

這樣定義下的教育，就一定是一種自主性的教育。教育來自於自我選擇的活動，然後人就在這樣的生活體驗中完成教育。這樣的教育需要一種主動、質疑式的思維模式，而不是被動、服從式的學校教育思維模式。隨著學校教育占據孩子的人生愈來愈長，已經有愈來愈多的家庭開始意識到，這種方式沒有留下多少時間給自主學習。因此，有愈來愈多的家庭把孩子從標準的學校帶走，不給孩子任何形式的強制性課程，而是提供時間、自由、授權，以及所需的資源給孩子，讓孩子能主控自己的教育。

事實證明，只要我們給予機會，孩子的自主教育也會做得非常出色。這其實不足為奇。在整個人類的歷史中，一直到非常晚近以前，孩子幾乎一直都在負責自己的教育。若非孩子精通於此，人類這個物種也不會生存下來了。天擇已經塑造了孩子的好奇心、玩心、社會性、個人意志，還有一種天生的渴望想在這個世界表現良好，而他們的方式都非常符合教育的目的。

許多選擇退出集體學習的家庭讓孩子成為合法的在家自學生（homeschooler），但他們不是只在家自行教育小孩，而是讓孩子培養與投入自己的興趣。這些家庭的孩子通常自稱為**無校自學生**（unschooler）。其他人則讓孩子在合法學校中註冊，但是那些學校在結構上允許孩子培養與投入自己的興趣。這樣的學校通常稱為**自由學校**（free school）或**民主學校**（democratic school）。不管選擇這當中的哪一種，有愈來愈多的家庭用**自主教育**（self-directed education）這個詞彙來描述他們的做法，因此我很高興看到凱莉·麥克唐納在這本書中從頭到尾都採用這個詞彙。這個詞彙可以用來統稱所有選擇以不同方式支持孩子自主學習的家庭，而且也幫助我們看到，這些家庭都是一個更大的世界性風潮的一部分，這個風潮的目的是允許孩子用合乎他們天性、快樂而自然的方式生活與學習。

這本書講得很清楚，選擇自主教育並不是要家庭放棄責任，反而是一種勇於承擔責任的表現。因為在這樣的家庭裡，教育的主動性與方向都來自孩子內在的動機，父母與其他成人只是提供孩子需要的環境與安全，以便讓孩子盡其所能地教育自己。

這本是目前為止我看到的書籍裡，對自主學習做出最佳介紹的一本。凱莉・麥克唐納有四個小孩，這四個孩子都負責自己的教育。這本書有許多她的家庭經驗，但絕對不只是她個人的故事。這是一本做過徹底研究，包含充分資料的著作，描述了家庭以及愈來愈多的社會正在協助孩子提升自我教育能力的所有方式。你將在本書讀到主要在家進行的自主教育、世界教育、各種形式的自由或民主學校，以及各式各樣讓孩子能夠追求自己興趣的學習中心與社區資源。就像作者一再告訴我們的，幫助孩子進行自主教育不存在一種唯一的方法，但是所有方法的關鍵在於，信任與支持每一個孩子自身的渴望。

所以，現在就好好挖掘，享受閱讀這本書的樂趣吧。

導言

現代教學方法還沒有完全扼殺喜歡探究事物的神聖好奇心，事實上是一個奇蹟；因為這套精緻的小設備除了刺激之外，主要需要的是自由；沒有自由，它只能無止盡地毀滅與消失。如果有人認為，透過強迫與責任感可以提升看見與探索的樂趣，是一個非常嚴重的錯誤。

——愛因斯坦（Albert Einstein）[1]

六月的烈日下，孩子腳趾邊的貝殼閃閃發亮。我的四個孩子在腳踝深的海水中，每次隨著退潮而發現寄居蟹、海星或蝸牛時，都會興奮地尖叫起來。我們那時在「石灘」上，那是我的孩子為麻州鱈魚角附近的一段海岸線取的名字。那是我們家最喜歡的一個地方。溫暖的月份裡，我們會花好幾個小時在那裡，對於沿著海岸生活、處境瀕危的小動物感到讚歎不已。那天是工作日，除了海浪與海鷗的聲音，海灘很安靜。從國家管理的自然保護區停車場到這個公共海灘，可以在沿途樹木相伴下舒適散步半英里。因為海灘本身短，加上是岩岸，即使是在夏天人潮最多的時候，到訪的人也很少。

在那個晚春的早晨，我們抵達的一小時裡整個海灘幾乎空無一人。四個孩子玩耍時，我在陽光下放鬆自己。然後，從鎮上來了一整車公立學校的中學生，手上拿著作業簿和鉛筆。我在無意間聽到老師下達指示，那是一位和藹的中年男士。他要學生探索附近的海灘地區，並尋找作業簿上列出來的事物。當他們找到這些事物時，學生就要寫下他們的觀察，把這個項目從清單上劃掉。

我看著學生充滿熱情、開心地往四處散開，似乎很高興在夏天來臨前的一個溫暖日子能來到海灘。當我的孩子繼續探索，發現潮汐間的生物還不時放聲大叫時，這群學生則是一看到新的或令人著迷的事物，就去查閱他們的作業簿。我坐在一顆岩石上注意這兩群孩子：接受學校教育的孩子有的是作業簿、老師的指示，以及一定會有的學習評量，而自學的孩子有的是開闊的海灘、海灘上所有的生物，這些都是他們自然的學習空間。

一個學生從我身邊跑過，奔向另一個同學，還一邊大喊她在海灘上發現了一個很有趣的東西，好像是某種小動物。女孩大叫著：「嘿，看看這個，是不是很酷？」她朋友檢查了這隻小動物，瞄一瞄手上的紙，她果斷地回答：「表上沒有列出這一種。」然後轉頭就走了。女孩的熱情馬上消退，於是把這隻生物放掉，趕上她的同學去找表單上的下一個項目了。

兒童是天生的學習者。他們天生就有探索與整合世界的動力。他們童年時期的好奇心與充沛精力帶著他們學習與發現，建立連結，並加深他們的知識，因此他們才能得到基本的技能。這種學習的傾向加上對探索的熱情，並不會在某個年齡就神奇地消失不見。但是我們工業式教育模式卻有系統地降低孩子天生的好奇心與自我教育的能力。教育家早就知道這點。教師與社會改革家約翰・霍特（John Holt）在一九六七年的暢銷書《兒童如何學習》（*How Children Learn*）中寫道：

> 簡單說，兒童有一種適合他們自己條件的學習風格，而且他們天生就運用自如，直到我們訓練他們不再那樣學習。我們喜歡說，我們送孩子去學校是為了教他們思考。但我們經常做的，卻是教他們糟糕的思考法——要他們放棄一種自然而有利的思考方式，採行一種對他們不太管用而且我們自己也很少用的方式。[2]

對海灘上的那個女孩來說，她的熱情與好奇心驅使她去探尋與發現。就像附近自學的孩子，她是被吸引去探索這片海灘，並沒有考慮到老師專斷設定的作業。就像她的朋友一樣，她的自然學習本能還有多久會消失殆盡？

我出生於一九七七年，那一年，霍特為在家自學的家庭出版了第一期流通刊物《自學通訊》（*Growing Without Schooling*）。當時，霍特是剛起步的在家自學風潮的非正式領導人，支持著一心渴望把孩子帶離學校體制教育的父母。直到一九九三年，美國才承認這種做法的合法性。他也在一九七〇年代發明**無校自學**（unschooling）這個詞彙，希望把教育和學校教育區隔開來。學校教育是教育型態之一，但不是唯一的一種。不去上學，仍有許多種教育的方式。霍特強烈相信，所有人都有自我學習的能力，包括年輕世代。他本身是科羅拉多州與麻州私立學校的老師，他親眼目睹，即使是大家公認的「好學校」，制度化的學校教育（institutional schooling）也會壓抑自然的學習過程。

霍特特別關心學校透過課程與指導等各式各樣的方式，強迫孩子學習老師要求的事，因為這會扼殺孩子的自然學習傾向。他認為，家長與教育者應該支持孩子的自然學習，而不是控制它。他們不是簡單複製學校教育的課程與評估期望，而是選擇離開學校體制，也認為家長應該完全擺脫學校教育的心態。因為最深刻、有意義、持久的學習，就是自己決定的學習方式。也就是說，某個主題或技能引起了我們的興趣，然後我們採取必要的步驟去學更多、做更多。

一如大多數的人，我接受的學校教育讓我相信，學習是發生在我們身上的事，是一件被動、需要死記硬背的事。老師會教我們或告訴我們，為了理解事物，我們需要讀什麼、做什麼，然後我們就去學。但是，當我看著自己的孩子，我領悟到這不是真的。他們不需要任何直接的指示，就學會了微笑、坐立、翻滾、爬行、走動、跑步。他們不是坐在教室，讓別人教會如何說話，而是被一群人圍繞著，這群人對他說話並鼓勵他試著說話，於是學會了說話。大致上來說，孩子是自然而然學會了這一切，他們是跟隨著自己的人性渴望去研究、與人互動，以及了解他們所處的環境。波士頓學院（Boston College）心理學教授暨自主學習倡議者彼得・格雷博士研究了自然學習傾向，以及這些衝動在學校教育下受阻的各種方式。在他的《會玩才會學》（*Free to Learn*）一書中，他寫道：

孩子來到這個世界上，總是熱切地想要學習，而且在遺傳基因上也有非凡的學習能力。他們本身就是小小的學習機器。前四年內，他們在沒有任何指導之下，吸收了大量的資訊與技能……當孩子長到五或六歲時，在天性上，對學習的強烈渴望與能力並沒有關閉，是我們用強制的學校教育制度把它關閉了。[3]

當我觀察孩子精通新技巧的方式時，我也領悟到，各個孩子之間的發展進程多麼天差地別。我的大兒子傑克（Jack）比他的姐姐莫莉（Molly）更早會翻身，但更晚會坐起來；莫莉則比他「更早」會爬，但「更晚」會說話。我開始懂得欣賞人類發展的巨大差異性，並納悶著為什麼我們要期待孩子在某些時間用某些方式做某些事。莫莉與傑克長大之後，我又生了艾比（Abby）與山姆（Sam），發現這些正常的人類行為差異比我原先想的還要明顯。傑克十個月大就會跑了，莫莉直到幾乎一歲半才會走，當時她忽然從我們住的公寓走廊跑下來。山姆一個月大的時候就會翻身。艾比不到一歲就會講完整的句子，山姆就晚多了。莫莉四歲時自己學會閱讀，傑克是七歲。傑克四歲時自己學會游泳，艾比是六歲。孩子自然發展時間的變化簡直不可思議地大，也截然不同。一個以年齡劃分、一體適用的大眾學校教育制度，怎麼可能理解與包容人類豐富經驗的多樣性？

隨著學校教育變得比我們孩童時代更標準化與考試導向，加諸在孩子身上的課業壓力不斷累積，更多的家長開始質疑這種千篇一律的教育方法。他們也許在自家或鄰里問親眼目睹，小孩子自由玩耍的時間漸少以及心理健康失調的情況漸增，兩者之間驚人的關聯性。他們也許對學校基於期望逼幼兒園的孩子閱讀感到驚慌；他們也許憂心，隨著學校規定不斷剝奪玩耍時間、壓縮休閒時間，更多的孩子現在被診斷出有注意力不足障礙，並開始服用強效的精神藥物，只因為他們無法在五點鐘時專心坐定。這些家長可能會看到，孩子的創造力變差了、學習的熱情消退了，取而代之的是外在的動機，以及只想著如何能撐過一天不受霸凌或傲慢對待。因想學而學的行為消失了。

當孩子去上學，他們的自然學習力就中止了。他們變得習慣一種由上而下、靜態、順從的學習風格，這也完全破壞了孩子的自然創造力。不管老師多麼和善，他會告訴孩子要知道什麼、思考什麼、做什麼。在學校的環境下，孩子自己的見解、興趣，以及獨一無二的發展時間都沒有意義。由於和他們天生的創意傾向脫節，他們的自我教育能力也弱化了。當他們順從強制學校教育（forced schooling）的期望時，他們就會停止主動學習，開始被動等待指導。伊凡．伊里奇（Ivan Illich）在《非學校化社會》（*Deschooling Society*）中寫道：「學校是在做疏離生活的準備，因此剝奪了現實的教育與創造力的工作。學校為制度化的生活做準備，方法是灌輸受教的需要。」[4]

今天，許多家長與教育者不再接受為了學習必須上學的迷思。他們用一種適合想像力時代的學習模式，取代這種工業時代的過時學校教育模式。這個新時代已經超越了資訊時代，因為創造力與獨創性將成為我們主要的文化與經濟動力。雖然在家自學、無校自學、自由學校，可以提供上學之外選項的初始藍圖，但是今天，在全國各地也冒出了許多不上學也可以學習的新雛型，從自主教育中心與自學合作社，到創新的夏令營、放學後的專案、青少年沉浸與學徒式模式，甚至有傳統的公立學校也正在改革，讓年輕世代對自己的學習負責。

這些家長與教育者都深刻理解到，不管學什麼，最有效果、最令人滿足的學習就是自發性的學習：具備充分的學習自由、可用的資源、可使用的時間與空間；如果需要，也有知識性與支持性的輔導者在旁提供協助。這些都是霍特所支持的基本原則：「我關心的不是『改善』教育，而是擺脫教育，廢除醜陋而違反人性的塑造人的行為，而讓人自我塑造。」[5] 現在，家長與教育者把霍特的話謹記在心，打造了各種學校教育之外的替代選項，幫助年輕世代自我塑造。

在之後的篇章中，我將分享這些具有洞見與意圖的家長、教育者、自學生的故事。我希望透過他們的經驗與事業，你能找到一些鼓勵與啟發，在心態上不再緊抓著學校教育，轉而支持自學。首先，這有助於我們了解，我們是如何在許多隱藏處與潛意識裡，把學習與學校教育綑綁在一起。在前幾章中，將會揭露上學與教育如何變得糾纏不清，以及我們如何透過更理解孩子的自然學習方式，把這兩件事區分開來。後面的章節會更深入挖掘目前非學校式的自然學習模式，以及可以擴大規模的新學習模式。本書以一幕作結，描繪出我們社會擺脫舉世的學校教育思維，想像以全新方式學習與生活的未來樣貌。

強制學校教育是一種文化遺跡，讓人聯想到一個逝去的時代。大眾教育堅持培養年輕世代去做現在已由機器人做的工作，完全無視一個全新人類時代的文化與經濟現實。我們需要的不是機器人，而是有創造力的思想家、好奇的發現者、熱情的實踐者。創造力、好奇心、熱情都是小孩子天生就有的特質。我們不必為了未來的工作訓練他們；只要停止以訓練趕跑這些他們與生俱來的特質就好。我們必須提供自由與機會，讓他們能從事熱愛的事物、追隨自己的好奇心，並為複雜的問題發明創意的解決方式。考慮到我們現在能觸及的海量資訊、處理這些資訊所需的一切創意技能，以及地球目前面對著似乎無法克服的挑戰，我們迫切需要支持一種新的教育範例。我們必須放下**學校教育**的概念，也就是一人加諸於另一個人的事，轉而重拾**學習的原始概念**，這項人類天生就會做的事。唯有如此，我們才能在一個屬於創新、資訊、想像的新時代中，擁有一群教育充分的公民，具有能動性與各式技能，足以過上一種美好的生活，繼續保護一顆美好的星球。

1 名為學校的生存遊戲

「教育通常在做什麼？教育是在一條自由流動的小溪上面，做了一個直接切斷水流的溝渠。」

——亨利・大衛・梭羅（Henry David Thoreau）[1]

「妳再不閉嘴，我就要把妳丟出窗外。」一位一年級老師對我這樣吼道。我當時才六歲的小小身子全身無法動彈。我發誓她很認真，所以我閉嘴了。我在恐懼中等著放學鐘聲響起。然後我跳上校車，從公車站以最快的速度衝回家，回到母親溫暖的懷抱。

「噢，她沒有那個意思。」為了安撫我緊張的情緒，母親解釋，「她只是要你專心聽課，不要聊天。她絕對不會把你丟出窗外的，那只是一種表達方式。」

說來或顯誇張，但我的心靈已經受創。就在那個當下，學校教育的真面目顯現了出來。之前在幼兒園充滿玩樂的日子、在晨間幼兒園中做好**社交技巧**與**課業準備**的天真無邪的時光，都只是圈套。他們並不是真的要我們學社交連結與做好準備，而是要我們趕快學習如何坐下、保持安靜、遵守命令、保持順從。在教育的名義下，他們要我們失去自我，失去我們童年時期天生的活力。他們告訴我們，這是為了我們好。抗拒只是徒然。

所以我學會了。我很快就學會舔好傷口，並且非常善於玩這場學校的生存遊戲。我意識到，要在這個遊戲中成功，我必須變得善於服從。我按照老師告訴我的話做。我舉手、遵從指示、循規蹈矩。我不多說話，我聽、我記，照本宣科，讓老師感到滿意，考試也不成問題。我是個乖學生。度過了窗戶事件的心理陰影，加上我學會了閱讀，因此成為老師寵愛的學生，在她辛苦應付「進度落後的小孩」，並對「麻煩製造者」大吼大叫時，可以把我放在角落做進階一點的功課。到了一年級結束時，我對在學校生存已經游刃有餘。要命，我甚至有點**喜歡**。

從那時候開始，我就很清楚做什麼事可以得到老師的喜愛、拿到「好棒棒」貼紙、得到優等與榮譽，做什麼能贏。我學懂遊戲規則。遊戲開始。正如羅伯特·富萊德（Robert Fried）在《學校遊戲》（*The Game of School*）中所寫道：「當我們專注於撐過上學日而非真正的**學習**時，遊戲就開始了。」[2]

當我們長大成人，特別是為人父母時，我們通常會意識到，我們不了解的事情其實還有好多。我發現自己也許在**學校表現優異**，但我並沒有覺得**受到充足的教育**。我回想自己從幼兒園、小學到中學的公立教育中，總共花了大約一萬五千個小時，大部分的時間根本就在浪費生命。那些時間能拿去學多少別的事？如果我不是把那麼多時間花在應付學校的生存遊戲，而是真的在探索、閱讀、實做，這些時間會變得多麼充實？

身為美國人，我們似乎真的很願意為地球上大部分的人爭取自由，甚至願意挺身抗爭。然而我們卻把孩子放在愈發嚴格的學習環境中，而且比起歷史上的其他任何時期，現在的孩子入學年紀最小，每年與每天待在學校的時間也最長。我們把絕大多數的兒童放在更多控制、更不快樂、不健康的學校環境中，已經超過我們大人在自己的生活與工作場所中能接受的程度。我們允許孩子的身體與思想被別人嚴加管理，然後我們對制度上的副作用——例如霸凌、肥胖、焦慮、憂鬱，動作技能下降，以及日漸增加的過動與其他心理失調症候群——卻不聞不問。在我們成人的工作場所中被視為刑事犯罪的行為，在孩子的學校裡卻是被容忍和可預期的。

在這樣壓迫性的制度環境下，難怪大多數的兒童都流失了生命力，這種制度也是工業時代興起的特徵。即使是世上最好奇的學步期寶寶，其家長也會親眼見證孩子天生的好奇心與求知欲在經歷過學校生活後逐步消失。這些都是不言可喻的事，因為美國的學校教育設計目的，就是要剝奪自然學習的樂趣（即追隨人類探索與發現的意願），導向循規蹈矩與合規的行為。關於強迫性的學校教育這個主題，備受讚譽的《兒童教育之戰》（*War on Kids*）紀錄片導演凱文・索林（Cevin Soling）寫道：「當孩子發現，他們永遠不會被允許追隨自己的熱情時，會出現一項重要的特徵——習得性無助（learned helplessness），且出現得很早。學生生活的每一件事都受到控制，包括他們的環境，他們能做的事，他們行動的方式，以及他們可以思考什麼，乃至如何思考。」[3]

大多數的人都以為，童年的創造力降低只是成長的一個自然結果。但是，從不曾上過學或是成長於自主學習環境中的年輕世代，卻不斷證明，人類的好奇心以及學習與整合的能力並不會隨著年紀而消失。工業化的學校框架會讓他們的這種能力鈍化，但是在一個自然的學習環境，人能夠保留並重新激起創造力以及對知識的熱情。

我最近問了我的部落格「全家庭學習」（Whole Family Learning）臉書專頁上的網友，回想一下他們自己從幼兒園到中學的學校生活，分享能總結那段生活經驗的一個詞彙或一句話。他們的回應非常令人沮喪：無聊、浪費時間、自我價值感低落、壓力、焦慮、監獄、機會成本、霸凌、不安、羞辱、浪費的機會、虐待、躲藏、單一面向、地獄、漫長、重複、可怕、虛偽、虐待、威權、枯燥、受迫，真高興已經結束了。你還有其他想增加到這張清單裡的嗎？這些當然是一群可能有偏見的樣本，但是這些回應確實點出了許多學者、教育者、政策制定者的看法與發現。就像諾姆．杭士基（Noam Chomsky）所說的：「教育制度應該訓練人聽話、服從、不會想太多、做被告知的事、保持被動。」[4]

對許多年輕人來說，這個「對年輕人的灌輸制度」[5]，也就是杭士基所謂的大眾教育，會帶來深刻而具穿透性的傷害，因為他們的精神之光在順從的名義下變得黯然了。我們這些在大眾教育模式中表現優異的人，其實是最有能力快速掩蓋傷害並學習服從的人。我們接受把學校教育與學習混為一談，並忠實地遵守。對許多孩子來說，義務教育的傷害很明顯。許多人從一開始就處於不利條件，而這些弱點會隨著持續就學而放大與深化。其他人則遭到霸凌、被貼標籤、被追蹤或被迫用藥。

除了這些明顯的傷害，還有一些較隱而不顯。包括我自己在內，大部分接受學校教育的孩童都變得習慣重視並尋求外在的獎勵與表面的成就。除非有人肯定，否則我們看不到自己的成就或自身的價值。在順從學校專斷的課程要求、老師的期待、制度的常規之下，我們也失去了創造力與個體性。在克爾斯汀・奧森（Kirsten Olson）所寫的《學校的傷害》（*Wounded by School*）一書中，教育家帕克・帕默（Parker Palmer）探討到「結構性暴力所導致的隱性而持久的傷害，內建在我們如何組織與評估學習這件事上。傷害的範圍包括『我發現我沒有創造的天分』或『我理解到我對運動不在行』，到『他們磨損了我的自信心』『我出現了自己很笨的感覺』或『他們把我歸在魯蛇一類，而我自此就一直待在那個分類裡。』還有一種同樣令人傷心也非常諷刺，且也許最廣泛的傷害：我們從哇哇墜地開始即有，與生俱來的對學習的渴望，通常會因為我們的學校教育而減低，甚至被摧毀。」[6]

因此，雖然我們有些人表面無損地完成了大眾教育，甚至還是表現頂尖的學生，但我相信，只有少數人真正無傷。我們不知道那一萬五千個小時可以用在哪些其他方面：滿足我們的好奇心、發現自己的興趣、追隨自己的熱情、閱讀，再閱讀，手不釋卷。我們不知道，如果我們沒有把這麼長的時間花在坐在教室裡、背誦、重複、忘記，還有玩學校這場生存遊戲，我們在青春年少時還能學得多好。如果你被允許在兒童時期就有忠於自己熱情的自由，而不是花這麼多小時跟隨別人訂的學習項目，你現在的人生會有多不同？

當然，在我一年級的時候，以及在我以白人工人階級為主的波士頓郊區公立學校的整個就學生涯中，我並未意識到那是一場遊戲。我只知道那是學校。直到後來我才發現，我們所知道的學校，其實是一種相對晚近的社會結構。在人類的大部分歷史中，以及在新世界的大部分時間裡，多數人都沒有正規的學校教育。然而，人類存活了下來，也蓬勃發展，我們的知識與技能一代傳一代，而且閱讀與算術能力都還不錯。將學校教育視為教育的同義詞，其實是一種相當新的觀念。

窄化的學校教育

當清教徒在一六二〇年抵達現在的美國麻州普利茅斯時，他們把教育孩子能讀寫與算術的責任感也帶了過來。父母有教育子女的道德倫理與公民責任是普世共識，而且在這群人之中還有一個隱含的信念，就是教區裡的教士與長老會確保孩童能得到教育。對清教徒來說，家庭至上。一如歷史學家米爾頓．蓋瑟（Milton Gaither）寫道：「眾所周知，許多英國人移居到美國的新英格蘭區以建立一個神聖的聯邦，『一座山丘上的城市』，能把光芒照進英國衰敗的黑暗裡。但鮮為人知的是，用來建造這座聖城的磚石正是家庭。清教徒與許多移民來到新世界，打造一個家庭之國。」[7]

清教徒抵達之後僅僅二十年，麻薩諸塞灣殖民地立法機關通過了該地第一個義務教育法規。一六四二年的《普通學校法》（The General School Law）要求，家庭要確保兒童得到「良好的教育」。這個法律脫離了英國的先例，把監督教育的職責從神職人員轉移到行政委員。這項早期的法律強調，義務**教育**對發展中國家的好處，但是這條法律尚未窄化到僅限**學校教育**，父母仍要負起孩子教育的責任。[8]當時教育和上學這兩件事是分開的，也有所區隔。

五年後，在一六四七年，麻薩諸塞灣通過了第二部義務教育法令，被稱為《老惡魔撒旦法》

（"Old Deluder Satan" bill）。其中規定，兒童應該受到足夠的教育，以便能閱讀聖經，了解如何避免邪惡與劣行。此法令及更多後續法令要求，擁有五十家戶以上的城鎮要聘請一位老師，擁有一百家戶以上的城鎮要開辦營運一所重點中學。這些學校並非今天學校教育的那種強制性意義；相反的，是政府強迫城鎮要為需要的家庭提供這樣的學校。如果不遵守這個早期的義務教育法規，城鎮就會受罰，而不是父母。這些早期的義務教育法規在執行與實施上很散漫，許多城鎮拒絕遵守，寧願付罰金。9

在隨後的十七與十八世紀的幾十年中，類似的義務教育法令遍布在美國整個東北部六州與南部殖民地。隨著人口的成長，各地成立了更多的學校，家長可以選擇是否要把孩子送到學校，幾歲送去，以及要就學多久。至此家庭仍是美國早期的主要單位，父母仍然可以完全掌握孩子的撫養與教育權。

雖然父母要負責子女的教育，但他們並不是唯一教育孩子的人。他們通常會雇用家庭教師，並仰賴學徒制。當學校在早期的殖民地出現時，當地的家長通常要負責聘用和解聘老師，期間還要提供老師住所。殖民地的學校補充了孩子在家裡學習的方式，而早期的「婦孺學校」（dame school）[1]也讓家有幼兒的家長得空處理家務。但是，從來沒有人認為，學校可以取代家長運用廣

[1] 指已婚婦女酌收費用，在自家教授鄰居孩童的一種平民教育型態。

泛的社群資源在家裡提供的教育。[10] 一如歷史學家卡爾・凱索（Carl Kaestle）指出，「社會以多元方式提供教育；政府則透過學校提供教育。」[11]

針對義務教育的對話持續到整個革命時代，當時的幾位開國元勳體認到，在一個茁壯中的新興民主國家中，要確保人民的自由權，需要一群受過良好教育的公民。例如，湯瑪斯・傑弗遜（Thomas Jefferson）看出了教育與自由之間的基本關係，曾於一八一六年寫道：「如果一個國家期待，在文明狀態下既無知又自由，那它所期待的是過去沒有、未來也不會有的事。」[12] 儘管如此，至此家庭制度仍然凌駕國家利益。傑弗遜提倡一種高度分權的教育制度，以地方的小區域或他所謂的「城區」（ward）為單位，由當地家長控制教育，政府參與很少。他也相信，家長權利與個人自由勝過強制遵守。一八一七年，傑弗遜寫道：「容忍一位家長拒絕讓孩子受教的罕見情況，會好過違背父親意願、強行帶走幼兒受教育而震驚大眾觀感的想法。」[13] 傑弗遜提議，要讓教育容易取得、受人珍視，且對窮人免費，但是不能立法強制執行。

到了十九世紀中葉，一切都改變了。人口愈來愈多，也愈來愈多元化，而國家機構也以更中央集權的方式集中政府的權力，削弱了一度占有主導地位的家庭角色。麻州議員暨參議院多數黨領袖賀瑞斯・曼恩（Horace Mann），在一八〇〇年代日益發展的社會制度化中發揮了強大的作用。被稱為「美國公立教育之父」的曼恩還有一件功績，他在把全副精力投入集中教育前不久，在一八三三年還成立了美國第一家精神病院。[14]

曼恩後來迷上了普魯士的義務入學模式。這種模式井然有序，效率高，而且有助於灌輸一套統一的價值觀。普魯士人住在一片遼闊的土地上，涵蓋現在的德國，他們是全世界前幾個民族，率先打造由納稅人資助、致力於秩序與服從規矩的義務入學制度。普魯士人的模式強調全國性的課綱、標準化的師資訓練，而且會處罰拒絕送孩子入學的家長。[15]

當時，剛成立的麻薩諸塞州教育局選了曼恩當第一任秘書長，他有權限建立一套新的教育制度。他當時並不滿意麻薩諸塞州分散與分權的教育制度，即一系列由當地控制的公立學校、私立學校、教會學校、慈善學校，以及在家自學、家教、學徒方案等等。當時還沒有國家控制的學校，因此中央也無法指示所有的學生該學什麼，並強迫他們學習。當時也沒有嚴格的教師培訓計畫或標準化的認證程序，以保證老師以同樣的方式教授同樣的內容。這讓曼恩與同事非常苦惱。有系統、強制性的普魯士教育模式似乎是一個理想的解決方案。正如曼恩曾經說過的一句名言：「人是鑄鐵，但兒童是蠟。」[16]

許多人相信一個迷思，認為普遍義務入學制度的催化因素是因為美國一八〇〇年代初期文盲很多。事實上，在義務入學制度之前，全美的識字率其實相當高。奴隸的識字率是最低的，因為教奴隸識字是不合法的，不過，正如海瑟・安德莉雅・威廉斯（Heather Andrea Williams）在她的著作《自學：非裔美國人的奴隸制度與自由教育》（*Self-Taught: African American Education in Slavery and Freedom*）中所透露，許多奴隸採取特別的措施自己學會閱讀。[17] 婦女和移民的識字率也比較低。歷史學家博爾斯（Boles）與季廷斯（Gintis）在研究報告中指出，總人口中包括奴隸在內，大約有四分之三的人都識字，而麻薩諸塞州的識字率特別高。[18] 根據弗格（Folger）與南姆

（Nam）的研究，美國在一八四〇年的整體文盲比例是二二%，包括婦女、移民、奴隸。[19] 尤其當我們考慮到在該年代書籍還很昂貴，且取得不易，加上公立圖書館方興未艾，這麼高的識字率令人震驚。美國第一所公立圖書館於一八三三年成立，位於新罕布夏州的彼得堡；隨後是一八五二年成立的波士頓公立圖書館。

現實的情況是，在一八〇〇年代中葉，當成千上萬的移民湧入美國各大城市，當時的政治人物與公民面臨快速的社會變遷都非常擔憂，不知所措。在一八二〇年與一八六〇年之間，美國的總人口呈現爆炸成長局面，其中大部分的移民是在一八四〇年代與五〇年代之間湧入，正是愛爾蘭馬鈴薯饑荒的高峰期。在這二十年期間，有超過四百萬移民來到美國。[20] 讓立法人員特別煩惱的是，這些新移民中有許多人是愛爾蘭的天主教徒，恐怕會對原來位居主導地位的盎格魯—薩克遜新教徒的文化與宗教習俗造成威脅。僅僅在一八四七年這一年，就有三萬七千名愛爾蘭移民來到波士頓，當時這個城市的人口才剛過十萬。[21] 波士頓在一八二〇年到一八四〇年之間人口增至兩倍，導致麻薩諸塞州立法機關成員在一八四八年時發出這樣的感嘆：「現在湧進來的人潮成千上萬，但他們的道德觀與智識和我們完全不一樣。」[22]

在提倡義務入學法規時，曼恩與他十九世紀的教育改革同事非常擔心父母的權威性，特別是移民父母。在《賀瑞斯．曼恩傷神的遺產》（*Horace Mann's Troubling Legacy*）一書中，佛蒙特大學教授鮑伯．佩柏曼．泰勒（Bob Pepperman Taylor）進一步闡述了在十九世紀發生的這種對父母的不信任情緒，以及這種情緒對義務入學制度的影響。他解釋道，「感受到曼恩最嚴厲責難的族群，就是父母親本身。他質疑許多父母親的能力，但更糟糕的是，墮落的父母親會提供兒童不正當的道德教育。」[23]因此，強制學校教育旨在作為面對這些「墮落父母」的一道解藥，而非針對像曼恩這些道德高尚的父母親。曼恩本人持續在家教育他的三個小孩，而且也無意將孩子送到他規定其他人要去的普通學校上課。正如曼恩的傳記作家強納森．梅瑟利（Jonathan Messerli）寫道：

> 曼恩曾透過一百場演講指出，我們之所以預期需要更好的學校，是奠基於一種假定，認為父母親不再能受託擔任傳統道德教育的角色，為此在公立學校中提供一種更有系統的教育方法是必要的。現在，身為一個父親，他落回到家庭的教育責任，他希望爐邊教育讓兒子可以達到他希望學校為其他人取得的成就。[24]

由於曼恩的遠見與倡議，麻薩諸塞州在一八五二年通過了美國第一部義務入學法。這是美國史上的第一次，孩子被迫要上學。這部法令要求，所有年紀在八到十四歲的孩子，每一年至少要去學校十二個星期，其中有六個星期必須是連續的。在接下來的數十年內，美國各州採用了此法的類似版本，其中密西西比州是最頑強抵抗的一州，直到一九一八年才通過義務入學法。[25]之前的義務**教育**（compulsory education）法條在監督與執行上比較鬆散，但這些新的義務**入學**（compulsory schooling）法令則非常強硬。對麻薩諸塞州成立第一個教育委員會居功厥偉的詹姆斯・卡特（James Carter）在他的《大眾教育隨筆》（*Essays on Popular Education*）中寫道，「我們必須提供各種動機，引誘無知者學習。如果他們沒有因此受到引誘，就必須由鐵腕政府出面把他們帶走，不管他們是否願意，就是要讓他們學習，至少要學到可以成為溫順的好公民。」[26] 如果父母親沒有遵守義務入學法令，就會被處以罰款或面臨牢獄之災，或甚至喪失他們的親權。

十九世紀的義務入學法逐漸變得範圍更廣、也更嚴格，要求在學校的時間更長，入學的年紀也更小，還延長到之後的青春期。義務教育現在指的是學校義務教育。隨著一八五二年的法令通過，美國的教育從一種廣義的社會福利，擁有各式各樣正式與非正式的學習模式，轉變成一種明確定義、制度化的學校教育模式。從那時候起，教育就與上學密不可分了。曼恩的傳記作家梅瑟利寫道：

> 換句話說，曼恩提議擴大訓練與學校教育的範圍，藉其可控、秩序井然、可預測性的潛力，便能涵蓋正式與非正式社會化程序最大化所達成的幾乎所有目標了。在擴大歐洲的**學校教育**概念時，他可能因而縮小了**教育**的實際範圍，因為他把教育封閉在公立學校教室的四面牆內。[27]

將教育封閉在公立學校教室的四面牆內，是全美的普遍做法，持續至今已超過一百六十五年。隨著政府控制的學校愈來愈壯大並具有影響力，家庭也逐漸失去其力量。其中有一部分的原因是經濟規範的改變。工業革命讓許多父母親離開家庭，進入工廠，因此當父母親工作時，學校就成為一個明顯可以安置孩子的地方，現在也變成了一種需求。但是家庭賦權的降低主要還是因為大眾入學制度的愈發嚴格。

許多家庭曾經大力反抗。舉例來說，天主教徒就對義務入學法要求孩子就學感到憤怒，因為這些聲稱無涉宗教的學校，卻顯然以清教徒的信仰，以及盎格魯－薩克遜新教徒創辦人與老師的課本為主。為了因應，許多天主教堂區成立了自己的私立教區學校。在整個十九世紀末期與二十世紀初期，公民與立法機關利用各式各樣的立法手段，限制私立與教區學校的發展與成長。這種處心積慮的作為在一九二二年達到巔峰，當時奧瑞岡州通過一條擴大辦理的學校義務教育法，要求所有的兒童都得上公立學校，並禁止孩子就讀教區學校或其他私立學校。一九二五年，在《皮爾斯對修女會》（*Pierce v. Society of Sisters*）的指標性訴訟案中，美國最高法院裁決奧瑞岡州的法律違憲。在陳述法院意見時，麥克雷諾斯（McReynolds）法官寫道：

> 一九二二年的該法令不合理地妨礙了父母親與監護人的權利，把孩子的成長與教育轉而納入其控制……在美國，所有政府都仰賴的自由權基本理論，排除了透過強迫兒童只能接受公立學校老師的教導，而把兒童標準化的任何一般權力。兒童並不僅僅是國家的產物；那些養育他並引導他命運的人，有識別與培養他承擔更多義務的權利，同時也承擔著高尚的責任。[28]

親權與政府權力之間的拉鋸戰延續到整個二十世紀。義務入學法變得更嚴格，還增加了高中，上學變成是必須的，連幼兒園也併入了小學。時常有父母回擊，把孩子送進私立學校，甚至自己成立學校。一九七〇年代，在家自學風潮開始了現代的反撲，首先是一群反文化的嬉皮自由派人士，緊跟著是一群為數更多的宗教界保守人士。經由二十世紀在家自學與無校自學倡議者例如霍特等人開創性的努力，義務入學法才開始鬆綁，或變得更明確定義允許家庭重新掌控自家孩子的教育。今天，還有更多改變的跡象，因為有愈來愈多的家長與教育者希望，把下一代的孩子從教室的圍牆中釋放出來。

在家自學

一九九〇年代中期，當家長與教育活動分子正在慶祝美國在家自學全面合法化時，我正埋首於大學教育的教科書中。我讀到的是美國公立教育促進社會平等的美好故事，它的設計目的是，要為每一個孩子提供機會與社會流動性，不分出身背景。但於此同時我也發現，從哥倫布（Christopher Columbus）到傑弗遜，我讀到的美國歷史故事，都有陰暗的一面，而且不常被披露。我開始了解，美國強制學校教育的起源也有類似的陰暗面。教育史學家查爾斯．格倫（Charles Glenn）在《公立學校的迷思》（*The Myth of the Common School*）一書中指出：「國家控制的大眾教育制度的目標，與經濟或平等主義的目標關係不大，而是為了把未來的公民塑造成一種相同的樣態。」[29] 因此，對於那些能從長達一世紀的法定模式突圍而出的教育觀念與實務，我愈來愈感興趣。

接近畢業的時候，我對自己已經玩了那麼久的學校生存遊戲，有了更進一步的了解，並開始質疑我所聽到的關於其起源的高尚故事。我對另類教育與進步學校（progressive school），以及家長們所做與不做的教育選擇，愈來愈著迷。在一個研討會上，我有機會針對一個獨立的研究專案，更完整地探討這些主題。當時班上的一位同學，家族有人讓女兒在家自學，而且還願意和我聊聊。

一九九八年一個秋高氣爽的日子，我到了這個選擇在家自學的家庭。那是一個舒適的家，一位母親與她八歲女兒的親切招呼我。我坐在廚房桌子旁時，小女孩正在演奏小提琴。演奏完畢時，我和她談了一下她的音樂與在家自學的話題。我非常驚訝地發現，這個小女孩和大人互動時多麼地口齒清晰、興味盎然、舒服自在。我曾因為教學實習花數星期觀察附近一所公立小學的二年級學生，他們和她完全不一樣。這個小女孩顯得非常熱情、自信、好奇，也很滿足。

但是她社會化足夠嗎？當女孩離開房間，留我與她母親單獨談話時，這是我對這個讓孩子在家自學的母親的第一個問題。正如多數人，我以為社會化是把孩子送到學校的關鍵理由，只是我承認我並不完全理解這是什麼意思。英文字典對社會化這個詞「socialize」的定義是，**安置在政府或群體的所有權或控制之下**，或**致使接受或表現符合社會的規範或期待**。相對之下，指具社交能力的「being social」一詞，定義是**與其他人互動，並在社群裡生活**。我真正想知道的是，這個小女孩有沒有社交能力。我原來根深柢固的學校社會化與年齡區隔的觀念，扭曲了我對**具社交能力**真正意思的看法。這位母親啟發了我。她解釋，由於她女兒沒去就學，因此沒有把時間花在只和同齡孩子以及少數幾個老師互動。透過當地的在家自學網絡、各種課外活動與其他社區活動，她可以自由地和所有年紀的孩子互動。另外，她的女兒也和許多成人互動，因為整個社區的人都是她的老師與導師，而且她也經常在圖書館、市場、郵局、公園等場所與人交流。

出門到社區中，每天與從事真實工作的形形色色的人互動，而且投入其他有創造性的活動，並從中學到社會規範、行為、期望——我想這才是貨真價實的「社會化」。比起我在當學生時體驗到的強迫社會化，以及我最近在教學輪調中深入觀察到的狀況，對我來說，這似乎真實許多。學校社會化的基礎，在期望學生服從、合乎規矩、遵守要求。學校社會化就是要學生遵守規則，學習是次要的，活力則成了負擔。

在一所當地小學，也就是我該學期進行教學實習的地方，我看到的景象與那個親切溫馨的家完全不一樣。被專斷地照年齡分級的孩子，被分配到一排排的位子上，桌上堆滿了作業簿。鈴聲與警報聲，加上死板的例行活動，安排著他們的一舉一動，連上廁所都需要得到批准。即使沒有人威脅要把他們丟到窗外，通常也有人提醒他們，發言前得先舉手，而且不說不該說的。如果和坐在旁邊或後面的同學說話，就會被斥責，並被提醒：「放學後才能從事社交活動。」我一眼就能看出來，哪些學生非常善於玩學校的生存遊戲，哪些則在抵抗。

我很納悶，那些在抵抗的孩子，也就是麻煩製造者、做白日夢的人、所謂魯蛇，會不會反而是真正聰明的孩子。他們是否比我更早就意識到，學校教育是一場生存遊戲，雙贏的機率很低，規則也不公平，因此為了要玩這個遊戲，他們必須屈服於外在的期待，並失去部分的自己？在《麻煩製造者》（*Troublemakers*）一書中，作者卡拉·沙拉比（Carla Shalaby）談到了這些「礦坑中的金絲雀」，她如此稱呼拒絕參與學校遊戲的孩子。她解釋道：

> 從這些麻煩製造者，即這些遭到拒絕與定罪的孩子身上，我們可以學到最多有關自由這件事。當別人沉默，他們發出噪音。他們站起來反抗學校每一項強迫服從的作為。他們堅持採取自己的方式，而非學校的方式。即使他們同時在學校受到最嚴格的控制、監視、限制、管理，這些孩子仍然要求自由。[30]

我看到的麻煩製造者拒絕玩這場遊戲，而且有關教學與學習的事，他們教我的比任何教育類的教科書都多。

觀察遵循常規上學的孩子也教會我其他的事：老師被困在這場遊戲中的程度和學生一樣。他們也有自己的規則要遵守，也有自己的命令要執行。他們有課程指示、學習評量規定，而且每天都要管理一大群形形色色的孩子，每個孩子有不同的需求、背景、能力，只是因為法律而被迫待在學校。

老師和學生一樣，也必須遵守專斷設定出來的期望。唯一的不同之處是，老師可以辭職。在《華爾街日報》（*Wall Street Journal*）的社論版上，紐約州的年度最佳教師約翰．泰勒．蓋托（John Taylor Gatto）就辭職了。在紐約市擔任教職將近三十年，蓋托在他的投書〈我想我不幹了〉一文中指出，他無法再「為了維持生計而傷害孩子。」[31]他接著寫到常規的學校教育對孩子與社會所造成的傷害。在他的暢銷書《愚弄我們：學校義務教育的隱藏課程》（*Dumbing Us Down: The Hidden Curriculum of Compulsory Schooling*）中，蓋托揭露了老師和學生一樣的無奈：

> **成功的**孩子帶著最小程度的抵抗與不錯的熱情，進行了我指定給他們的思考工作。面對著數百萬件有價值的事要學，我決定我們有時間學習的項目。但是，事實上，這些是由我頂上不露面的眾老闆所決定的。這是他們的決定，我為什麼要去抗爭？在我的工作上，好奇是不重要的，只要服從就好。[32]

學生與老師都被困在以順從為導向的大眾教育文化，很少有機會保留給真正的創造力與個體性。我所觀察到的傳統就學的孩子，與另類學校（alternatively school）的孩子，兩者之間的對比，促使我攻讀研究所，主修教育政策。我對另類教育很感興趣，而且我有一股不安的感覺，雖然另類學校是往正確方向邁出一步，當中的路途卻才是我們真正需要去到的地方。我所看見直到今天仍在實施的大部分教育作為，都仍在學校的形式上打轉，而非學習的形式。學校這頂緊箍咒仍然很緊。即使是我見過的在家自學家庭，也有一整套課程，如同把學校複製到家裡。教育和上學能夠獨立開來嗎？似乎不行，直到我自己當了母親，真正了解到非學校式學習的樣貌。

非學校式的學習

離開學校十年，來到我女兒莫莉兩歲，我兒子傑克還是個嬰兒的時候，我還沒決定他們的教育要採取什麼方式。我們只是簡單過我們的日子，花時間在市區公園與博物館裡探索，享受早上待在圖書館聽故事與唱歌的時間，見見朋友和親戚，讀書和著色，擁抱、午睡、吃零食、玩耍。大量的玩耍。當時我認為，要決定莫莉「真正」的教育方式，還稍嫌早。以日前來說，完全投入社區生活，跟著被孩子左右的日常生活節奏，似乎就已足夠。但是的確，莫莉認識的許多小朋友都已經到幼兒園註冊了，才勉強脫離尿布的年紀，就開始正式的學校教育了。事實上，在我居住的城市，大部分的兩歲幼兒都已就讀某種形式的學校了。

那個秋天，日子繼續過著，我卻不斷在這個城市的各處被各種陌生人問到相同的問題：

「妳女兒多大？」

「兩歲半。」

「哦，她在哪裡上學？」

「她沒去上學，她才兩歲。」

有時候這些提問的人會接著說：「所以妳自己在家幫她上課嗎？」這樣的問題被問得愈多次，我就愈去思考我們文化裡正規學校教育的角色，特別是愈來愈重視讓孩子在這麼小的年紀就入學。我想知道，這種趨勢可能帶來的後果，以及這種縮短童年與加快制度化教育可能帶來的衝擊。我讀了雷蒙・摩爾（Raymond Moore）博士及其妻桃樂絲（Dorothy）的著作，他們兩位如同霍特，都是引領當代在家自學風潮的靈魂人物。在他們的暢銷書《晚讀比早讀好》（*Better Late Than Early*）中，他們敦促父母親延後孩子上正規學校的時間，並在家教育他們。他們指出，「原則上，給予合理的自由與個人的指導，小孩在教室外的發展會比在裡面更好。八歲左右以前尤其如此。」[33]

後來的學術研究也支持了摩爾夫妻的主張。其中最重要的是加州大學河濱分校的克恩（Kern）與佛里曼（Friedman）在二〇〇八年發表的一份縱向研究的結論指出，「較早入學與低教育程度、中年適應不良，以及更重要的——增加死亡風險，有所關聯。」[34]佛里曼斷言：

> 大部分六歲以下的兒童需要大量的玩耍時間，以培養社交技巧，並學習控制自己的衝動。過分強調正式的課堂教學——以學習取代玩伴，或者待在教室內而非在戶外玩——足以造成嚴重的影響，而且可能要多年後才會顯現。[35]

當我讀到這篇有關較早入學對小孩可能造成傷害的研究時，我也想到學校教育的觀念在我們的文化中如何根深柢固。學校是預設方案，學校就是學習的地方。社會的訊息也很清楚：不上學，孩子就得不到適當的教養。

但是，我回想到十年前那次參訪在家自學家庭的經驗。我猶記自己的觀察，在家裡學習乃至延伸到整個社區的真實感，對照在學校人為刻意與權威式的學習，兩者之間的驚人差異。這些畫面揮之不去。那年秋天陌生人的提問，加上我對自己孩子教育方式的好奇，我決定要重新研究在家自學與學校替代方案。

我以母親而非學生身分所讀的第一本在家自學書籍真是個寶。在家自學的家長南西・華萊士（Nancy Wallace）撰寫了《比上學更好》（*Better Than School*），於一九八三年首度出版。在我家附近的公立圖書館裡，我靠坐在書架上讀著這本書，內心深感共鳴。和我當時一樣，南西有兩個孩子，一個兒子，一個女兒。她也和我一樣，看到自己孩子早期的學習方式都是自然展開，完全不必別人強迫。但當她把兒子伊斯梅爾（Ishmael）送去學校讀一年級，一切都改變了。她寫道：

> 在伊斯梅爾一年級的第一個星期，學校生活就困擾著他。他被告知，如果沒有舉手並得到批准，就不能去上廁所。然後他顯然舉著手坐在椅子上很久，久到最後尿濕了褲子：這真不是個好的開始。然後，他也很沮喪，因為他們整天做的不外乎是在油印紙上著色，但他去告訴老師，他已經知道如何著色，想學別的東西時，老師卻要他回座位，再學著把著色技巧練得更俐落一點。我眼看著伊斯梅爾不情願地去上學，接受無聊而且看來是專斷訂

定出來的規則。[36]

南西．華萊士投入在家自學的時期，和我遇到的情況截然不同。她撫養孩子的時期是在一九七〇年代與八〇年代，所以她描述了在家自學完全合法以前，爭取許可的過程，以及在學校替代方案變得普及之前，支持替代方案所面臨的挑戰。多虧早期教育倡議人士努力爭取重新為家長賦權，以及鬆綁學校教育的箝制，因此雖然現在在家自學的家庭仍然面臨一些障礙，相較之下已經容易許多。

當我開始探索當代的在家自學風潮，並連繫當地實施的家庭後，我理解到，與公立學校有系統的環境相比，在家自學已經是一個法定名稱，並允許家庭有更大的自由與彈性。這也許有助於解釋，接受在家自學的兒童數量，從我在一九九九年寫研究所論文時的八十五萬人，在十年內倍增到將近二百萬人。[37] 最新的估計數字顯示，美國已經有超過二百萬名的在家自學生，而且已經可以和特許學校（charter school）[2] 的入學人數相提並論。[38] 從早期的發展以來，在家自學社群也變得更加多元化，從二〇〇七到二〇一一年，黑人家庭的數量已經加倍，達到將近一〇%的在家自學生；另外，西班牙裔的在家自學生從二〇〇三年占該族裔的五%，也增加到了一五%。[39] 根據美國教育部（US Department of Education）的資料顯示，「擔心其他學校的環境，例如安全、毒品、負面的同儕壓力」，是當代採取在家自學家庭的主要動機。[40] 雖然美國在家自學的家庭仍以基督教家庭為主，但是穆斯林家庭現在也是一個快速成長的人口族群。[41] 無宗教信仰的一般家庭數量也在成長中。[42]

在我遇到的在家自學家長裡面，我發現他們會為孩子的特定需求量身設計學習與教學內容，而且把白天時間花在家庭與社區裡。他們也花大量的時間在戶外的大自然探索、參訪公共場所、上有興趣或需要的課程、在當地組織當志工，並且與各式各樣的社區成員、店主、鄰居、家人、朋友互動。心理學教授理查．梅德林（Richard Medlin）在他的在家自學與社會化研究中發現，大部分的在家自學生都與更大的社群緊密連結，而且與同儕和成人間都發展出健全的社交技巧與穩固的關係。梅德林也指出，在家自學的兒童也許比上學的兒童投入更多的社區活動與課外活動，因為他們的行事曆更有彈性，而且他們與更多元的社區成員都有互動。[43]

我心動了。我為什麼在孩子可以從我們周遭的人、事、物、場所中生活與實際學習時，讓他們去玩一場愈來愈嚴格的學校生存遊戲？在我看來，讓孩子封閉在教室的四面牆裡面，只會讓他們的學習窄化，而不是擴展。就像華萊士寫的，「當社區中有那麼多有趣的事情在發生時，讓孩子花那麼多時間在學校，似乎是滿愚蠢的構想。」[44]

接下來的幾年，我們都在做有趣的事。我們到處逛公園與兒童遊樂場，經常去圖書館、博物館、書店，也花了大量的時間在戶外親近樹林與水域，與朋友鄰居玩在一起，和爺爺奶奶、阿姨

---

[2] 美國公辦民營的一種學校形式，又譯「實驗學校」。由州政府立法，特別允許教師、家長、教育專業團體或非營利機構經營，雖為公立學校，但不受例行性教育行政規定約束。

叔叔享受不被打擾的時光，簡單過我們的生活，完全沒有想要去上學或參加學校形式的活動。我們陶醉在在家自學所提供的自由，盡情享受童年玩耍的機會。儘管如此，當莫莉快到幼兒園年紀的時候，我也因為還有一個學步期的孩子與一個嬰兒忙得不可開交，我開始思考，我該為她找什麼樣的課程。畢竟，充裕的遊戲時間與自由對她的童年初期固然重要，但她已經五歲了，她的學習需要有些類似學校的結構。或者，我當時那麼以為。

當我研究各式各樣的課程選擇，把自己當成幼兒園老師時，我開始熟悉人們對五歲小孩的各種表現期望。大量的書籍與教學資源都分享了「幼兒園孩子該知道的事」。主題完整，學習目標明確，評量方法也簡單。有讓學習變有趣的各種遊戲，也有讓孩子保持學習動機的各種獎賞。每一套課程都有自己的風格與方法，但結果都是一樣的：一組特定而具整合性的教學流程，能教會孩子閱讀、寫字、算術。

我完成課程選擇，幼兒園計畫也準備好時，莫莉莫名其妙學會了閱讀。她也從周圍的世界中學會了許多事，例如我們鄰居家寄居蟹的生活習慣、在姨婆花園家栽種種子的正確方式、在博物館天文館中學到太陽系的起源，林林總總的事。當然，我可以圍繞著這些周圍的學習資源制定一套課程，但我為什麼要這樣做？我開始納悶，課程與評量、主題與學習目標、課程與成果，是不是促進教育的最佳方法。我們已經選擇退出常規的學校教育，我為什麼還覺得需要在家裡複製學校的做法呢？有沒有其他不必上學，甚至連在家複製學校模式都不必的學習方法？

我開始閱讀所有我能找到的有關自然學習與非傳統在家自學方式的資料。我沉浸在霍特有關

「無校自學」的文章，以及其他自主學習的教育先驅的著作。其中的一位開拓者是溫蒂・普利斯尼茲（Wendy Priesnitz），從一九七〇年代以來，她就在國際間積極倡導非學校式的學習方式（或她所謂的生活學習〔life learning〕）。在她所寫的《不必上學》（*School Free*）一書中，她問到，「為什麼我們會以為，五歲的孩子不能再用他四歲時的方式學習，而需要一套結構化的課程，並經由專門培訓與認證的成年人來教？」她接著建議，學習是天生的，不需要用課程控制，「孩子還小時，在我們沒察覺的情況下，孩子就已經在學習了（例如如何走路與說話），我們時發現已經會了。有大量的複雜概念其早期學習都是有點自發性的，是渴望與好奇的結果。」[45] 這句話引起了我的興趣，並回想起我在自己小孩身上親眼看到的事。我為什麼要用一套由上而下、類似學校的課程，阻礙他們天生的自發性學習呢？

不管多麼吸引人以及多麼想讓小孩主導，所有的課程都假設，人應該在特定的時間以特定的方式學習特定的內容，還要使用特定的教材與資源；而且為了特定的學習成果，還要一種特定的評量方式。這些特定的細節會根據不同的教育哲學與途徑而有很大的變化。舉例來說，蒙特梭利（Montessori）與華德福（Waldorf）的課程就差異很大，而華德福又與公立學校課程的共同核心大不相同，諸如此類。每一種教育架構都有自己的課程焦點與理念，而且許多時候，課程成功與否取決於老師有效詮釋與執行該課程的品質。我學到的是，無校自學的差別在於沒有一套既定的課程，而且學習者才是核心人物，不是老師。想朝無校自學大步躍進，我必須停止視自己為孩子的老師，而要成為孩子的追隨者。

自學教育的重點提示

- **建立社群**。每當我被問到，如何開始在家自學或無校自學，我給家長的第一個建議就是，去連結當地的在家自學社群。和現實生活中的在家自學家庭見個面，探索他們各自的哲學與途徑，會是極為寶貴的經驗。不管你在哪裡，你很可能都會找到一群志趣相投的家庭，都很重視非學校式的學習方式。許多地方都有分布全州的在家自學草根組織，可以幫助有志家庭互相認識，還會為你解釋當地的政策與法規。你也許也可以找到專屬你所在城市或國家的在家自學網絡。通常也有線上團體可以連結你所在地區的在家自學生。在網路上用在家自學與你的所在地當關鍵字搜尋，看看會跳出什麼。你也可以詢問一下當地的圖書館員與博物館的教育人員，看看他們是否知道附近有何資源。
- **尋找無校自學生**。在家自學生通常會仰賴某些既定的課程、教學架構、評量程序，但是無校自學生則專注於興趣導向的自主教育。為了要找到和你一樣對自然學習有相同看法的家庭，可以透過網路社群與社群媒體，以及更多全國性與全球性的自學網絡與研討會，從那裡連結到當地的自學家庭。在這裡，你可以找到許多家庭選擇更讓孩子主導的學習途徑，儘管如此，在無校自學的名稱下，還是有很多不同的方法。

- **思考你的家庭價值觀。**對你們全家人來說，什麼是最重要的事，自學會如何反應出這些價值觀？也許你想要讓孩子有充裕的遊戲時間，並花很長的時間在戶外探索大自然。如果是這樣，這就會是你家自學方法的一個焦點。也許你想花許多時間在社區裡當志工，或到不同的城市與國家旅行，那就會成為你家自學內容的基本家庭承諾。也許自學只是一個更廣泛計畫的一部分，主要目的是讓全家人可以花更多時間在一起，或過一種更慢步調而簡單的生活方式。專注在這些價值上，讓你能夠打造一種對每一個人都有意義的自學風格。
- **和你的孩子談談！**希望你的孩子能積極參與，幫助你找出你的家庭價值觀，並決定自學是否合理。你的孩子想要什麼？他們過去有什麼樣的教育經驗？如果他們以前上過學，現在你想要轉成無校自學，你和你的孩子可能要經歷一段重要的「去學校化」（deschooling）的過程，以擺脫先入為主的學習與教育觀念。自然學習的傾向也可能要花點時間才會再現。去學校化可能會花上數月或數年，取決於你的孩子待在學校多久，以及學校教育對他的自然學習傾向造成多少影響。事實上，對於生活在一個學校化社會中的我們任何人來說，去學校化的過程可能永遠不會結束。良好的溝通、耐心，以及對新的生活與教育方式的開放心態，有助於讓從學校化心態轉型到無校自學心態的過程更順利。
- **準備質疑一切。**在勞拉·葛雷斯·威爾頓（Laura Grace Weldon）的暢銷書《散養學習》（*Free Range Learning*）中，她警告：「在家自學會改變一切。」[46] 一旦你開始質疑有關教育與學習的假設，你可能會發現，自己會開始質疑其他的文化規範。為什麼我要繼續做這份我討厭的工作？為什麼我們有這麼沉重的貸款？為什麼孩子一定要上鋼琴課？為什麼團隊運動占用掉我們如此多的家庭時間？為什麼我們所有人都要學微積分？為什麼大學成為人人搶著要的聖杯？當你開始質疑現狀，你可能會面臨排山倒海而來的自問。

2 無校自學是什麼？

「無校自學基本上是一種讓好奇心主導的學習方式，沒有考試與預訂的課程。無校自學交由孩子去探索與應用知識，而非依賴成年人提供，並由其判定應學內容所組成的書籍傳遞的資訊。」

——阿奇拉．理查茲（Akilah S. Richards）[1]

「從在子宮裡算起，我的整個人生都在教室裡度過。」自學媽媽凱蒂．萊恩–卡納斯（Katie Lane-Karnas）說，她有兩個女兒，梅依（Mae）與朱尼佩（Juniper）。凱蒂的父母親都是任職於傳統教室與學校管理單位的專業教育者。凱蒂早期的學校記憶是，她還在學步時就被帶去母親任教的暑期課業輔導班。取得教育學位並成為公立學校的老師，幾乎是凱蒂預定的人生道路。這是一條理所當然，而且前人眾多的道路。

一九九〇年代晚期到二〇〇〇年代中期，在幾個州任教過後，她對於在學校所看見的情況愈來愈感到沮喪。她回想，「讓我不安的是，不管幾歲的孩子，都很容易因為一些小事而被退學、噤聲、貶低、批評。」「一個二年級生回答問題時揚起手，便可能因為這個肢體語言，而被視為想法或參與意圖不夠正確。一個幾乎不會說英語的三年級生，知道自己母語的識字能力就是無法讓他升到四年級。一個興趣在跳舞、種植、打獵或帶小孩的中學生，都沒有辦法把這些技能用來支持他的教育。許多玩樂團的高中生其實不太會看譜，卻知道在學校問如何完全掌握音樂這類的問題太愚蠢。」

對大眾教育的強壓制度失望，凱蒂最後辭去了教職；但她依然期望把自己的孩子送到當地的公立學校。儘管身為老師，她有些保留的看法，但她相信學校教育，並希望學校教育對她的孩子有用。無論如何，她決定為五歲女兒梅依去看看幼兒園的模樣，並要求在梅依入學之前去旁觀教室的上課情形。凱蒂記得：

> 我的孩子忽然之間顯得有點太吵、太快、太有意見，外加不是穿得像結婚禮服，就是赤裸裸，而不適合上學。我試著想像，梅依和這些乖乖舉手的小女孩在一起，旁邊一群精力旺盛的男孩被處罰時還不斷鬼吼鬼叫，在半小時圍坐著的團體時間內，那些安靜的小女孩沒有喊過一聲。想到梅依會多麼願意在課堂上為奧林匹克環按照老師說的**唯一**正確的方式著色，或是避免嘗試使用膠水，因為顯然只有調皮的男孩才敢嘗試，我就覺得難過。

凱蒂在課堂上看到的情況，反應了她之前在自己任教課堂上看到的事。她知道，她不能讓自己的孩子受制於學校教育，看著她們的創造力與好奇心消失殆盡。

在探訪了幾間不同的學校，評估了幾種教育選項之後，凱蒂與先生決定讓孩子在家自學。

他們立刻受到自然、由兒童主導學習的無校自學哲學吸引。那感覺簡直如釋重負。凱蒂沒有意識到，學校教育的思維已經以各種微妙方式影響了她的親職作風，直到她將之拋開。她回想，「忽然之間，少了學校期望的陰影」——

我和女兒的關係馬上大幅改善。我這才意識到，有多少我試著要「溫和」改變她，讓她在學校可以更被接受的事情，她也都在抵抗。我也意識到，為了保護她，我多麼想讓她變得更不像她自己。不去上學，就是不再去改變她。我在學校的框架中看到自己的五歲時光。拿掉學校這個框架，我開始看到她有更多力量，也更信任她，如同我們在她幼年成長時期所做的。我很快開始注意到，「學校化」這個想法多麼傷害我對孩子心靈自由的尊重。我們在家庭計畫中愈是從學校教育中鬆綁，我們就愈能放鬆，再一次擁抱自己的孩子。

凱蒂繼續解放她的學校教育思維，更誠實地檢視她自己當學生與老師的學校經驗，並見證到我們周圍許多通常隱而不見的學校教育思想。學校教育文化反應在我們的行事曆上、小說中、我們與鄰居的談話中，以及星期五晚上美式足球賽的城市精神裡。這文化也可見於返校快照與畢業舞會的照片中、暑期閱讀計畫與學校戲劇演出、當月模範生獎與保險桿貼紙、畢業演講，以及一大堆讓我們從學校現實的殘酷中分心的其他瑣碎儀式。才一百五十多年，學校教育就已經占據了我們大部分的集體意識，讓我們根本無法想像一個沒有學校機構的文明社會。從學校教育思維中解脫，不是件輕易的事。

從學校教育改為無校自學，凱蒂重新用上了她在孩子還是嬰兒期與學步期時培養他們興趣、撫養他們成長的方法。她看過孩子自然學會探索他們周遭的世界、嘗試與冒險、走路、講話、理解。她現在把這些經驗用來支持女兒成長。她聽她們說話、信任她們，並在周圍安排豐富的資源與機會。就像許多自學生，凱蒂也沒有使用一套包裝好的固定課程。更精確地說，她看到了孩子的興趣，並把這些興趣和她周圍的人、場所、事物連結起來，包括書籍、教材、數位資源、活動、課程、社區成員、公共場所。梅依現在已經八歲，喜歡畫畫、藝術、彩妝、數學，還有許多三分鐘熱度的興趣。朱尼佩現在六歲，她的主要愛好是雞與地質，以及任何與美、仙女、裝扮有關的一切。在這些興趣的推動下，在細心成年人的幫助下，以及在更大社群共同智慧的支持下，孩子時時刻刻都在學習。對凱蒂來說，從學校教育到無校自學，從老師變成追隨者，是一種特別的淨化作用。她說，「身為老師，我受到的訓練是，要以尊重的態度控制我周圍的所有人，鼓勵他們表達自己的需求，並且只在該環境下明確定義適當的範圍內做自己。我做得非常好。但是，在那樣的關係裡，感覺實在太糟了。」

無校自學的定義

無校自學不只是一種教育方法。它無關乎教與學，或是用先進的教育理想取代傳統的。它是要挑戰主流的控制架構，尋找自由與自主性；是要理解我們的學校教育濾鏡如何影響我們看待學習與知曉的方式，以及決定我們看不到的事物。它也關乎重新檢視受教育的意義。某方面來說，其觀念非常簡單：經由讓孩子學習，而非強迫上學，讓孩子對自己的人生與未來有更多的自由與掌控。執行面才是複雜的。在一個普遍實施學校教育的社會中，學習自由是什麼樣貌？自由與責任的平衡點在哪裡？由誰決定？這些問題是無校自學與一般自主教育哲學的根本，而且沒有簡單的答案。

每一個無校自學家庭在樣貌上與行動上都不一樣。每一個自學合作社或學習中心也會形成一種獨特的文化。每一個自主教育的學校或營隊或社區方案，也有自己的精神。有些可能會認為自己的方法較好、較友善、較純粹。但沒有一個是完美的。多樣化是無校自學途徑的一個優勢。無校自學既是一種哲學，也是一種生活風格；是一種理想，也是一種實踐；其中也有自己的福氣與包袱。在理想上，是利用整個社區的全部資源，給孩子學習的自由，完全不強迫，讓他們按照自己的興趣學習。在實務上，是在一個複雜的網絡下做這件事，這個網絡包括人際關係、社會動力、家庭價值觀、文化現實、社區責任。實踐，是其中的關鍵字。

考慮到這樣的混亂，我們可以得到一個不算完善的無校自學定義。最簡單的是，無校自學就是學校教育的反義，就是沒有學校的學習，也不在家複製學校教育。它否定了學校的教育樣板，轉而重視一種完全不同於學校的學習方式。它的教育途徑是非強制性的，即不需要也不期待學生使用在強制性學校或類學校環境中的方式學習。無校自學的孩子就像大人一樣，有說不的自由。

它不採學校普遍的配套作業，包括成人規定的課程、年級劃分、學科分類、年齡區隔、教學計畫、獎懲，以及專斷的測驗與排名。無校自學將學校和教育兩個概念拆開。

一九九〇年代初期，在研究在家自學家庭及其不同的學習方式時，密西根大學研究人員發現，在家複製學校模式的在家自學生（homeschooler），以及我們現在所謂的無校自學生（unschooler），有一個明顯的差異。他們把這個差異定義為**學校教育**（schooling）與**教育**（education）之間的分歧點，「藉由系統性的課程、老師指導的課堂，以及外在的獎懲制度，**學校教育**提供學生一種需要外在動力的結構。相反的，**教育**則隱含著學習者的成長，也包含學習者負責要決定學什麼的觀念。」[2] 無校自學反映了教育的這個定義，專注在學習者的自主性，並擺脫了學校教育的制度，包括擺脫在家複製學校的概念。經由無校自學，學習成為一種內在的、個人的、持續的教育過程。

無校自學意味著，信任人類在周圍有充分的資源與機會時，藉著追隨內在好奇心學習周遭世界的傾向，而成為受教者。學校教育關乎控制，無校自學則關乎自由。這意味著連「無校自學」這個詞彙本身都還太帶有學校意涵。就像溫蒂．普利斯尼茲說道，「如果我們真的活在沒有學校的世界，就可以不必再用學校相關詞彙來描述自己了。我們可以把學習（以及我們與家人過的生活）與學校制度完全脫鉤。」[3] 因此，在這種學習類型中，「自主教育」（self-directed education）很快變成一個更受歡迎的字眼，一來是因為，這個字眼說明了何為無校自學，何為不是，二來是因為它更能包含現在已有、非常廣泛與多樣的自學途徑，從家庭中心式自學（family-centered unschooling）到自由學校（free school），以及瑟谷風格（Sudbury-style）[1]的民主學校到自學營隊，以及課後與社區計畫，到自主學習中心和青少年沉浸式體驗。在本書中，我曾把「無校自學」與「自主教育」交替使用，因為這兩個詞彙有共同的基本理想、實踐方式、哲學根源。

學校教育在我們的文化中是如此地根深柢固，因此要把學習從學校中解放出來的對話，需要時間與思想的準備。不只我們需要在自己的思考上脫鉤，我們也必須幫助別人這樣做，而且，當別人還不能理解時也要表示同理心。無校自學打破了我們學到的有關學習與知曉的所有一切，勢必會引起困惑。我兒子傑克八歲時，有一天，我們去家庭醫師那裡做健康檢查。我們很喜歡我們的醫師，她也一直非常支持我們的教育選擇，即使她並不是非常了解。在家自學聽起來簡單明瞭，但無校自學指的是什麼呢？**那**看起來是什麼樣子？她和傑克聊到他對滑板運動的熱情，他每星期都在滑板公園花上大把時間。他解釋了目前正在努力練習的技巧，並為她說明了某些滑板運動的術語。她認真地聽著，接著有點搞不清楚狀況但親切地問傑克：「所以，呃，你在學校學什麼呢？我的意思是，我知道那不是學校，呵，你知道我的意思。」

傑克回她，「這樣說吧，我現在真的對化學鍵非常感興趣，所以我想要盡可能花時間和我爸爸一起弄清楚這些化學鍵、質子、電子、周期表。」

[1] 一九六八年創建於美國麻薩諸塞州的學校形式，由學生按民主程序，自主決定校內大小事。

醫師笑了起來，對傑克的回答感到驚喜的樣子，她說，「嘿，我以為你說你沒去學校，但這聽起來就像上學啊。」

我回話，「是的，『無校』，並不是不學習或不教育，只是這種學習方式不是綁定在一種套裝課程上——」醫師幫我把話說完，「而是連動他們的興趣。」

正是如此。採取無校自學，學習會與孩子的興趣連動。有時候，這種學習方式會牽涉到我們認為的「學術」主題，但有時候，這種學習方式會包含完全不像學校科目的主題，例如滑板運動。但是，這一切都是學習。我想，傑克也能像談滑板運動一樣地談化學鍵，讓醫師鬆了一口氣；但更重要的一點是，當我們不把學習分割成某些獨立的特定科目時，也就是說，當我們不說只有在某些特定的地方、在某些特定的時間，向某些特定的人學，使用特定的教材才是學習時，所有的學習都會變得很有趣。孩子天生就有好奇心。他們想知道東西是怎麼運作的、什麼意思、為什麼會這樣。任何父母親都可以證實這一點，小孩子會有一籮筐的問題，有時候還停不下來。學校教育因為忽視孩子的興趣與問題，而抹滅了孩子對世界的好奇心，學校只是把知識裝進某些桶子裡，然後強迫孩子學習桶子裡的東西。上學與學習真的是兩回事。

我真的不知道傑克對元素週期表的興趣是哪裡來的，或他對化學鍵為什麼這麼熱中。他可能在一天當中的某個時候看到或聽到或讀到一些有關元素週期表的東西，然後還想學更多。我和先生布萊恩，便和傑克一起在網路上搜尋有關週期表的資訊，一起看可汗學院（Khan Academy）[2]的串流影片與其他線上影片、化學鍵的教學錄影帶、去圖書館找更多書籍與資源、參觀我們家當地科學博物館的週期表展覽，諸如此類。這與任何課程計畫或學習目標無關。傑克就是對這個主題非常感興趣，所以我們注意到了他的興趣，並收集適當的資源，和他一起學，並支持他自己去學更多。當他對化學鏈的興趣冷卻時，他就停下來了。這就是無校自學。

現在，資訊這麼容易取得，學習資源這麼充分，靜態的學校教育已經變得過時。在過去，學校是書籍與知識所在的地方；現在，書籍與知識就在我們周圍，不管我們想學什麼、何時想學，想和誰一起學，都有一個才華洋溢的老師與輔導員所組成的網路來幫助我們學習。無校自學可以導向更深刻、更有意義、更真實的學習，因為這種學習方式的動力是來自學習者，主動利用周遭的各種工具。在一個由網路連結的全新世界中，資訊觸手可及，一套制式的固定課程實際上可能會讓我們的學習倒退。

課程

學校教育（包含傳統的在家自學）與無校自學的一個重要區別，在於後者避免一套規定的課程。不同於其他教育方法，包括那些想讓課程變得更非線性或自然或以孩子為中心的教育方法，

[2] 由薩爾曼・可汗於二〇〇六年成立的一所非營利機構，在網路上提供一系列免費教材。

無校自學拒絕接受成人規定的課程這種觀念，也摒棄了學習需要預先計畫，並根據某種成就評量方法來評估的想法。克利夫蘭州立大學教育學教授卡爾・惠特利（Karl Wheatley），將無校自學家庭定義為「主要或完全讓孩子學習他們感興趣的任何事物，而且只用很少或完全不用成人選擇的正式課程。」[4] 如同學校教育，課程也是一種早期的人為產物。課程的歷史與學校教育的歷史密切相關，並在大眾教育於全球各地興起後提高了重要性。課程這個詞彙的英文「curriculum」源自拉丁文，意思是「賽車」（*curricle*）與「跑步」（*currere*）。第一本探討這個主題的教科書是一九一八年的《課程》（*The Curriculum*），法蘭克林・巴比特（Franklin Bobbitt）把理想的課程定義為：「想發展把成人生活事務做好的能力，以及在各方面都表現出成人應有行為的方式，**孩子與青少年必須去實做與體驗的一系列事物**。」[5] 簡而言之，就是往一個目標奔去的比賽。

《邁向教育理論》（*Towards a Theory of Schooling*）一書中，大衛・漢米爾頓（David Hamilton）從中世紀時代鬆散組織的課程到帶來秩序與服從的大眾教育興起過程中，追蹤到學校教育的起源。在十七世紀的時候，課程這個字眼才具有目前的意義，而且被視為一種學術工具，可以保證一種完整而連續的學習過程。漢米爾頓認為，在宗教改革之後的歷史時刻，課程變成一種不只是要「遵循」的事，而且還要被「完成」。知識要在一個既定的順序下取得，也要有特定的結果，這對「教與學都帶來更大的控制感。」[6] 特定的內容要用特定的方式掌握要領，並得到特定的結果。

課程以控制為基礎，旨在決定別人應該在何時學習與專精哪些主題。那可能是一套愉快的課程，有歌唱、遊戲、彩色貼紙，但仍然是一種控制別人學習的方法，有時候還會透過刺激、賄賂、處罰的方式。無校自學就是要挑戰那種控制。沒有預定的課程，學習會變得較不死板，也更自然，就可以隨著不斷發展出來的興趣與熱情彈性發展。由於學習動機來自內在，根本不需要刺激、賄賂或處罰孩子。與其讓別人決定學習者該知道或該做的事，不如讓學習者自己決定。與其讓別人評估學習者的知識，不如讓學習者自己決定學到何時才算完成。無校自學的威權性遠不及學校教育。但是，當學習由學習者的個人動機所發動，一切會更自然，也更有意義。

孩子不必上學就可以學習，這種觀念與我們多數人被灌輸看待教育的方式相反。我們理所當然地認為，要發生真正的學習，成人選擇的課程是必要的，教導也是必要的。惠特利把這種信念稱為「教導假設」（instruction assumption）。惠特利認為，一個人必須受教導才會學習，這種假設深植於我們的文化，以至於我們通常無法想像有其他的方式，而且事實上，我們也深深懷疑以學習者為導向的教育方式。教導假設不只排除無校自學的觀念與發現，惠特利認為，這種信念也把更多的教導（每天的上學時間更長、學更多年、教學與測驗更多）視為解決教育問題的一種合理方法。[7]無校自學倡導者建議要給孩子更多自由，但教導假設卻導向更嚴密的控制與更多的干預。

教導假設堅持常規學校教育的所有特色與功能，而忽略了自然的學習方式。惠特利認為，「一旦接受教導假設，通常隨之而來的配套做法的就是，把教育劃分成各種學科、把主題分成一系列的學習目標、規畫標準化的課程順序，學生直接被傳授這些學科等。」[8]一套完整且連續的課程，有預定的主題、目標，得出理想的成果，都支持了教導迷思。像無校自學這類以興趣為基礎的學習理論，由於來自孩子對世界真正的好奇心，直接挑戰了這個教導迷思，並與我們多數人一直被灌輸的人類學習方式矛盾。

從我的小女兒艾比還在蹣跚學步起，她就一直對蟲子很著迷。許多小孩都喜歡蟲子，所以我以為她的興趣很快就會消失，但四年下來，她依舊熱愛。她已經從初期蒐集與觀察的階段，到現在學到更多有關昆蟲辨識以及如何固定與保存標本的知識了。而我的大女兒莫莉很討厭蟲子，這讓我們家在健行回程車上塞滿裝蟲子的罐子時，都會上演一些有趣的談判戲碼。莫莉有不同的興趣，例如縫紉、烘焙、數學，這些也都是在她年幼的時候就萌芽的，而且這些年過去，這些興趣仍然持續加強中。

如果我是在課程中強加了昆蟲或縫紉的單元，罔顧孩子各自的興趣，我就是在對某一個主題主張我的控制權，同時剝奪了孩子決定與擴大自己興趣的力量。如果我是教她一套特定的課程，而非讓她探索各種資源，我就是在掌握她的學習控制權。相對的，艾比對蟲子的興趣帶著我們一起收集許多圖書館的昆蟲書籍，觀看有關蟲子的YouTube影片，加入一個當地的昆蟲學學會，還走了許多「蟲蟲路線」，也聯繫了多位比我們更懂如何辨識昆蟲的老師，參觀了自然史博物館，也看到他們收集到的昆蟲標本；我們還蒐集了保存蟲子的材料，林林總總。而莫莉對手工藝與手作的興趣也帶我們走上一條類似的道路，我們現在也接觸到許多書籍、影片、指導者。她還決定要參加當地社區的編織與縫紉課程，現在她已經能夠運用進階書籍與YouTube影片來加強她的功力。

有人可能會說：**即使提供一套課程，這些女孩仍然能夠各自探索她們對昆蟲與手工藝的興趣**。課程不應該消除她們其他的興趣才對。也許課程理應不會抹滅我們自我教育的傾向，然而通常就會。舉例來說，閱讀課把閱讀定位成一件和生活分開的事。閱讀課不是透過孩子對某個特定主題的興趣而自然發生，反而變成一個得以特定方式涵蓋的主題，而且還要遵從別人的安排。比起你媽或老師要求你學，為了想要更了解蟲子，以及學會在保存盒中適當標籤牠們而學習閱讀與寫字，後者效果要好得多。一套課程愈是包山包海，花的時間愈多、內容範圍愈大，就愈可能會削弱我們的自我教育傾向以及對學習的熱情。因為我們學到了等待被引導。

一套課程有時候有助於讓孩子接觸到自己可能不會知道的新主題，藉此誘發一個原來沒有的興趣。的確，課程可以讓學習者接觸到新而不同的主題，但是圖書館也可以，博物館、公園、朋友、商店老闆，乃至網路都可以。課程是一條捷徑，但它只是各種主題的一個面向的呈現而已，完全和我們生活的真實世界脫節。比起罐裝課程，讓孩子接觸更大的世界以及社區中的各種資源，可以帶來一種更多層次、自動自發、真實的學習經驗。舉例來說，艾比是因為經常待在戶外，在大自然中散步，在樹林中花上許多時間，產生了對昆蟲的興趣。她不需要一套課程，大自然就是她的老師。而莫莉對手工與縫紉的興趣，源自於經常和我們家附近編織店裡的達人聊天，還有經常和會縫紉與手工的姑姑相處。這些都是沉浸式的經驗，接觸的都是社區裡面真實的人物、場所、事物。

如果沒有一套課程決定學習內容，某些學科領域的知識就會學不完整。對於無校自學來說，並不期待要對任何內容學得「完整」或「專精」。如果艾比決定她對蟲子膩了（又或者，才一天她就不想玩了），她對昆蟲的興趣就是這樣了。我們並不期待有一個整體、連續或完整的課程。對於無校自學來說，沒有固定的課程，只有生活與學習。從許多方面來看，其學習途徑和大部分博物館類似。博物館提供資訊、展覽、講座，通常會以博物館的主題為核心（也許是藝術、科學或自然），還有許多可以回答問題或引導展示的導覽員。一切都不強迫。如果你想要花很長一段時間探索某個特定的展覽，而忽略了其他的展覽，可以。如果你想花時間在當代藝術上，而忽略印象派畫家，請便。如果你想聽一場有關動物行為的演講或參加實地動手的地質活動，任君選擇。如果你不想這樣做，也是可以的。你可以選擇隨意來去。博物館不會哄騙你來，或評估你所知。無校自學就和博物館學習方式一樣，隨處都有供人探索與發現的資源、資料素材、機會，而且完全不強迫。

如果沒有一套固定的課程，一個人的知識會有許多缺口。就如漢米爾頓所說，課程是完整而連續的，它清楚俐落地呈現了一套內容與期待，並詳細說明了別人決定應該涵蓋的整體內容以及應該涵蓋的順序。課程是線性而完整的。這也是課程如此吸引人的地方：它消除了學習過程中的猜測部分。但是，線性也是它的缺點，因為它不允許對各種主題漫談問題，但這部分卻可以促進更進一步的探索。如果我採購或設定了一套課程，決定我們要在何時與如何學習元素週期表，傑克可能就不會那麼感興趣了，因為那並不是出於他自己的問題與好奇心。他也許會透過一套課程學會週期表，並在有關週期表組成元素的考試中拿到不錯的分數，但卻可能失去更重要的事。我們大部分的人都是透過一個事先確定，而且帶著各種學習目標與評估方式的學校課程學到週期表的。但是，你還記得多少？

就無校自學來說，學習是迂迴的，不是連續的。內容是待探索的，不是待完成的。無校自學生的知識會有缺口嗎？肯定的。但這就像學校教育的學童一樣，他們也有知識上的缺口。我們所有人都有知識上的缺口。大家普遍能接受，現在我們可以取得的資訊與資料如此多，任何人都不可能會知道每一件事，或甚至只是每一件事的一小部分。前Google執行長艾瑞克·施密特（Eric Schmidt）曾經說過，「每隔兩天，我們所創造的資訊量就和從文明開始到二〇〇三年產生的一樣多。」[9] 這實在令人瞠目結舌。課程、核心能力、考試，沒有一個可能讓我們跟得上想像力時代（Imagination Age）的知識需求。

想像力時代這個詞彙是查理·馬吉（Charlie Magee）在一九九三年的一場有關開放原始碼技術的研討會上第一次創造出來的。在他所寫的〈想像力時代：即將來到你眼前的文明〉一文中，馬吉寫道：「我們現在應該做的事是學習培養我們的想像力，因為在人類進化的任何時期中，最有想像力的人都會成為領導人。問題在於，我們將需要更多有想像力的人，這些人占人口的比例比我們以前需要的更多。」[10] 最近幾年來，這個詞彙因為作家暨全球策略專家麗塔·金恩（Rita J. King）而廣為人知，她把想像力時代視為後工業時期，即將迎來「智慧時代」，到時機器人會比人聰明。[11] 要把人與機器區別開來，人類的創造力將是最關鍵的特徵。強迫式的學校教育模式會削弱創造力並壓抑個性，因為它會強迫年輕人學習特定的內容，但這些內容和未來的關聯性令人懷疑。在想像力時代，只有創新者、企業家、原創思想家，其創意智慧能從人造物中脫穎而出。

課程讓教學內容可以被教導、測試，以評估完整的學習。在教學與測試教學內容時，通常反映的是孩子多麼會玩學校生存遊戲：能有效記憶與照本宣科。它可能顯示的是孩子被教導了什麼，而不一定是他學到了什麼。這有助於解釋，我們大部分的人為什麼都不太記得週期表與化學鍵。這也可以解釋，學校教育為何會在夏天發生學習退步或「暑期滑坡」（summer slide）的現象，據說孩子會在暑假期間把學到的知識都忘掉。另外，在春天測試的教學內容，到秋天就忘。為了降低暑期滑坡現象，許多學校與組織致力拿整個夏天來加強教學內容，以便到九月時，學生不會忘掉任何知識。這些立意良好的行動忽略了一個基本重點：也許孩子根本沒有真的學到什麼。也許他們只是在考試中重複被教到的資訊，所以也忘得快，因為對他們來說，那根本沒有意義，也沒有用處。他們也許展示了他們的應考能力，但未必是他們的學習能力。確實，一個大型研究發現，大部分的受訪者在高中數學課學到的內容，五年內就忘記一半；十二年內就幾乎全部忘光。[12] 真正的學習不會這麼容易就忘掉。所以，你記得什麼是化學共價鍵嗎？

有時候，孩子喜歡從一套課程中學習。沒錯，這完全正確。有些自學生想要一套有結構的課程，像是作業簿或教科書。許多自學生選擇參加非常正式的課程，選擇非常傳統的老師，採用一套非常嚴格的課程。莫莉就上了一堂密集的韓語課程，每一星期都有嚴格的作業與評量，非常嚴謹，也有規畫好的既定課程，但她決定要上。我沒有告訴她應該去學一種外國語言或建議她學韓語，而是因為她對武術愈來愈感興趣，接著自然而然就對韓國的語言、歷史、文化感到好奇。她也查了學習韓語的各種選擇方案，最後選了一套正規的課程，教課的是一位專家講師，也有作業簿與線性的課程。課程不是問題，由**成人強加**的課程才是問題。

如莫莉學習韓語的例子所顯示，自學並不意味著，年輕人從不學習「類似學校」的科目，或從來不上正規的課程。他們之中有許多人都這樣做了。這只是表示，他們得以選擇要或不要這樣做。一旦課程與教學是選擇性的，與特定的興趣或個人目標連動時，這些課程就變成非強迫性的。學習者可以為自己決定，要用哪個特定的方式，從哪個特定的老師或來源學習知識。她也可以決定不要這樣做。

傑克最近熱中的是攝影。他在我們的公立圖書館免費上網，在Lynda.com的線上課程花好多時間，為了加強他的技巧。他最喜歡的講師是一個我覺得有點無聊、講話單調的人，但是傑克偏好找他，而非其他人，他可以專心聽他講數小時並完成他建議的作業。這些都是非常有結構、以講座方式進行的課程，但都是傑克為了自己特定的目標而選擇的。他學習並練習拍攝角度、快門速度、距離與景深、編輯與上傳等技巧。他對這些課程的投入，以及他為了練習與提升技能的努力，經常讓我驚訝。

除了這些線上課程，傑克還有學習攝影的其他方法。除了聽演講與練習，傑克也和我們的一位成人朋友建立了師徒關係，他是一位業餘攝影師。他大量閱讀有關攝影的書籍，狂看紀錄片，並閱讀有關知名攝影師的故事。他最喜愛的攝影師是二十一世紀知名的標竿人物安瑟爾・亞當斯（Ansel Adams）。十二歲的時候，學校發現亞當斯的注意力不集中，而且過動，父親就讓他從學校休學了。學校說，安瑟爾需要更多紀律。但他的父親不認同，他說，安瑟爾需要更多自由。在自傳中，亞當斯寫著：

> 我經常在想，父親把我帶離傳統的學校環境，提供我這些不凡的學習經驗所需要的力量與勇氣。我很確定，他確立了我正面的人生方向，否則以我天生過動，可能會一直活在困惑與悲慘中。在成長的歲月裡，我在我們位於沙丘的家中，尋找我是誰與我的發展方向；特別是受到一種由父親溫柔保護與培養的內在火花所驅動。[13]

課程可以是一種很棒的資源，只要能讓孩子自由選擇，而且捨棄也無妨就好。課程可以採用，但不是必要的。舉例來說，我的孩子喜歡做作業簿。就像我們家裡有的書和鉛筆和黏土，我們也有作業簿，擺在家中各處，有時候孩子會拿起一本，翻到他們感興趣的頁面，就把整個單元完成，必要的時候就問些問題，覺得夠了就停下來。我的孩子從沒上過學，所以他們不會有任何認為作業簿與練習題很辛苦乏味的心理。對他們來說，一如他們身邊的所有其他資源，作業簿只是他們有時候選來互動的工具。

已退休的教育哲學教授羅納德．史沃茲（Ronald Swartz）在他出色的著作《從蘇格拉底到夏山學校以來》（*From Socrates to Summerhill and Beyond*）一書中，探討到一套指定的課程與由上而下、由老師主導的教育方式的關鍵問題。他發現，課程導向的教育模式會孕育威權主義，即使教育者認為自己一點也不權威。史沃茲支持的教育框架反對威權主義，並支持以自由與個人責任為基礎，就像尼爾（A. S. Neill）知名的夏山學校（Summerhill School），這部分會在稍後章節中做更多細部討論。史沃茲寫到，拒絕傳統的權威教育結構是必要的，「部分是因為，所有形式的威權主義，都可以視為是對人類自由以及發展人類潛力的最大威脅。」[14] 一套強制性的課程就是一種教育控制的方法，一定會把自由與潛力限制在那套課程的參數範圍之內。

在一個學校教育為主的社會，我們把教導假設與課程迷思視為理所當然。常規學校教育的整個基礎就建立在這個信念：年輕人應該拿大部分的童年時間被動地吸收由其他人士認為重要的特定內容。這個基礎假設，年輕人沒有能力選擇要學什麼、何時學、如何學，因此老師是唯一可以有效傳授知識的人。有了課程，就有了守門人。如果沒有成人強加的課程，即一套決定孩子應該知道與何時該知道之事的安排，學習就會像是生活的一種直接結果。孩子吸收周圍環境的一切知識，並在不同的時間對各種想法與主題著迷，必要時在成人的協助下，對這些領域更深入地探索。然後，當他們對某個主題或興趣覺得夠了，那就是夠了。對無校自學來說，威權主義是要被驅逐的。

不只是在家自學

對於迪安娜・斯寇（Deanna Skow）來說，從學校教育改為在家自學很容易，但是從在家自學要跳到無校自學實在很具挑戰性。在成為母親之前，迪安娜是公立小學的老師，她在第一線見證學校教育如何扼殺創造力與活力。她回憶當時為了準備標準化的測驗，曾拿著馬表（她盡可能做得很隱密）測量孩子閱讀與回答問題的時間。她看到了她教孩子閱讀的方式，與她被期待測試教學效果的方式，兩者根本脫節。迪安娜覺得，她無法再成為強制性學校教育制度的一分子了，因此也無法讓自己的孩子受到這種教育方式的擺布。她和時任大學教授的丈夫決定，不把孩子送到學校，而是在家自己教育他們。

迪安娜開設了一個部落格名為「自己教孩子的冒險」（*Adventures in Teaching My Own*），明訂出她預計要實施的在家自學類型：比起常規的學校教育，更以孩子為中心，以及以興趣為基礎——她的願景如此。但是，她依然非常投入在家裡重建許多二年級班級的特色，包括日程表、課程計畫、學習目標等。一開始，她的大兒子對在家上學的結構與想法「還算能接受」，但是後來就沒有太大的熱情了。迪安娜愈來愈難讓他專心在學校作業以及學習新課程上。她開始質疑，在家自學究竟是不是一個好主意。為什麼他會抗拒她想教他的努力？

迪安娜繼續研究在家自學，也一直遇到無校自學的構想跑出來。迪安娜回想，「我一開始對無校自學的反應並不好，感覺太極端、太冒險、太激進。但是，我一次又一次遇到被歸類為無校自學生的在家自學生，我心裡想：他們似乎不是完全那麼極端。」她對這個教學方式研究得更多，並和更多無校自學家庭聊過之後，她開始發現，比起無校自學的整體理念，她對此詞彙的語意學更加著迷：

> 我覺得，雖然無校自學的英文unschooling有一種否定的意涵，強調它不做的事，勝過它做的事。但其同義詞，也就是自然學習（natural learning）或兒童主導式學習（child-led learning），對其真正的意義表達得更好。我對這個想法更開放，我就愈了解，無校自學就是，讓孩子基於興趣，去引導他們的教育。自然學習就發生在日常的世界中。根據你如何過生活，去學你必須知道以及想知道的事。

就像在家自學的家庭經常發現的事，我們意識到，學校教育並不是教育途徑的首選。我們不只是拒絕**學校**，我們拒絕的是**學校教育**（schooling），也就是決定別人應該知道哪些知識，並想辦法使他們知道的這種觀念。我們基於某個理由選擇不讓孩子去學校，那麼我們為什麼覺得在家裡需要複製那種狹隘的教育方法？我們許多人開始質疑學校教育的學習方法，並逐漸找到我們進行無校自學的方法。儘管迪安娜的部落格仍然保留原有的名字，但現在是她的孩子在教育她。迪安娜說，「當我鬆開對課程的控制，並允許孩子的內在動機來決定我們要學習的事物，我發現孩子的熱情源源不斷，而且動機非常強烈。在一個更有選擇性、不做計畫、自然與自動自發的學習環境下，孩子的學習之路豐富多了。我們會花時間真正聆聽孩子的每一個問題，並採用他們的想法施作。無校自學、自然學習、兒童主導式學習、生活學習者（life learner），隨便你想怎麼稱呼，但我每天都更感覺到，那就是我們選擇教育孩子的方式。」

無校自學不適合懶惰的人，因為它要花些心力為真正的學習保留時間與空間。要容忍模糊空間，以及容忍比整齊而線性的學校模式更無法預測的學習途徑。它需要敏銳的觀察力才能看到孩子剛萌芽的興趣，而且還需要有充分的點子，把這些興趣連結上有形與數位的工具，讓孩子能好好探索。想形塑我們希望孩子養成的行為，而非命令他們，需要個人的承諾。無校自學需要我們的承諾，以擴大孩子的世界、擴大他們的視野，讓他們接觸新的工具與想法。在孩子小的時候，帶孩子去有趣的地方、見有趣的人，需要意願；當孩子長大時，放手讓孩子自己和有趣的人去這些有趣的地方，需要勇氣。在大多數的情況，無校自學需要信任孩子天生的自我教育能力，傾聽孩子的想法與興趣，並在整個社群中，幫助他們探索這些想法與興趣。它也需要信任我們自己。就像霍特寫的，「信任孩子，沒有什麼比這更簡單或更困難的事。困難在於，要信任孩子，我們必須先學習信任自己，但我們大部分的人在孩提時代被教導的是我們不值得信任。」[15]

信任孩子

信任孩子，信任我們自己，也許是完全接受無校自學的最大障礙。畢竟，我們大部分的人都是受過學校教育的人，學校教育的信念根深柢固。現實的情況是，大部分的人都成長於威權的教室。我們被告知要學什麼、要做什麼，以及要如何行動；我們被告知，興趣與熱情不重要。我們被告知：我們天生的創造力遠不如在框線內著色重要。我們被告知：自由是別人才有的。赫伯．

科爾（Herb Kohl）在《開放式教室》（*The Open Classroom*）一書中寫道：「對大部分的美國孩童來說，美國基本上只有一種公立學校制度，而且是權威性與壓迫性的。」[16]

要打破這種威權教育的循環，而轉向自然學習法很難。當我們自己被教育成要埋葬自身興趣，而且童年的大部分時間都被關在教室裡，我們很難信任孩子可以靠著發展興趣、探索世界就會學習。但是，就像我們許多人小時候會被打屁股一樣，現在已經很少家長會這樣做了。[17] 威權傾向可以被削弱，並轉向更開放且尊重的生活與存在方式。我們可以學習信任孩子。

在太平洋西北地區以自學方式成長的亞當．布魯姆（Adam Bloom）說，「學校教育或在家自學，與無校自學之間最大的差異，就是願意信任孩子。」

> 孩子生來好奇。人類會想要學習，只要經驗不是告訴他們學習是件很令人沮喪或無聊的事。如果讓他們按照自己的條件學習，並因為他們還是孩子而給予一點引導，他們就會學習。信任他們去學有興趣的事物，以及學習的方法，就能帶給他們能持續終身的學習樂趣。這是一種長期的好處，而非直接的好處，不是為上大學做準備。

亞當從未上過學，並在童年中花了許多時間閱讀與玩耍。雖然他的雙親都有碩士學位，但兩人都不認為他們在學校學到許多，包括大學期間也是如此。基於自身經驗，他們都認為，上學並非受教育的最佳途徑。亞當的父親讀過一些霍特的文章，並受到尼爾關於夏山學校的書籍影響，深深被無校自學與自主教育的想法所吸引，因此成為一位可以幫助孩子學習的全職父親。

亞當熱愛閱讀，因此他的父親經常收集各種主題的書給他讀。亞當十歲的時候，他最喜歡的是有關電腦程式的書，這股熱情一直延續到他青少年與成年時期。亞當說，「我早期的教育有很大一部分是玩遊戲。」當他八歲的時候，父母親給他一套戰鎚幻想戰鬥遊戲（Warhammer Fantasy Battles），他花了許多時間玩這些遊戲。「有個例子可以比較我的自學經驗和一般上學孩子的不同，我透過在這個遊戲裡建立軍隊名單，而真正學會了乘法表。好比我把二十個人安排在同一個單位，另外三十個人在另一個，每人都值一定的點數，我學會怎麼乘最快。我一直比我的朋友算得快。」他持續喜歡數學，隨著年齡增長開始閱讀數學書籍，然後再自學代數。

亞當說，他對較有規畫的學校環境一直不感興趣。在青少年時期，他偶爾在當地一家在家自學資源中心上日語和西班牙語課，那裡提供了不同的課程，另外，他也在一所社區大學報名了寫作課；但他大部分是透過書本、透過興趣、透過家庭與社區資源學習。他說，他決定去上大學並不是為了課堂的體驗，而是為了換個環境。他拿了一本準備學術能力測驗SAT[3]考試的書，好好研讀了一番並做了一些練習的測驗，之後就在SATs[4]的測驗中拿到不錯的分數，並被幾所他選擇的大學錄取。「我們找的都是至少提及願意開放給在家自學生申請的大學。」這些大學通常對在家自學生要求另外一至二個步驟，例如一篇額外的申請論文。「在準備我的申請資料時，父親和我一起坐下來把所有我讀過的書列出來。書就是我的課程。」

大學期間，亞當修了各式各樣的課程，但最後受科技吸引，畢業時拿到主修電腦科學學位，並輔修日文與政治學的學士學位。現在，他三十幾歲，亞當把他對學習新事物的熱愛，以及對自己人生之路的主體感，歸功於他無校自學的教養方式。現在，他是一個全職的軟體開發工程師，在這一行，能見招拆招與無師自通是兩個重要特質。「我在工作上最有趣的時刻，是當我被指派處理某個任務或計畫，而我對我們將要使用的工具或語言一無所知的時候。寫程式時，你必須不斷學習新東西。如果你想安定下來，依照慣性前行，就會陷入困境。」

亞當回想他的自學經驗時說，「我認為那真的是太棒了。我也許不一定是我想成為的人，但如果沒有這種經驗，我想一定會更糟。」亞當可以體會家長在考慮把孩子從學校拉出來，或從在家自學轉向無校自學時，可能會感到猶豫不決。對考慮無校自學的家長，他給的建議是回歸信任：「信任你的孩子有心學習，他們可能只是不想用周圍的人認為的學習方式學。如果你給他們機會，去想清楚如何學與學什麼，他們就會去學了。」

在大人適當的支持下，信任孩子會主動學習，不是一個革命性的想法。事實上，進步式教育者長久以來都倡議，應該提供年輕人更自由、更自主的學習空間，應在他們周圍安排溫和的老師群，應該讓課程更有互動性並和童年經驗更相關。無校自學根源於進步式教育（progressive

[3] 美國的大學入學測驗。

[4] 英國的大學入學測驗。

education ideology）[5]的意識形態，在有關兒童與學習上，有許多共同的基本信念。我們在下一章即將談到，進步式教育與無校自學之間的差異，既微妙又深刻。

[5] 一種教育運動，認為最好的學習是在生活中與他人真實互動的學習。

自學教育的重點提示

●**了解法規。**在家自學在美國五十州都是合法的（在國際上則因國家而異），而無校自學是在家自學的方式之一。在家自學的法規在各州之間甚至各州內部都有所不同，有些地方需要通報與核准，其他地方不用。有些在家自學法規要求定期評量，包括測驗。自學生通常會遵守法規，而這些法規通常會遵循一套學校的學科標準，列出在某個特定的「學科」下，孩子要去學習的人物、場所、事物。舉例來說，歷史科就要求自學生列出孩子讀過的傳記、看過的紀錄片、參觀過的歷史古蹟、參加過的圖書館講座等等。研究一下你們所在地的在家自學要求，試著聯繫同區其他有共同想法的家庭，再決定最好的遵循方式。

另外，如果你住的州要求自學生接受標準化測驗，你可以採取行動去挑戰這個命令。與有志一同的家庭結合起來，去遊說州議員或改變當地的測驗政策。標準化測驗可能會迫使學習迎合某些獨立學科與年級程度，而那些並不適合評估整體的學習成果。許多私立學校的學生可以不必參加標準化的測驗要求，可以自由採用自己的教育方法，在家自學的家庭應該也要被允許有同樣的自由。家長一整年的活動安排與孩子的作品範本，比起標準化測驗的一個分數，更能顯示出孩子的學習成果。

- **建立架構**。剛加入自學行列的人有一個常見的問題：我要如何為我們一天的時間建立某種架構，還是就完全自由？自學家庭會用幾個不同的方式建立架構，通常會根據家長或小孩想要或需要多少程度的架構而定。首先，先把每日、每周或每季例行活動的想法丟掉，只專注在**節奏**上會很有幫助。節奏比例行活動更具流動性，節奏根據的是孩子當時的興趣、孩子正在上的課程與活動、家庭狀況（例如工作行程、來訪的親戚、假期、生病，或有了新生嬰兒等等），以及可能會決定你戶外活動時間的季節變化等等。

在這些節奏中，你可以根據自己的意願建立想要的架構。用餐時間可以是你安排一天時間的一種好參考點。也許每天早餐之後，你和孩子去散步，也許每天晚餐之後，和孩子玩桌遊。也許星期一，你在公園和在家自學生碰面。也許每個星期二去看看奶奶。也許每個星期三去博物館。也許每個星期四上芭蕾課。也許星期五去圖書館。也許在秋天時，每個周末都去採蘋果。你的時間也許已經比你想像的更有架構了。

如果你正從學校教育的環境轉換到無校自學，每日和每周的日程表可能會和你習慣的很不一樣。寫下你每日與每周的活動、任務與責任，可以幫助你看到某些現有的查核點。那麼你就可以從這裡建立你的節奏，並知道這些節奏將會經常改變（也許會比上學時期更常改變），因為牽涉孩子的興趣與家庭需求的改變。在你每天與每周的時間中建立架構是有幫助的，但是這和架構孩子的學習方式完全是兩回事。你可以在你的生活節奏中，給孩子學習的自由。

- **輔導學習**。大多數的無校自學家長認為自己的角色是輔導孩子學習的人。但這是什麼意思呢？如果我並未指導他們或決定他們應該要讀什麼，我要做什麼呢？你有一個重要的功能，為孩子營造一個豐富的學習環境。家裡要提供基本的東西，例如紙張、原子筆與鉛筆、蠟筆、標籤紙、剪刀、膠水與膠帶、黏土、油漆與其他的美術用品。家裡也要有所有不同主題的書與雜誌，讓孩子在好奇時可以自由翻閱。為了回答孩子沒完沒了的問題，你需要科技與網際網路。還要讓孩子可以接觸到社區中各式各樣的廣泛資源。和當地的無校自學家庭聚會，並調查當地的自主學習中心或合作社。
- 如果孩子想要，你家裡甚至可以準備作業簿或一套課程。對於無校自學的孩子來說，這些都是材料與工具，就像他們身邊的所有其他東西，隨時可以拿來用，依自己像要的方式使用。當孩子更大時，如果孩子想要烘焙，允許孩子進入廚房；如果孩子想建造什麼，給他們工具箱；如果孩子想要種植，讓他們去花園。陪著他們去社區裡的其他空間，例如圖書館、博物館、書店、市場、花店。之後，當他們準備好了，鼓勵他們自己去或和朋友去這些地方，他們就會更沉浸在他們身邊的這些人、場所、事物。

- 如果孩子覺得無聊或不知道要學什麼呢？我可以提建議嗎，還是那會太干涉他們的學習？輔導學習的一部分是提供協助與正面回應。當你和伴侶想著約會之夜要做什麼，或者你和朋友正在決定星期六下午要一起做些什麼，你不是在哄騙，而是你們一起腦力激盪。你和孩子的相處也是一樣的道理。你可以提供你的想法與建議，也許可以一起開始一個計畫。提供協助和強迫天差地別，只要願意接受孩子說不就對了。

3 無校自學的起源

「因此，我相信，教育是一種生活的過程，而不是為了未來生活的一種準備。」

——約翰·杜威（John Dewey）[1]

南西（Nancy）很關心她的兒子。湯姆（Tom）八歲的時候，生平第一次去上學，但狀況不太好。上學三個月後，他的老師恩格爾（Engle）先生就叫他「糊塗蛋」，或說他無法清楚思考。湯姆在那之前，童年時光都在自由玩耍，並在他家附近探索，因此他發現要適應學校很困難。他特別不喜歡強調要安靜坐好、記憶與背誦，而且他發現老師的教法嚴格而且刻版。湯姆很痛苦。南西去找恩格爾先生談湯姆的事，但他激烈的反應讓南西非常不喜歡。南西對老師的教法以及對湯姆的低評價感到失望，於是把湯姆從學校轉走，讓他在家自學。湯瑪士·愛迪生（Thomas Edison）從此不再上學了。

在家裡，愛迪生再次自由地成為一名好奇的男孩，並對書籍與知識產生熱情。大多數的時候，南西都讓湯姆依著自己的興趣自由學習。愛迪生傳記作家馬修·喬瑟夫森（Matthew Josephson）寫道：「她避免強迫或刺激他，並花心思念她喜歡的書給他聽，讓他對優良的文學和歷史作品產生興趣。」[2] 當過老師的南西・愛迪生（Nancy Edison）便開始輔導兒子的學習。她留心兒子感興趣的事物，然後收集書本與資源，幫助他更完整地探索這些主題。湯姆變得熱愛閱讀，九歲就讀了狄更斯（Dickens）與莎士比亞（Shakespeare）和其他許多作家的偉大著作。同樣在九歲的時候，湯姆開始對科學感興趣，所以他母親買了一本有關物理學的書給他，也就是帕克（R. G. Parker）的《自然哲學學派》（*School of Natural Philosophy*），結果他把書中的每一個實驗都做了。這又讓他對化學產生了興趣，所以他母親找來更多書給他。愛迪生把他所有的餘錢都花在向一個當地藥劑師購買化學藥品，也添購科學儀器，十歲左右的年紀，他就在他家地下室的一間臨時實驗室做了他的第一個實驗。喬瑟夫森寫道，讓愛迪生擁有這麼多的自由與自主性，愛迪生的母親「把他帶到為自己學習的狀態，讓他去學習最讓他感到快樂與有趣的事物，而且她也鼓勵他繼續這樣走下去。」愛迪生自己這樣描述他的母親，「她理解我，她讓我隨心所欲。」[3]

擁有超過一千個美國專利，愛迪生成為有史以來最偉大的發明家，他發明了留聲機、電影攝影機，以及最著名的，第一個商用燈泡。愛迪生的教育就是以書籍作為基礎。十五歲的時候，他便是底特律免費圖書館（Detroit Free Library）的第一批圖書證持卡人之一，後來在他位於紐澤西的大型實驗室裡，他的桌子就放在實驗室圖書館的中間，周圍有數千本書。愛迪生實驗室中的一位化學家馬丁・安德烈・羅薩諾夫（Martin Andre Rosanoff）下了一個結論說：「如果愛迪生去上了正規的學校，可能就沒有膽識創造這些**不可能**的東西了。」[4]

南西・愛迪生是明智的。她在她小兒子的身上看到了活力與創造力，而且也很快看到學校教育如何抹煞這兩種特質。一八五五年，她讓愛迪生脫離學校教育時，義務入學制度才剛開始在整個國家成為一股強大的勢力，但是在家自學也還沒有完全消失到十九世紀末與二十世紀初的程度。南西把兒子從學校帶走之後，允許兒子透過書籍與親手操作的實驗，以一種自我主導的方式在家自學，一切追隨他自己的熱情。她讓他接觸到可以幫助他學習的資源，然後允許他主導自己教育的自由。由於對文學與算術有深厚的底子與實力，讓愛迪生能夠利用這兩種能力追求他在科學方面的興趣，並擴展複雜原理方面的知識。由於沒有被一套課程綁住，而且得到很大的自由與支持，愛迪生得以有創意地探索各種學科，發明照亮我們世界的「不可能的東西」。

在許多方面，南西．愛迪生與恩格爾先生對於小湯姆的教育衝突，反映了十九世紀一個更大的哲學趨勢。當時有一群專注在死記與硬背、命令與服從、規範與被動性的傳統教育者，但是也有一群後來被稱為進步式教育者的人，他們試圖改革大眾教育，希望變得更以孩子為中心以及更重視經驗。進步式教育者的思想根源來自更早的哲學家，例如約翰．洛克（John Locke）與盧梭（Jean-Jacques Rousseau），他們相信，孩子基本上是良善的，並希望以一種更滋養、以孩子為中心、自然的教育方法，幫助孩子完全發揮潛力，這個方法挑戰了當時的主流教育方法。

進步式教育與無校自學

無校自學看起來似乎是一種新時代的觀念，但它其實是某種古老得多、更具開創性思想的當代衍生產物：一種從孩子與個人成長開始的人類發展觀點，對比一種幾乎把所有責任放在一個指導專家的觀點。早期的現代哲學家，例如十八世紀的盧梭與十七世紀的洛克，就已經播下了以孩子為中心教育法的種子。英國哲學家洛克，被認為是知名的啟蒙時代思想家，他認為，人類不是生來就有預先存在的信念，相反的，是經驗創造了我們的知識。然而，他也確實相信，我們都有天生的才華與天賦，因此，有心的大人應該幫助孩子發掘這些傾向。洛克也是一名主張溫和教養、減少強迫、多讓孩子玩耍的早期倡導者。他非常清楚，當孩子被迫學習，就無法樂在其中。洛克提倡，要給孩子充分的自由玩樂時間，在教育孩子時，也要確認孩子的各種興趣與發展階段。在他一六九三年出版的《教育漫話》（*Some Thoughts Concerning Education*）一書中，他寫道：

> 當孩子有意願時，可以達到三倍學習效果的內容，若是在侷促不安或不情願下被拖著學習，他得就要花上兩倍的時間，感到兩倍的痛苦。如果大家都能好好把這一點謹記在心，也應該謹記在心，可能就會允許孩子玩到累，但還有足夠的時間學習各個年齡區段適合的事物。但是一般的教育方式並沒有考慮到這樣的事，將來也不會。粗暴的棍子紀律是基於其他原則所建立的，沒有吸引力，不關心孩子的幽默，也不關照孩子發展興趣最好的時刻。因此，當強迫與打擊讓孩子對任務產生厭惡感時，期待他會自願離開手邊正在玩的事，並期待他在學習場所中感到樂趣，確實非常荒謬。[5]

洛克對兒童發展採取的溫和方式後來影響了在瑞士出生的法國哲學家盧梭，他在一七六二年寫了他知名的論文《愛彌兒》（*Emile*），或稱《論教育》（*On Education*）。在這本著作中，盧梭透過虛構的角色愛彌兒發表了他的理論，孩子天生就是良善的，而他們的經驗不是腐化就是滋養他們。盧梭在《愛彌兒》一書的前幾頁就寫道：「出自造物者之手時，一切都是好的，但人一插手就變糟了。」[6]《愛彌兒》旨在顯示，大人要如何透過經驗與實際動手做的學習，培養孩子內在的良善並支持他順利地發展道德觀念，這與當時風行要求學生服從與強背死記的教育方法，形成鮮明的對比。

孩子天生就很好，因而溫和、以孩子為中心的教育與經驗式的學習方式，對孩子更有益處，這些早期的哲學思想影響了正在開始蓬勃發展的進步式教育運動。在十九世紀，隨著常規的學校教育穩健發展，一連串浪漫主義哲學家與進步式教育家推廣了這種更滋養、以孩子為中心的教育觀念。瑞士哲學家裴斯塔洛齊（Johann Heinrich Pestalozzi）就是以孩子為中心教育方式的早期倡議者，他鼓勵媽媽們在家實施洛克與盧梭所支持的方式。裴斯塔洛齊的學生，德國教育家福祿貝爾（Friedrich Fröbel）被認為首創了「幼兒園」的概念，這是小孩子的一個遊戲空間，以作為母親在家教育的補充。[7]十九世紀後半葉與二十世紀初期，義大利醫師與教育家瑪麗亞・蒙特梭利（Maria Montessori）完善了蒙特梭利教育法，至今仍在世界各地的蒙特梭利學校中推行。魯道夫・史代納（Rudolph Steiner）則在德國創辦了他的華德福教育法。而在西班牙，法蘭西斯科・費雷（Francisco Ferrer）引發了在二十世紀初期席捲美國的現代學校運動，最後並成為一九六〇與七〇年代許多美國進步式「自由學校」的樣板（第八章會有更多討論）。

不過，眾所周知的進步式教育推手，則是心理學家與哲學家約翰・杜威（John Dewey），他的光芒經常掩蓋了蒙特梭利、史代納、費雷等其他進步式教育者的風采。和杜威同一時代，但不如杜威有名，卻對自學運動更有影響力的是美國教育家荷馬・連恩（Homer Lane）。如同許多在二十世紀初期的教育家，連恩也受到杜威著作的影響，因此對常規教育的態度愈來愈謹慎，但他們在一個關鍵問題上有不同的看法。[8]對杜威與他二十世紀的追隨者來說，老師與課程仍然是適當的兒童教育中不可或缺的成分。相反的，連恩反對教導與課程是學習的關鍵要素。連恩認為，讓年輕人對自己的學習與行動有更大的自由與掌控權，是促使人類蓬勃發展的關鍵。

約翰・杜威與荷馬・連恩代表著在二十世紀沿著兩條不同道路發展的進步式教育運動。[9]杜威影響了擴大與完善學校教育的改革行動，但連恩的建樹則是集中在破壞強制性學校教育的結構，以支持更自由的教育方式。杜威對學校教育的強制性質沒有意見，而且只要教學方式更能滋養學生、課程更以孩子為中心，強迫年輕人根據一套特定的課程學習，杜威並不覺得有問題。就如胡克（Hook）所寫，「只有不熟悉杜威著作的人才會認為，他反對在透過適當組織學科主題來規畫課堂經驗時，老師所能發揮的積極作用。」[10]就強迫教育來看，保羅・古德曼也呼應了這個主張：「杜威的原則就是，良好的教學可以引導孩子想學更多。」[11]根據這個看法，老師就是教育上的關鍵人物。但連恩與他的追隨者卻對這個看法提出挑戰。

二十世紀的無校自學

二十世紀初，致力於手工技藝教育的斯洛伊德學校（Sloyd School）[1]出現，連恩在當時的其中一所擔任木工老師。在那裡，他開始相信非強制性教育的基本原則：不要強迫孩子學習。他後來搬到底特律去主持一個為問題男孩所設立的專案計畫。他創立了一個新穎的方法來和這些孩子互動，他們當中許多人經常進出司法機關。這個方法專注於自由、尊重、自主性。特別的是，連恩讓這些男孩在自我管理上採取主動的角色，讓他們對周圍的環境有更多的掌控權與影響力。[12]一九一三年，連恩受邀到英國，在多塞特郡經營為問題青少年成立的小聯邦（Little Commonwealth）感化院。在小聯邦期間，連恩的教育哲學終於真正誕生了，他強調愛、不受強迫的自由，以及民主式的自我管理，非常有助於這些年輕人成長。[13]連恩曾經寫道：「唯一真正的權威就是愛，而唯一真正的原則是建立在希望的基礎之上。以強迫為基礎的權威將會把愛轉變為恨，把希望轉變為恐懼。」[14]

在小聯邦期間，蘇格蘭教育工作者亞歷山大・薩瑟蘭・尼爾（Alexander Sutherland Neill）造訪了連恩，尼爾就是後來知名的非強迫性夏山學校的創辦人。尼爾當時立刻被連恩的教育哲學所吸引，因此連恩也很快成為對尼爾影響甚鉅的導師。小聯邦在一九一八年結束，但小聯邦的願景留在尼爾心中，讓他在一九二一年於英國成立夏山學校。尼爾說，連恩是啟發他最大的人，他也從連恩身上採納了自我管理與非強制學習的觀念，應用在夏山學校上，這是非常強有力的觀念。

尼爾寫道，「丟掉『教育就是學習學校的學科、調教小孩、塑造性格』的觀念。唯一真正的教育是，讓孩子沒有外在的恐懼與焦慮，以自己的時間，用自己的方式成長。荷馬．連恩已經為我們展示了這條道路。」[15]

尼爾和連恩一樣相信，年輕人在不受強迫的情況下，不需要大人指示他們要學什麼、如何學、何時學，讓他們順著自己的興趣學習，效果最好。尼爾把他的教育哲學描述為「自由，而不放任」，意思是，孩子（大人也是）應該被賦予有責任的自由，而非放任。為了調節這種自由，在至今仍在辦學的夏山學校中，學生是決定管理規則與辦法的關鍵人物，而且這裡的每一個人都有相同的投票地位。孩子與大人每一個人都有一票，而且每一張票的重要性完全一樣。在夏山學校，年輕人被擺在決定自己學習的地位，完全沒有強迫的課堂、課程要求、考試。老師還是會提供傳統的課程，但不是強制性的。有些學生可能數月，甚至數年都不會去上傳統的課程，特別是假使他們來到夏山學校之前曾有過不愉快的上學經驗。[16] 年輕孩子運用身邊的人、資源、空間，追求自己的興趣，發展自己的專精項目，得到基本的技能與知識。

只要是強迫學習，即使呈現方式更開明友善，仍是剝奪了孩子的力量，會讓他們一生都受到權威的影響。對連恩與尼爾來說，像強迫課程與教學這類基本學校教育原則，應該改成以興趣為

[1] 十九世紀起源於芬蘭的手工藝教育體系，其後推廣至世界各國。

基礎的自主學習、非強制性的可選擇指導，以及自由與責任的民主理念。杜威專注在改革大眾學校教育，但連恩則為非常規學校教育或無校自學教育奠定了根基。

一九六〇年代的社會動盪中，以學習者為中心而非老師指導走向的教育方式，持續吸引許多人熱心投入。當時許多教育者試圖創建新的學校或調整傳統的學校，以減少強迫教學，對孩子更友善，與此相關的寫作與實驗激增。其中有些教育者把夏山學校當成一個理想的典範。一九六〇年，尼爾寫的《夏山學校》（*Summerhill School: A New View of Childhood*）首度出版，發行之後的十年內就在全球銷售了超過二百萬冊。在《夏山學校》中，尼爾回顧了自己擔任學校領導者多年的經驗，並分享了一個未來教育的願景。他寫道：

> 孩子的職能就是去過自己的人生，而不是去過焦慮的父母親認為他應該過的人生，或自認知道什麼最好的教育者所設定的人生。成人的一切干預與指導，只會養出一整個世代的機器人。[17]

尼爾的想法得到許多人的共鳴。教育者努力要讓孩子有更多的自由與權力，但是受杜威影響的與受連恩啟發的教育者，雙方之間的分歧愈來愈明顯。對於杜威派的教育者來說，教室較沒限制、改良的課程，以及教學方法的改善，可以加強學校教育。但是對連恩派的人來說，學習者才是領導者，不應受任何的強迫；整個世界就是他的教室。

《夏山學校》出版之後，社會評論家保羅・古德曼（Paul Goodman）在一九六四年寫了《強迫性的錯誤教育》（*Compulsory Miseducation*），對常規的學校教育嚴加抨擊。即使在那時候，聯邦政府的義務教育法案、共同核心課程架構、孩子早齡高風險型測驗，以及學期與學年時間普遍拉長等等都還沒發生，古德曼就警告把學校教育視為教育代名詞的問題，他充分意識到，才一個多世紀，強迫教育已經弱化了許多從前的非正式教育模式，例如家庭教育與社區學徒制度。古德曼受到連恩與尼爾的影響，本身也是非強迫教育以及真實、社群式學習方式的擁護者。一九七〇年，他寫了《新改革》（*New Reformation*），書中寫道：

> 目前普及的學校制度在本質上是強制性的。基於各式各樣的理由，孩子必須上學，但沒有一個是為了孩子或社會的福祉……在包括原始與高度文明的所有社會中，直到最近以前，大多數兒童的大半教育都是偶然發生的，而不是待在這些具目的性的學校中學到的。[18]

一九七〇年代的另一位文化改革者伊凡・伊里奇，非常認同古德曼對強迫性的學校教育與強制性課程的批評意見。伊里奇是一位天主教神父與哲學家，他把制度化的教育和普遍的制度化社會連在一起，在這樣的環境下，由於人已經被剝奪了自我引導的能力，因此無法完全感到自由，也無法發揮潛力。在強迫性的學校教育中受教，年輕人失去了自主性與自然學習的傾向，反而被訓練成要受指導才可以。根據伊里奇的看法，這種過程之後會轉化成一輩子的制度化思維，會完全抹滅個人的力量。他一九七〇年出版的《去學校化社會》（*Deschooling Society*）一書中，他開頭就寫著：

> 許多學生，尤其是貧窮的那些，直覺地知道學校對他們所做的事。學校教育他們混淆過程與實質。一旦這些變得模糊，一個新的邏輯假設就出現了：凡事愈花力氣處理，結果就愈好；或者快速升級，就會成功。學生也因此「被教育」成搞不清楚教導和學習、課業成績和教育、文憑和能力、表達流暢和言談有新意的差別。他的想像力也「被教育」成接受服務而非實際價值。

伊里奇繼續寫道，「不只是教育，社會現實本身也被學校化了。」[19]

約翰．霍特受到伊里奇關於去學校社會的文章與願景啟發，開始和伊里奇通信，並到他位於墨西哥的研究中心拜訪他。霍特在一九六四與一九六七年分別撰寫的《兒童如何失敗》（*How Children Fail*）與《兒童如何學習》（*How Children Learn*），都變成暢銷書。但是霍特逐漸開始覺得這些書，雖然很有說服力地詳細揭露了制度化學習的問題，但還是遠遠不夠。伊里奇的想法幫助霍特的思考更具體化。不同於當時的其他進步式教育者，霍特不再認為學校教育是可以改革的，因此轉而開始支持替代方案。在整個一九七〇年代，霍特大力倡導把學習從學校教育中脫離出來，並鼓勵家長把孩子帶離學校，讓他們在家自學。在他於一九八一年寫的在家自學相關著作

《教育自己的孩子》（*Teach Your Own*）中，他寫道：「讓家成為孩子在這個世界的成長基地，這點最重要也最寶貴的，並非家是比學校更好的學校，而是家**根本就不是一所學校**。」[20] 霍特發明了 unschooling（本書譯為「無校自學」）這個詞彙，以鼓勵大家進一步去學校化的思考方式，即使是在家裡教育也是一樣。

在伊里奇與霍特正在想像一個去學校化社會的同一時期，丹尼爾·格林伯格（Daniel Greenberg）正在美國打造一所以此願景為基礎的學校。一九六〇年代中期，格林伯格離開他在哥倫比亞大學的物理學教授教職，搬到麻薩諸塞州。他和妻子找不到一個喜歡的學校可以讓他們的兒子去讀，於是決定和一群人合辦自己的學校，就像夏山學校一樣，這所學校將以自我管理與個人責任的民主原則和自主學習哲學為基礎。一九六八年，瑟谷學校（Sudbury Valley School）在麻薩諸塞州弗雷明罕市成立了。它也是一九六〇年代誕生的幾所進步式學校中還現存的一所，並一直持續啟發對無校自學與自主教育有興趣的家長與教育者。在那裡，沒有必要的課，孩子只要追求自己的興趣，把時間花在對他們有意義的事情上就好了。

今日的無校自學

雖然許多進步式與自主學習學校在上一世紀的下半葉陷入經營困境（我在第八章探討了一些原因），以家庭為中心的在家自學風潮卻方興未艾。約翰·霍特和其他人呼籲家長把孩子帶離強制性的學校，得到了很大的共鳴，因此在家自學的人數激增。派翠克・法倫加（Patrick Farenga）在霍特於一九八五年過世之前一直與他密切共事，他也讓自己的孩子自學，法倫加現在在波士頓經營霍特協會（Holt Associates）。他說，霍特從未預期美國中小學選擇在家自學的人口會超過二%。[21]但是到了今日，在家自學的兒童在二百萬人上下，占總就學人口大約三・五%。[2]

所有的跡象都顯示，無校自學愈來愈風行。美國教育部的最新資料顯示，二〇一六年有二〇%的在家自學家庭，「大部分」或「一直」使用非正式的學習方式，幾乎不太依賴正式的課程，這個數字在二〇一二年是一三%。[22]許多全心全意選擇在家自學的家長，完全拒絕常規教育的統一性與標準化，因此不願意把相同的模式帶進他們的家門。他們選擇不接受學校教育的整個觀念，支持學習。

目前自學風潮出現一個令人耳目一新的改變，推動的力量不是哲學家，而是家長。不同於本身沒有小孩的伊里奇與霍特，今天愈來愈多自學倡議者選擇這條教育的道路，是因為他們觀察與傾聽自己孩子的意見。許多情況是，家長看到孩子的學習是自然發展起來的，因此不希望正式的學校教育使之中斷，也有些人是把孩子送到學校去，才發現那是個錯誤。對錢達・麥克里（Chanda McCreary）來說，為女兒選擇一所能滋養她、以兒童為中心的教育環境是最重要的優先事項。在發現自學之前，她一開始是傾向進步式的教育。

錢達之前當過公立學校的老師，本身擁有教育的學士與碩士學位，因此親眼目睹了大眾學校教育如何抹煞兒童好奇心與熱情。自己成為母親之後，她知道主流的學校教育模式與她的育兒價值觀背道而馳。「我們採用的是依附教養（attachment parenting），而且覺得公立學校沒有辦法延續這樣的教育方式。另外，我們家有兩個媽咪，我希望我女兒去的學校會以各種方式強調尊重多元化，包括家庭的結構。」錢達的女兒到幼兒園年紀的時候，錢達還沒接觸到無校自學與自主學習，所以她讓女兒進入一所合格的蒙特梭利學校就讀，那是同類學校中的一所模範學校，也是蒙特梭利教育法教師培訓的基地。錢達自己後來對蒙特梭利教育法非常感興趣，於是開始在女兒的學校當代課老師，最後還拿到蒙特梭利的師資教學證書，並成為蒙特梭利的全職老師。

一開始，蒙特梭利以孩子為中心的課程、色彩繽紛的教室環境、溫和的教學方式，似乎很適合她的女兒，但是錢達漸漸發現，課程期望與教學做法開始折損孩子的自然學習能力。雖然錢達說，教室在某個程度上是具自主性的，但仍有其限制。她說，「教室每一區的書架上都擺放著教材，從最容易的排到最困難的，學生可以自己選擇要在哪一區練習，但是必須按照順序使用這些架上的教材。所以，如果沒有完成架上某一區的活動，就不能進行下一個活動。而且，這些教材只能用一種方式使用，即老師教的方式，一步一步按部就班使用。」另外，還有許多進展報告在

---

[2] 臺灣的自學在教育部官方定義為「非學校型態實驗教育」，分為個人、團體、機構三種形式，從國小至高中年齡，此三類自學生的總人數，從一〇四學年度的三六九七人（個人一五八〇人；團體一〇三六人；機構一〇八一人），成長至一〇九學年度的八七四四人（個人三四四一人；團體一四一一人；機構三八九二人）。（資料出處 https://data.gov.tw/dataset/46719）

評估孩子的課程掌握度。

錢達的女兒開始被這些做法與期待搞得快要窒息。沒有時間與空間做她感興趣的項目，讓她變得愈來愈沮喪；必須完成她覺得沒有成就感的作業，也讓她愈感無聊。錢達還注意到，她的女兒對各種科目已經形成各種固定的認知，例如數學與藝術，她在內心相信，她「善長」某些科目，其他科目則「不在行」。四年級結束時，錢達與她的伴侶讓女兒脫離學校，並開始了清除學校教育心態的過程。她們先是在家自學，但她們最後發現，無校自學與自主教育允許她們的女兒有足夠的時間、空間、環境，追求她熱愛的項目。

現在，她們的女兒十三歲了，仍在繼續探索她自己的教育之路，她追求個人的目標、選擇對她有意義的課，並在日常的生活中學習。從事後來看，錢達說，她很高興當時在各種選項裡選了蒙特梭利學校的教育方式，但她很希望無校自學與自主教育也曾經存在於她的詞彙中。「你大概以為有，因為我在教育學院修了大學與碩士學位。」錢達接著說：

即使是現在，認識自主教育並在家裡與社區中實踐，也只是個起步。我希望，我們成為引導大家用這種方式生活並大聲說出來的家庭先例，未來，想採用自主教育的家庭會有許多不同的選擇。多項證據顯示，大眾教育對一般大眾並不適用。我們應該檢視有用的方式，然後為所有的家庭把金錢與精力放在這些選擇上。

現在，第一代的無校自學生已經成年，我們得到初步證據顯示，自主學習的教育方式真的有效。二〇一三年，學術研究人員彼得．格雷與吉娜．萊利（Gina Riley）發表一份報告，他們針對二百多個無校自學家庭，調查他們的經驗，包含好處與缺點。他們發現，大部分的家長都非常滿意這個教育方式與成果，但是研究人員想知道，無校自學生本身對他們的教育經驗的想法。[23]

在一份二〇一四年對成年無校自學生的調查中，格雷與萊利發現，這些自學生普遍非常滿意他們的學習經驗，而且在各種不同的職業生涯中，繼續過著一種充實、獨立、自主的生活。特別令人感到有趣的是，超過一半受調查的自學生在不同的領域後來都成為創業家。絕大部分受調查的自學生後來都去讀了大學，而且在課業上的表現極佳，即使他們在上大學之前，都很少或幾乎不曾接受正式的學術訓練。根據這份調查，和短期或間歇自學的人相比，從頭到尾都無校自學的人上大學的比率最高。上大學的無校自學生中，大部分的人都發現，錄取過程直接而簡單，即使他們多數人都沒有高中文憑或普通教育文憑（GED），而且多數人沒有參加過學術能力測驗（SAT）或美國大學測驗（ACT）。大學也愈來愈能接受或甚至主動招募接受另類教育的學生。這份研究中，許多無校自學生在註冊四年的大學學程之前，為了準備申請入學的程序會去先上社區大學的課。[24]

報告指出，大部分的無校自學生對大學生活與正規的學術活動適應良好，但也提到，他們最大的抱怨就是，「他們的大學同學缺乏動力與對知識的好奇心，大學的社交生活很狹隘，另外有少數例子覺得受到課程與年級制度所限制。」[25] 針對瑟谷學校過去五十年來的畢業生所做的研究，也顯示了自主教育的類似結果，將在第八章中詳述。成年無校自學生的結果與滿意度的初步發現，規模雖小但前景看好，而且對於目前正在考慮為孩子選擇這種教育方式的家長來說，應該很受激勵。

自由，而不放任

雖然自學生通常對學習與親職有相同的信念，但我們其實比較像是大雜燴。自學包含廣泛的方法，從輕鬆或折衷的在家自學，即大部分自主學習但包含少量的課程（例如數學），到「激進的無校自學」，即把學術上的自學觀念延伸到生活的每一個層面，允許孩子擁有充分的自主權決定各種事務，例如睡覺時間、食物選擇、個人衛生決定、螢幕時間等等。隨著孩子不同的年齡與階段，目前的自學家庭也許能在這個範圍之間順暢移動，但多數家庭可能還在中間地帶徘迴，採用我所謂的「開放式自學」（open unschooling）。

科爾在他於一九六九年出版的《開放式教室》一書中，描述了有關學習的三種環境：權威式、開放式、縱容式。[26]權威式環境是最常見也最多限制的，需要取得權威人士的許可。縱容式環境則過度放縱，毫無規矩。而開放式環境可以促進最深刻的學習，因為他們不會控制孩子，但也不讓孩子控制大人。在自學的圈子中，你會常常聽到「自學並非不教養」這個說法。這就是培養開放的學習環境，而非權威式或縱容式學習環境的一個例子。

在一個開放的自學環境中，大家有著相互尊重、沒有強迫，並信任彼此的動機。但也有社會契約。這種契約關係會隨著每一個自學家庭或組織而異，而且可能會不斷改變與演進。用尼爾的話說，這就是「自由，而不放任。」提供自由是直接了當的；但保證自由不會變成許可或縱容，就難多了，而且為了確保一個人的自由不會對另一個人的自由產生負面影響，也會隨時變動。尼爾在一九六六年寫的《自由，而不放任！》（*Freedom-Not License!*）一書中，更完整解釋了這個觀念：「太多的自由就變成了放任。我把放任定義為干擾別人的自由，舉例來說，在我的學校中，孩子要不要上課是一種自由，因為那是他自己的事；但別人想讀書或睡覺時，吹小號就不是一種自由。」[27]

根據家庭的價值觀與優先順位，自學家庭會發展出自己的理想模式與自由程度。舉例來說，自學家長可能不會強迫孩子練習寫字，但會要求孩子為收到的生日禮物寫感謝函。他們可能不會要求孩子做某些手工，但可能會請孩子在朋友來之前把房間地板上的紙屑打掃乾淨。他們可能不會為孩子選擇要閱讀什麼書，但會決定在睡前時間為想聽的人朗讀《哈比人歷險記》（*The Hobbit*）。他們可能不會限制孩子使用各種電子產品的時間，但可能會選擇家裡不裝電視機。

對每一個自學家庭來說，「自由，而不放任」原則看起來都不一樣。關鍵在於互相尊重與共同責任。在如何使用自己的時間以及要不要投入哪些活動上，孩子擁有極大的自由，但是孩子對自己的家人、家庭、更大的社區也負有責任。相同的道理，自學家庭的家長珍惜他們的教育自由，但也意識到身為好家長的責任，要關心孩子的健康與福祉，並注意孩子的需求與興趣。再來還有常識問題，家長有責任保護孩子不要受到傷害，特別是小孩子哪裡危險就往哪去。我沒有辦法告訴你，有多少次我的孩子一看到對面的鄰居朋友，就忍不住想衝進馬路車流裡。我會把他們的手牽得緊緊的，深知自我管理對小小孩只能做到什麼程度。有時候，家長知道得最清楚。我們可以鼓勵合理的自主與自我管理。尼爾在《夏山學校》裡提醒我們，「當然，就像任何理論上的觀念，如果沒有結合常識，自我管理是很危險的。照顧小孩時，只有傻子才會讓房間窗戶沒裝上圍欄，或在托兒所裡不去管用火的安全性。」[28]

家庭價值觀

家庭價值觀一定會影響自學，就像它們會影響家庭生活一樣，因此可能會限定孩子的經驗與接觸範圍。以住在德州的賽拉．西迪基（Saira Siddiqui）來說，她有保守的穆斯林觀點，看起來可能會與她身為兩個孩子的自學母親角色衝突。但是她發現，她能夠打造一種以信仰為中心的生活，同時還能提供孩子自由與自主性。賽拉說，「我對信仰有非常保守的看法，因此有許多我思考與相信的事情，似乎確實與自學衝突。舉例來說，在我們的信仰中有許多紀律，穆斯林在青春期時會被要求一天要祈禱五次。這是我個人在生活中非常堅持的事，也是我希望我的孩子能堅持的事。」但是賽拉也很清楚，她希望信仰是一種被孩子批判性思考過、質疑過、討論過的事，這樣一來，他們的信仰才會是來自一套內在的信仰體系，而不是被外在的權威人物所強迫的事。因為賽拉的孩子還小，一對雙胞胎現在才九歲，更小的才六歲，賽拉已經讓信仰成為家庭生活中重要而明確的事，但也是應該來自內在，而且要不斷受到檢驗的事。就像賽拉說的，「我認為，提出問題和有虔誠信仰是不衝突的。我不想培養出一個有信仰的機器人。」

賽拉的自學方式源自於她溫和的教養傾向，她會跟著孩子的帶領，回應孩子的需求，打造一個充滿養分的家庭生活，以鼓勵個人的成長。她擁有教育學位，而且在成為母親之前也是位老師。賽拉原本以為，她會把孩子送到公立學校，但是當孩子到了就學年紀，她研究了一下當地的學校，發現這些學校似乎都了無新意，而且採上對下的制度。但是在家裡，她看到孩子以自然的方式展開學習，而且也自然地受到書籍、對話、探索的吸引。她覺得學校教育比較無法輔助孩子的自然學習與個人成長。

賽拉決定讓孩子在家自學，而不把孩子送去公立學校。一開始是採取比較常規的在家自學，結合了大人選擇的活動與計畫，但最後也找到了她自己的自學方式。她開始為孩子實施無校自學時，也是她開始撰寫部落格「一位穆斯林母親的告白」（*Confessuon of a Muslim Mom*）的時候，她的部落格廣受歡迎，目前已經有數千名追隨者。她關於孩子主導的學習與自然教養觀念，引起了家長的共鳴，不分有無信仰。現在，賽拉孩子的學習是跟著興趣，而非套裝課程。他們家經常旅行，一起探索新的文化與語言，而且完全沉浸在影響孩子成長的全新經驗中。

信仰依然是這個家庭生活與學習的一個核心特點。賽拉認同，自學並非不教養，而且家長可以且也將會把個人的哲學信念延伸到孩子身上。她說，「在一個家庭與一個社區中生活，特定的價值觀會傳給下一代，這是一件很自然的事。這就是文化的運作方式。」她覺得，要調和自學觀點與強烈的宗教信念，或其他生活方式的信念（例如素食），接觸這些意識形態最好的場域，是在開放與信任的地方，而非感到恐懼與強迫的地方。如同賽拉所說：

> 有時候，當你來自一個有強烈信仰的地方，你會害怕你的孩子不會認同這些信仰，而這股害怕會決定你與孩子互動的方式。我並不認為，以恐懼驅動是把這些信念灌輸給別人的最好方式。我想，對恐懼的一種解藥，是身處一個能完全信任、保證安全的地方，而且要相信自我，之後恐懼就會消失。

自學生對自由與責任的定義各自不同，而家庭價值觀也會塑造孩子生活的輪廓，但是對無校自學家庭來說，一個會浮現的共同主題就是：談到無校自學，學習與生活是同義詞，當中是沒有縫隙的。兩者是密不可分的。孩子與「真實的世界」是不分開的。一切都是真實的。就像葛瑞絲・勒維琳（Grace Llewellyn）與艾美・席佛（Amy Silver）在《游擊式學習》（*Guerrilla Learning*）一書中寫道：「無校自學真的只是『生活』或『在非體制化中成長』的一個時髦說法而已。」[29] 孩子會興高采烈地探索與發掘他們的世界，投入有意義的事以及和興趣有關的活動，而且有無限的好奇心。我們身為家長的工作就是聆聽他們的問題與想法，支持與鼓勵他們，幫助他們和周圍更大的世界連結。幫助孩子的自然學習方式，不強迫，就是我們主要的目標。對我們來說，擺脫學校式思維是更棘手的目標。

自學教育的重點提示

- **認識無校自學的範圍。**在這把大傘之下，自學方式範圍廣泛。無校自學是一種統稱，泛指所有應用自己社群中的所有資源，並以興趣為基礎的自主學習方式。其核心精神是自由，以及尊重孩子的個別發展與不同熱情。「自由，而不放任」原則在每個家庭中看起來都不一樣，因為每個家庭的價值觀與期待都不一樣。

- **從興趣開始。**有興趣採用無校自學方式的家長可能會想知道，從學校教育模式轉到真正學習的模式，要如何開始第一步。從孩子的興趣開始吧。也許孩子已經有每周的課外活動作為純理論學習的補充，可以把這些活動當成每周焦點，對孩子來說，便沒有什麼是「附加的」了。孩子喜歡的活動，以及不斷從日常社區生活中產生的興趣，都會變成孩子的教育。

- **欣賞非強制性的學習。**無校自學的一個主要特徵就是強調非強迫性的教育，或說「不」的能力。也許你會在桌上放幾個數學問題讓孩子去解，或安排了一個手作活動給孩子，又或你提議要為孩子讀一本有關獨立戰爭的書。他應該有說「不」的自由。（只是通常當你開始大聲朗讀或自己開始動手做時，孩子也會想要加入。）非強制學習可能遇到一個比較棘手的情況，一人說不，一人說好，會侵犯一方自由時該怎麼辦。這時就要回到「自由，而不放任」的精神了。如果你的家人想去樹林健行，但有一個孩子不想去，可能就要來場有關家人取捨、為什麼你們全都珍惜在大自然中的時間等等的討論與溝通了。或者，也許真的不想去健行的孩子可以找到替代選項，例如去親友家。大一點的孩子也許可能就待在家裡也可以。不讓一個人的自由對另一個人的自由造成負面影響，會是一件持續發生的挑戰，而且每一次都會有不同的解決方式。

- **接受無校自學的兩面性**。無校自學家長同時處於非常投入又非常不投入的狀態。從認清孩子的獨特興趣、個別的學習方式，並主動協助孩子連結到更大的資源，以促進這些興趣與學習得到進展來看，他們非常投入。但是，從給孩子高度自由，在孩子學習與成長時不會隨時在一旁打轉，鼓勵孩子探索與用自己的方式理解這個世界的角度來看，他們非常不投入。無校自學家長會非常注意孩子的想法與福祉，但是他們也能夠放手，給孩子學習的自由。

4 不一樣的童年

「童年為什麼變得這麼不自然了？為何主流文化會用對小狗不合法的方式來對待小孩？孩子天生喜歡在自然中挖洞築巢，但現在卻被驅離自然。他們現在被封閉在室內，被禁錮起來，遠離綠意盎然與有聲有色的世界，這是一個世代以前的人所無法想像的事。」

——傑伊・格里菲斯（Jay Griffiths），《一個稱為童年的國家》（A Country Called Childhood）[1]

你可曾吃過從藤蔓現採下來完美熟成的櫻桃番茄？或夏日直接在田裡摘下被太陽曬得暖洋洋的草莓？或是在秋天，嘗到果園現摘的蘋果那第一口爽脆的滋味？如果你有過這些經驗，你就會知道，沒有什麼東西可以和真實的事物相比。真實的食物就是有一種無法言喻的原汁原味。

知名作家麥可・波倫（Michael Pollan）在《食物無罪》（*In Defense of Food*）一書中，比較了真實的食物與目前充斥於西方飲食中、他所謂「類食物的可食物質」，也就是真食物的包裝加工仿製品。[2] 這些食品的冒牌貨正在造成嚴重問題。美國疾病控制與預防中心（Centers for Disease Control and Prevention）的最新數據顯示，美國成年人中有四〇％的人有肥胖問題，超過七〇％

的人過重或肥胖；兒童則有二〇%被界定為肥胖。肥胖通常與我們文化中慢性疾病的急速增加有關，例如第二型糖尿病、高血壓、心臟病、中風。[3] 由於遠離人類演化下來所需的天然食物太遠，這些「類食物的可食物質」正使我們生病。

就像人造食品正在危害我們健康的方式，人為的學習方式也是一樣。我們已經穩定地把我所謂「包裝好的類教育制度」，或學校課業，取代了真實的學習。你也許會認為，就像「類食物的可食物質」，這些學校課業已經存在已久，也並未造成重大的傷害。我們所有人可能都吃過Twinkies奶油夾心捲，也都去學校上過學，但我們都好好的，對吧？問題在於，現在的人造食品與學校課業，比我們的孩提時代更多。是的，我們可能吃了一個奶油夾心捲，但我們也可能有一頓營養的家常晚餐。是的，我們可能去學校上過學，但一天只要幾個小時，而且下午和周末時間都是空下來的，暑假也可以自由玩耍，因而可以忍受。我們人類可以輕易吸收與適應某種程度的人為食品與學習；但是當異常變成常態時，我們可就應付不來了。

學校課業的出現

僅經過一個世代，學習的樣貌已經劇烈地改變。比起以前的任何時期，現在的孩子花更多時間在常規的學校教育與其他類學校的環境，例如日托中心、課後安親班，以及結構化的課外活動上。在二〇〇四年的一份報告中，密西根大學的研究人員，針對美國兒童的時間使用狀況，比較了一九八一至一九八二年以及二〇〇二年至二〇〇三年之間的差異。他們發現，這二十年期間，六至十七歲的美國孩子花在學校的時間，在二〇〇〇年代初期遠多於一九八〇年代初期。雖然在過去這二十年來，所有年齡層的孩子花在學校的時間都增加了，但六至八歲的小孩增加得最顯著，他們待在學校的平均時間，從一九八一至一九八二年的每天四小時，增加到二〇〇二年至二〇〇三年的每天七小時。[4] 更重要的是，這些數據並不包含校外活動與日托中心，而這些地方通常非常類似學校。

不令人意外的，密西根大學的研究人員也發現，比起在一九八〇年代成長的孩子，二〇〇〇年代初期的兒童花在「運動與戶外活動」的時間更少。玩耍的時間消失了。另外，兒童花更多年的時間在啃學校的課業，包括暑假。根據美國勞工統計局（US Bureau of Labor Statistics）的數據，在二〇一六年的六月，有四二%的兒童註冊入學，但回看一九八五年的六月，註冊率只有一〇%。[5]

自由玩耍時間的蒸發，加上學校課業增加，也被記錄在其他研究人員的文獻中。根據桑德拉・霍弗斯（Sandra Hofferth）與約翰・桑德柏格（John Sandberg）在二〇〇一年發表的報告指出，從一九八一年到一九九七年，孩子的遊戲時間減少了一六%。自由玩耍時間的減少與結構化的活動增加有關，包括學校。有趣的是，霍弗斯與桑德柏格發現，不只是因為大量的母親在這段期間湧入職場，導致上學時間增加，遊戲時間減少。沒上班的母親也開始非常依賴學校課業。[6]如果學校教育是好的，那麼愈多表示愈好——家長或許這樣想。

我們許多人都記得，和鄰居小孩到處跑來跑去的遊戲午後時光，以及充滿陽光與新鮮空氣、沒有作業的暑假。大人不會待在我們身邊，但我們知道如何找到他們，也知道要去哪裡尋求幫助，即使手機還沒問世。但在今天，這種自由隨興、無人監督的玩耍，實際上已不復存在。許多孩子目前幾乎所有的清醒時間都在應付某種類型的學校課業，而且大部分都是大人精心安排的事，大人也會在旁觀察。街頭曲棍球與奪旗橄欖球，還有在家附近好好玩一場球類比賽，這類活動已經消失了，取而代之的是有組織的活動，一路從幼兒規畫到青少年。

街坊上不再有人嬉戲，這並不是學校課業變多、玩耍變少趨勢的唯一後果。愈來愈多的證據顯示，兒童的心理健康問題隨著遊戲時間變少而增加。《美國遊戲期刊》（*American Journal of Play*）在二〇一一年的一篇文章指出，系統性地減少玩耍，與兒童焦慮、憂鬱、無助、自戀與其他精神疾病指標相對上升，兩者之間有因果關聯。[7]其他研究人員也在遊戲剝奪這點上，發現了類似的令人不安的趨勢。兒童職能治療師安吉拉．漢斯康（Angela Hanscom）在她的《平衡與赤腳》（*Balanced and Barefoot*）一書中，描述了自由玩耍的重要性，及其對情緒與身體發育健康的影響。她把遠離自由玩耍的趨勢與她所觀察到的現象，描述為感官與運動發育延遲現象的穩定升高。漢斯康說，「冷酷的真相就是，相比過去世代的兒童，今天的孩子差遠了。現在的孩子愈來愈虛弱、適應力愈差，也愈沒想像力。」[8]

孩子花愈多時間在有結構性的、由成人主導的活動，透過自由玩耍而學習的時間就愈少。這對他們的整體身體、認知、情緒發展，造成重大的影響。科羅拉多大學博爾德分校的研究人員在二〇一四年發表了一份報告顯示，比起花時間在較隨興的活動，例如自由玩耍、趣味閱讀、造訪圖書館或博物館的孩子，花愈多時間在結構性的活動，例如音樂課、組織性的體育活動、家庭作業的孩子，「自主執行功能」（self-directed executive functioning）方面的技巧就愈差。[9] 這些執行功能技巧的定義，是設定與完成個人目標的能力。大部分時間都被大人嚴密控管的孩子，在這方面表現更差。根據研究人員的報告，兒童的執行功能技巧對於包括健康、課業成就、財務表現等長期結果，也是項重要的指標。隨著孩子花愈多時間在整合過的活動，他們的自主能力也減弱了。

儘管學校課業增加與玩耍減少的幅度驚人，許多家長對於這個趨勢似乎不感到不安。根據蓋洛普（Gallup）一份二〇一七年的調查報告，十歲以下兒童的父母已經意識到，自由玩耍可以「促進創造力與問題解決能力」，但並不認為這些素質特別重要。事實上，這個研究發現，在父母的優先事項清單中，由孩子主導的非結構性遊戲幾乎排在最後，但學術技能排在很前面。這份報告的結論指出，許多家長並不理解非結構性的兒童遊戲對兒童發展的重要性，而且往往對於孩子的空閒時間感到焦慮。[10] 家長現在相信，學校課業比老派的玩耍更重要。加強聚焦在兒童早期的成功與課業成就，可能會導致孩子在長大後，比起才一個世代以前的孩子，顯得沒有創造力、較難與人合作、情緒適應力也較差。

童年創造力的逐步下降是一個嚴重的問題。學校課業增加、玩耍時間減少，加上家長似乎不重視培養創造力的必要條件，導致一整個世代的年輕人比早期的年輕人缺乏創造力。威廉與瑪麗學院（College of William and Mary）的教授金慶熙（Kyung Hee Kim，音譯）有一項驚人的發現，每一代的創造力分數一直在提升，直到一九九〇年。從那時起，創造力分數開始穩定下降。金慶熙分析了數萬個備受推崇的陶倫斯創意思考測驗（Torrance Tests of Creative Thinking）的分數，此測驗被許多人公認為創造力衡量工具的黃金標準。金慶熙發現，自一九九〇年以來，美國人整體的創造力顯著下降，其中幼兒園到六年級的下降幅度最大。[11] 金慶熙發現，今日的美國人比二十五年前更缺乏創造力，而且未來也不見改善的跡象。她在《創造力挑戰》（*The Creativity Challenge*）一書中寫道，「雖然創新將美國推上了今天的地位，但文化已經改變了，現在已經是在扼殺而非鼓勵創造力。美國必須重新找回自己最擅長的事：培養創造力。」[12]

對編輯與作家丹恩．桑切斯（Dan Sanchez）來說，保持童年的創造力就是他和妻子決定不讓女兒伊薇（Evie）去學校上學的主要原因。在觀察女兒以及閱讀更多關於自然與非強迫學習的資訊的過程中，丹恩意識到，自己的童年創造力與熱情不知道被學校教育扼殺了多少。他回憶，「我對自己最早的記憶是一個活力十足、熱情有勁的小男孩，我讓自己完全沉浸在興趣中，我會蒐集動物的學名，還會記得每一個變形金剛角色的細節。但學校讓這些活力與熱情都消失了。主題探索變成一種強制性的義務，這讓我完全提不起勁。目標不再是追求自己的興趣，而是贏得好成績。」

現在，丹恩看到五歲的女兒有類似的熱情與興趣，以及她如何專注於角色扮演的遊戲。他不想讓這種自然的創造力與好奇心，被充滿人工添加物的學校課業所取代。

我在女兒身上看到我還是個孩子時的熱情與容易著迷的天性。她對有各種角色的玩具系列非常著迷，現在正在學習如何在她自己的主動性與意志力下，完全投入地學習精通某個主題。她也正發現她所處的世界是一個容易進入、令人愉快、令人著迷的地方，充滿了各種付出有所值的機會。另外，她也在學習了解自己：學到她是個有能力的人，能夠為自己創造有意義的體驗。

對丹恩與妻子來說，無論是學校教育，還是把學校教育搬到家裡的在家自學，都不是吸引人的選項。在家自學雖然比常規的學校教育溫和、較以孩子為中心，但仍強加了強迫作業、課程指南、死記硬背、單一的評量方式等許多學校教育式的期望。丹恩不想要讓這些學校課業出現在家裡，希望伊薇在整個童年期間，都由她的強烈好奇心驅動她的學習與行動。「我後來開始了解常規學校的真正問題。問題不在於學校沒有把學校教育做好，也不是家長自己在家裡做就會做得會比學校好，而是不管怎麼做，這樣強給的教育方式本身就是問題所在。」

學校教育讓孩子從社區中隔離出來，並強迫他們接受一套該知道什麼以及何時該知道的特定架構。不管在家或在其他地方的學校教育，都忽略了孩子自己也想學習與做事，也摒棄了孩子追求知識的強烈動力。孩子對學習充滿活力。身為父母親的我們要做就是，在這個更廣大的世界裡，給他們自由與機會去這樣做，讓他們遵循自己的獨特興趣與時間表。如同丹恩的結論所說，學校教育的主要問題是「把孩子從廣大世界幽禁起來的觀念，然後把他們放在不斷受到大人監督、指導、糾正的地方。即使幽禁的地方換成家裡，監督、指導、糾正的人變成家長，情況也一樣。」強給的教育就是問題所在，在更廣大的世界中自由與自然地學習，才是問題的解決方案。

品質，不只是數量

問題不只是大家啃食了更大量會致病的類食物的可食物質，也在於這些物質的成分也比以往的毒性更強。同樣的道理，問題不只是造成傷害的學校課業更多了，也在於相對於更早的世代，孩子現在接受的學校課業類型，現今的常規學校教育比過去更標準化，也更以考試為動力。二〇〇一年，美國國會通過了《沒有孩子落後法案》（No Child Left Behind Act, NCLB，又譯《有教無類法案》），算是重新授權在一九六五年首次頒布的《中小學教育法案》（Elementary and Secondary Education Act）的一部分。這部法案擴大了聯邦政府在公立學校教育中的角色，並聚焦在經常性的標準化考試，以提升學校與老師的問責性。

往後幾年，繼續聚焦在標準化、問責性、定期考試，最後還推出各州共同核心標準倡議（Common Core State Standards Initiative），努力為所有的公立學校學生建立一套統一的課程與考試架構。這些課程標準在二〇〇九年開始推動，並得到大多數的州採納。為了吸引各州採用這些新標準，並得到慷慨的資金，聯邦政府提供了「邁向巔峰」（Race to the Top）獎助金。二〇一五年十二月，《每個孩子都成功法案》（Every Student Succeeds Act, ESSA）取代了《沒有孩子落後法案》。這部法案保留了聯邦政府對教育目標與責任的監督，但是把責任推到各州，要各州去發展自己的標準與指標，也保留了對所有公立學校定期進行標準化考試的期望。在《每個孩子都成功法案》下，州政府必須採用「具有挑戰性的」課程架構，這也許是或也許不是共同核心標準，然而孩子從三年級到八年級，再到高中，每一年都要考試。由於被愈來愈多的學校課業嚇壞，家長與老師都在尋找替代選項。

潔西卡．亞莫斯基（Jessica Yarmosky）在非營利組織「為美國而教」（Teach for America）工作之後，從哈佛教育研究所取得碩士學位，接著成為一個大型都會公立學區的高中英文老師。一開始她非常熱切與樂觀，但很快就感到不安。潔西卡說，「面試時他們問我的第一件事是，我對考試有多了解。」她形容十年級的全州標準考試也是學生的畢業要求。「我們所做的每一件事都是為了考試，這應該是一個危險的訊號。」潔西卡回憶，她被告知，教英文與寫作的方法要完全著重在在考試的要求。在教學中，完全沒有聚焦在某些文本的真正樂趣，或如何寫好的藝術。

學習都是標準化的，也是以應付考試為主，對學生與老師皆然。她說，「我進教室時，帶著一股讓他們深刻學習的真正熱情，但是到學期一半時，我實在很失望。由於標準化的課程與考試，我們並沒有以我覺得孩子應得的方式來對待孩子，這點讓我噁心。學生會告訴我，『我本來喜歡寫作，本來喜歡閱讀，但我現在恨透了。』」潔西卡離開了那份教學工作，認為自己無法再當那個讓孩子充滿壓力的環境的同謀。她聽過一個成立自主學習學校的人演說，印證了她一直以來的感受。潔西卡開始研究自學與學校的替代選項，因為這些教育方式和她對應該如何對待孩子的信念比較一致。

潔西卡說，「孩子需要自由與選擇。」

> 我們實際上是在禁止他們做出日常的選擇，不讓他們在社區中和其他人從事。我們現在有了所謂的「拒學症」（school refusal），因為孩子不想上學。這是一個新的標籤。情況糟到我們必須組成一個學術研究圈研究它。孩子討厭學校的原因就是因為它是學校。孩子不想待在那裡。

如同本書特寫的許多教育者，潔西卡致力於為孩子擴展自學與自主教育選項。拒絕學校教育的標準化，並把自學視為教育的未來，這樣的老師愈來愈多，潔西卡就是其中之一。學習不應該造成孩子的傷害。

即使過去二十年來對標準課程與考試如此加強重視，成果看來卻不好。根據學校自己的指標，學校的表現每況愈下。經濟合作與發展組織（Organization for Economic Cooperation and Development, OECD）最近的資料顯示，美國比大部分的已開發國家花更多經費在教育上，但目前學校教育的成果令人失望。[13] 在國際性的考試上，例如備受推崇的國際學生能力評量計畫（Program for International Student Assessment），美國學生遠遠落後於其他國家的同齡學生，美國十五歲兒童的數學，在七十一個國家中排第三十八名，科學則排第二十四名。[14] 根據國家教育進展評測（National Assessment of Educational Progress），又稱美國國家教育報告卡（Nation's Report Card）的結果，學生的數學與閱讀分數在二〇一三年與二〇一五年之間呈現下滑。[15]

標準與考試不僅沒有發揮作用，還造成一個最大的破壞，就是以遊戲為基礎的幼兒教育遭到淘汰。在新的幼兒園課程標準中，把原來保留給第一、二年級的學業，提前給幼兒園小朋友上，甚至愈來愈多學齡前的幼兒也在上這些課程，因為學校教育贏過了遊戲。和我們小時候相比，現在的孩子更早也更常被硬塞學校課業。愈發明顯的現象是，重視學校課業，輕視悠久的童年遊戲活動，產生了愈來愈沒有好奇心、也愈來愈公式化的小孩。正如作家艾麗卡·克里斯塔基斯（Erika Christakis）在《大西洋》（*Atlantic*）雜誌中寫道：

> 學齡前的教室現在愈來愈充滿了老師的哄騙招數，孩子要先完成「工作」，才可以去玩。但是，即使是學齡前的孩子也在更小的年紀就在學更多的學業先修課程。我聽過許多老師說，不知何故，比起前幾個世代的孩子，這些孩子似乎——居然還能——更沒有好奇心，也更沒有參與感。[16]

孩子被制約了要接受教導，並放棄了他們天生熱愛學習的自學方式。這種制約的情況發生得愈早，孩子就愈快失去他們充滿創意、自我教育的能力。二〇一一年九月，兩個各自獨立的研究實驗室對孩子進行了不同的實驗，卻對教導對學習的影響提出了類似發現的報告。麻省理工學院的研究人員想了解，直接教導幼兒如何影響孩子整體的學習表現。他們召集兩組四歲的孩子，告訴一組孩子，他們剛剛發現了一個很棒的新玩具，它有四個會發出吱吱聲的管子。至於另外一組，研究人員則對孩子展示他們的新玩具，並繼續展示這個玩具怎麼玩。第一組的孩子是透過玩與摸索來學習，而第二組則是透過直接教導來學習。

研究人員發現，雖然兩組都可以讓玩具發出吱吱聲，但受教導組沒有發現這個玩具的許多其他功能，相反地，未受教導組就發現了其他功能，因為這就是他們玩耍與摸索過程中正常的一部分。研究人員做出的結論是，直接教導「促進有效學習，但是要付出一項代價：孩子較不可能做出可能無關的行動，但也因此較不可能發現新奇的資訊。」[17] 換句話說，教學可以快速傳遞資訊，但也會限制有創意的發現過程，因為它壓抑了玩耍與摸索的自然動力。

而在同時，加州大學柏克萊分校的研究人員也對兩群四歲孩子展示了一個新玩具，一組得到直接的教導，另一組沒有。這個玩具有許多構造，但只有兩個構造以相同的順序按下去時才會播放音樂。面對第一組孩子，研究人員沒有提供教導，但孩子自己能夠快速發現讓玩具播放音樂的兩個基本步驟。對於第二組，研究人員就像老師，他們示範了怎麼玩，並展示了玩具的各種功能，最後以讓玩具發出音樂的兩個步驟作結。然後，當第二組孩子拿到玩具時，孩子只是模仿教導者的做法。這些受教導的孩子只會遵循別人展示的相同順序，而且無法發現兩個順序的基本步驟，但未受教導的孩子已經自然發現了。[18]

加州大學柏克萊分校研究的主要研究員艾莉森．格普尼克（Alison Gopnik）說明，雖然直接教導有其重要性，但自然學習對幼童特別有益。她寫道，「大人通常假設，大部分的學習都從教學獲致，探索式與自發性的學習並不常見。但其實，自發性的學習是更根本的能力……一旦了解這一點，讓孩子能夠自由發揮他不凡的自發學習能力，變得前所未有地重要。」[19] 這兩個研究都顯示，幼童對學習與發現有多麼駕輕就熟，但是大人有多麼容易就阻斷了孩子的自然學習傾向。

不平等的衝擊

小小年紀就接觸繁重的學校課業，會讓孩子的好奇心與創造力變鈍，但這不是對他們唯一的傷害。愈來愈多證據顯示，我們愈來愈嚴格的強迫性學校教育制度，對貧窮與少數族裔的年輕人造成的傷害可能最大。大眾教育會放大缺點，並在孩子一生中非常早的時期就深深埋下這些缺點，這大增了學校直通監獄的通道，也延續了不平等的現象。根據美國教育部從二〇一三年到二〇一四年的數據顯示，進入公立學校學前班就讀的孩子，有六千七百四十三名曾被一次或多次停學，其中黑人小孩比白人小孩更容易被停學。[20] 連學齡前的兒童都會遭到停學，這反映了什麼樣的美國童年？

除了這個令人不安的趨勢之外還有一個發現，許多少數族裔兒童在現有的大眾教育模式裡課業表現不佳。根據國家教育統計中心（National Center for Education Statistics）的數據顯示，在非裔的美國八年級生中，只有一四%的人在閱讀方面達到熟練程度，而西班牙裔更只有一七%。[21]

這些令人失望的結果可以解釋，為什麼會有更多的家長，特別是少數族裔，選擇完全退出大眾教育，改採學校教育的替代方式。天普大學（Temple University）教授亞瑪·瑪薩瑪（Ama Mazama）於二〇一二年在《黑人研究期刊》（*the Journal of Black Studies*）上刊登了一篇研究論文指出，愈來愈多黑人家庭改採在家自學等學校教育的替代方式，作為一種種族保護的形式。她發現，非裔美國人在家自學的人數成長，是「一種能動性的演習，出於打倒種族主義的渴望，做法是實際擺脫其主要的運作領域，也就是學校。」[22]《大西洋》雜誌報導指出，黑人家庭是在家自學生中成長最快的族群之一。[23]

對莎蘭娜·葛蘭姆（Shaylanna Graham）來說，在家自學，以及最終的自學之路，都是以自由學習與自由創造為前提。當她的長子十六個月大時，她就知道她必須做出一個決定：不是把他放到托兒所，就是放棄她剛創立的事業，這樣她才能待在家陪他，並給學步期的他所需要的關注。當她為幼年的兒子研究各式各樣的學前課程時，她非常失望。她記得，「大部分的課程都在室內，並專注在課業，而且全部都是為幼兒園準備。我不知道這感覺哪來的，但我的內在就是知道，我所看到的學齡前課程有些不對勁。我知道，在一個有許多自由的時間玩耍，能用自己的想像力創造時，我的兒子會成長得很好。」這讓她成為全職母親，一心尋找替代的教育方案。

她很快又生了第二個小孩，當她不斷親眼看到，在沒有太多的介入下，她的兒子和女兒如何自然地成長與學習，她就知道她的感覺是對的。莎蘭娜說，「我看著他們，在沒有我的幫助下，就學到了這麼多。」

現今傳統學校制度對幼兒提出的高要求，對我來說就是不對勁。所以，我和孩子的爸爸決定我們要在家自學。讓他們專注於自己的興趣，並以自然的方式成長與學習，就像他們一直以來在家裡做的，對我們來說，這感覺才對。我們也知道，我們想要為我們的家打造一種有點移動的風格，想要我們的孩子可以自由移動，透過探索與體驗真實生活中的世界，來學習有關世界的一切。

莎蘭娜選擇在家自學的決定，與種族也有關。身為非裔美國人，她覺得大眾教育對有色人種的孩子特別有害。莎蘭娜說，「有色人種的孩子處於明顯的劣勢。對許多有色人種小孩來說，大眾教育可能會在情緒與心理上造成傷害。」

我們要我們的孩子避掉那種學校體驗。我們也想確認他們學到我們祖先的正確歷史與起源，以及我們非洲祖先對世界歷史的重大影響。這段歷史顯然不是從奴隸制度開始的，但在傳統的學校裡就這樣教。我們希望，我們的孩子把自己看得和其他人一樣平等，並且知道他們和別人一樣優秀，只是膚色不同。但是學校有系統地對待我們棕皮膚的孩子，好像他們不如他人、較沒價值，因此我們的意圖就是，讓我們棕皮膚的孩子有更正向積極的生活經驗。

在適應全職母親的角色之後，莎蘭娜開始想念經營自己的事業，她說，「我有企業管理學位，而且喜歡做生意。」她也找到一個整合這兩種角色的方式。莎蘭娜為自己的孩子打造了她認為理想的學習環境，並在家裡成立了一個以玩耍為主、自我主導式的全面型幼兒園。她把她的學齡前服務提供給其他有類似信念的家庭，他們都相信自主學習與自由玩耍在幼兒時期的重要性。

雖然莎蘭娜支持學齡前幼兒應採用自主學習方式，但她一開始認為，隨著孩子長大，孩子就會需要一種更有結構、以課程為主的學習環境。所以當兒子到了上幼兒園的年紀，她就開始研究在家自學課程的方案。她覺得，身為負責任的在家自學家長，使用排名領先的小學的課程是明顯可行的選擇。但是當她閱讀各式各樣的課程評估意見，並確認每一套課程的利弊得失的同時，她也親眼看著孩子在她的支持下，全靠自己從環境中成長與學習。「看著自己的孩子與家中幼兒園的其他孩子，我得出結論，孩子真的可以在沒有大人的大量介入下學習。」於是她開始想知道，不以課程為中心的在家自學有哪些選項，並在一支相關的YouTube影片中發現了無校自學這個專門用語。莎蘭娜回憶道，「我買了約翰．霍特的書，然後我說，『哇，就是這個，原來我們這樣就是無校自學。』而現在，我看見孩子學習與行事，就與他寫的一模一樣。」

現在她的自然學習方式有了一個名字，她對這個教育選擇也愈具信心。現在兒子六歲了，她說：

我允許他跟隨著自己的興趣，自由地做他想做的事。如果他有問題，提出請求，我就會幫他。我試著讓他的日常生活成為他學習的一部分。我們做許多烹飪、烘焙、測量的事，也常到雜貨店，並讓他在那裡分類紙鈔和錢幣。我們坐著寫作業簿嗎？沒有，他都是自己學習的。他五歲時就寫了一封信給爸爸，但我從來沒有教過他如何寫字。我女兒三歲的時候就開始寫自己的全名，也不是我教她的。我們家牆上有一張字母表，他們自己利用那張表學寫字。如果他們需要別人幫忙拼字，我會幫他們拼出來，然後他們會在字母表上找那些字母，接著不用我幫忙，自己就在紙上寫出那個單字。

在孩子的周圍準備好資源，並注意孩子的需求與興趣，就是莎蘭娜輔助孩子自然學習的方式。

莎蘭娜計畫無限期地繼續這條無校自學之路。她和她先生希望，讓孩子盡可能接觸這個世界，並讓孩子打造自己的教育之路，只在他們需要的時候提供協助。她告訴兩個孩子：

你們有很大的力量，是有創造力的人。你們可以創造所有你們想要的事物。如果我把孩子放到學校體制裡，他們就會得到相反的訊息；因為他們的焦點不是一個人的內在。我要他們有一個堅實的基礎，知道在他們的內在裡他們是誰，知道他們有多大的力量可以創造自己的現實，知道他們對自己的環境與我們所生存的世界有多大的影響力。

病態的童年

今天的學校環境通常強調控制、秩序、順從，代價是犧牲了自由、玩耍、原創性。對一些孩子來說，在小小年紀就要面對長時間、高強度的學校課業，已經把他們的適應力逼到極限。和以前比起來，現在有愈來愈多的幼兒出現了與學校相關的行為與注意力失調，而且他們更可能被用強效精神藥物治療，因為正常的幼兒行為，在強迫性的學校環境下可能被視為病態。美國疾病控制與預防中心指出，大約有一一%的四至十七歲兒童會被診斷為患有過動症，而這個數字從二○○三─○四年到二○一一─一二年就增加了四二%，而且這些孩子大部分都被施藥治療。也許更該令人擔憂的是，這些孩子有三分之一得到這樣的診斷時還不滿六歲。[24]

特別在幼兒中，這些所謂的「失調」可能只是在尋求幫助。心理學家恩里科．格納拉蒂（Enrico Gnaulati）在他寫的《回歸正常：為什麼正常的幼兒行為被誤診為過動、躁鬱、泛自閉症障礙》（*Back to Normal: Why Ordinary Childhood Behavior Is Mistaken for ADHD, Bipolar Disorder, and Autism Spectrum Disorder*）一書中提到：

> 這些日子以來，幼兒園的孩子面臨了雙重打擊。由於他們要面臨超出他們發展能力的學業任務與社會期望，他們的整體壓力已經提高了。而且，他們還被剝奪了因應壓力的方法，例如充滿活力與想像的運動遊戲……當他們隨意走動、亂發脾氣、胡亂敲打、拖拖拉拉、

扭動、尖叫或亂罵人時，就有被幼兒園以精神疾病之名的網套住的危險，但他們的行為通常只是一種對壓力的消極反應。[25]

由於無法在年幼時就適應標準化、以考試為主的學校教育，當幼童只是表現出正常的兒童行為，在一個發展異常的學習環境中，可能就會被不當地標記與診斷為過動症。

加州大學柏克萊分校的一群教授發現，這些過動症診斷增加的情形，有些例子和聯邦政府在「沒有孩子落後」的教育政策下，推動愈來愈強調標準測驗密切相關。在他們二〇一五年發表的報告中，研究人員揭露，二〇〇三年至二〇一一年，在某些高風險測驗（high-stakes testing）[1]最早普及的州，兒童被診斷有過動症的情形飆升，特別是低收入家庭的兒童。由於沒有孩子落後的政策期望弱勢兒童在標準測驗中要逐年進步，低收入家庭的兒童因此特別成為目標。在一些禁止學校為孩子建議精神藥物的州，接受過動症藥物治療的孩子人數在二〇〇三到一一年間就略為下降，相比之下，在沒有這種法律的州，過動症用藥率則上升了二三%。[26]自二〇〇〇年代初期以來，過動症診斷人數飆升，也許部分原因出在，要幫助孩子符合強制考試的要求，或是藉著推薦用藥讓幼兒安靜坐好與專心，以幫助學區提升測驗成績的策略。

[1] 泛指對應試者人生影響重大的測驗。美國普遍實施的學生學習成果評鑑測試即為一種，且在大多數實行的州內，測驗結果直接與教師和校長評鑑相連接。

心理學家彼得．格雷博士對於愈來愈多資料顯示上學與過動症之間的可能關聯感到好奇，於是做了一個非正式的線上調查，對象是離開常規的學校教育，轉而接受在家自學或其他另類教育形式的兒童。他發現，之前被貼標籤為過動的兒童，通常也伴隨著焦慮問題，但後來的行為與情緒問題都大幅降低，或完全消失了，而且當他們離開常規的學校環境之後，他們的整體學習也改善了。尤其當兒童投入的是自主教育或無校自學，對自己的學習有更多的自由與掌控時，結果特別正面。[27] 格雷博士得到的結論是，過動症基本上是「無法適應標準的學校教育環境」。[28]

對於塔莉安．安德森（Tarryn Anderson）的兒子邁爾斯（Miles）來說，適應標準的學校教育環境非常辛苦，而且從幼兒園就開始了。塔莉安回憶，「他的老師很貼心，但很快就提到了邁爾斯的注意力問題。」後來還有教室行為表，邁爾斯經常被註記為行為不良。他那時候才五歲。塔莉安說，「我會因為這個行為表而沮喪，也會因為他在學校不乖而讓他感到羞愧。」不過，塔莉安不知道她還能做什麼。她和先生都有全職工作，私立學校又太貴。他們的選擇很有限。

邁爾斯在公立學校一年級時，老師持續抱怨他的注意力問題與過動行為。他們敦促塔莉安帶邁爾斯去找醫生評估。到了第二年，她態度終於軟化了。醫生對邁爾斯的診斷就是過動症，並開了藥給他。但是塔莉安不願意接受。她本能上覺得，她的兒子不需要這個標籤與藥物。她認為，她兒子表現出的症狀，例如無法安靜坐好、無法注意老師、不按規定時間說話、無法專注於作業簿，都是小男生的典型行為。但是藥物現在已經取代了古板女老師用來打學生手指節的尺。塔莉安最後放棄了，並同意讓兒子接受過動症的藥物治療。

一服用藥物，邁爾斯的注意力與行為問題就改善了。老師們不再抱怨他注意力不集中，他的問題行為停止了，也能專注在學校功課上了。這樣很好，對吧？也許有人會說，邁爾斯被正確地診斷出一種心理健康問題，而且也得到了適當的藥物治療。對，沒錯，邁爾斯的過動診斷與治療讓他可以更符合常規學校的期待。但更重要的問題是，這付出了什麼代價？在邁爾斯努力配合時，他放棄了什麼？

邁爾斯升上三年級時，這些問題都有了答案。塔莉安是時尚雜誌的創意總監，這份工作讓她的生活忙碌而充實。當邁爾斯開始新的學年時，雜誌停刊了，這給了塔莉安意外的自由時間。於是她決定到邁爾斯的學校當志工，因此這是有史以來第一次，她仔細檢視了到底發生了什麼事。「當我在午餐時間看到他時，我忍不住想，『這不是我的孩子。』他完全恍惚無神。我意識到，當他下午從學校回家時，藥效沒了，他就變回了我的小孩，但在學校，我看到的是完全不一樣的人。我可以感受到他的痛苦。這讓我實在無法接受。」

塔莉安開始研究她的選項。她說，在她的心目中，在家自學是最遙遠的事。但是，她正在面臨職涯的轉換，也好奇接下來會怎麼發展。「有那麼一刻，我問自己，『妳在對自己的人生做什麼？』我決定，我們要來嘗試一下在家自學。」於是她把邁爾斯帶離學校，也不再吃治療過動的藥了。

如同許多離開常規學校，轉而在家自學的家長，塔莉安一開始也採用一套傳統的課程，想要在家複製學校的教育。沒有學校的教育可能很難想像。畢竟，我們大部分的人都上過學。學校是一種主流的文化機構，也反映在我們日常生活中的許多層面。對我們許多人來說，教育與學校就是有種無法消除的關係。即使我們拒絕常規的學校教育，我們還是受到在其他地方複製學校結構的吸引。如果不是因為學校，我們還能學到什麼？

在家自學的頭幾個星期，塔莉安發現自己陷入的這個常見陷阱。她買了一套昂貴的傳統在家自學課程，裡面有標準的學校科目類別，還有標準的作業簿與評量。塔莉安說，「我受到一種更以孩子為主導的學習方法吸引，卻又害怕這樣做。」她對這套標準課程掙扎許久，也強迫邁爾斯同意在家自學的提議。但他不斷抗拒，她則不斷施壓。母子兩人都很不喜歡這個經驗。他們認為，也許在家自學是個錯誤。

從常規學校教育轉到在家自學的一個典型模式是，通常會出現一次轉捩點。會發生一些促成他們暫緩下來，重新評估，且經常是讓他們內省的事情。學習必須是這種方式嗎？教育一定要這麼痛苦嗎？我們真的必須要上學嗎？對塔莉安來說，轉捩點發生在他們在家自學剛起步的三個月。他們有朋友從城外短期來訪。塔莉安感到要讓邁爾斯在客人到訪前完成功課的壓力。她逼他火力全開地完成當日的功課。塔莉安說，「然後，他的焦慮症就大發作了。」

如此重建學校模式，加上每天的作業與強迫性的技巧，讓人壓力不斷升高，最後終於爆發。塔莉安心想，一定還有別的路。於是她開始研究由孩子主導的學習方式，並找到非複製學校模式的、有關無校自學與自主教育的資訊。「我們把一切都丟掉了，包括四千美元的課程，以及我們在家裡所布置掛有一面黑板的房間。我們把這些都丟掉，然後花了一陣子脫離學校思維。接著我們逐漸朝向更以專案為主、折衷式的家庭教育方案，讓我們可以一起執行某些計畫，或在各處應用一點點課程。」最後，塔莉安與邁爾斯全心擁抱無校自學，完全擺脫了學校的教育模式，投入一種自然學習的模式。現在，她是德州一個為自學生成立的自主教育聯合會的共同創辦人，該組織名為思想商數（Thought Quotient）。

像邁爾斯這樣的孩子到處都是。幼兒因為對高壓的環境——學校，產生常見的適應性反應，卻被貼上失調的標籤，頻率之高令人不安。雖然這類診斷中，有些可能由非學校課業因素引起，但不斷成長的數字令人震驚。學校課業增加以及玩耍相對減少，可能只是在強逼孩子超越他們的適應極限。

崔西・文托拉（Tracy Ventola）是一名合格教師，在成為全職母親之前，曾在小學當西班牙語老師。她的母親是一名班導，父親則在公立學校教特殊教育超過三十年。崔西從來沒有想過她會擁抱無校自學。如同許多從學校教育轉為無校自學的家長，崔西逐漸意識到，她的大女兒在學校（一開始是在傳統的幼兒園，後來是一個較進步式的私立學校）所經歷的問題，是學校教育的結果，而不是她女兒的問題。「當她開始上幼兒園，本來就害羞的她變得更安靜了。」崔西說，「她愈來愈退縮，直到不開口說話。她對學校的反應被診斷為選擇性失語症。學校對我朋友的兒子卻造成相反的效果。她的小孩非常聰明、很會講話、活力充沛，變得更喧鬧；他更加外放了，因此被診斷為過動症。但這兩個孩子一點也沒有問題。他們只是對學校的壓力有不同的因應方式。」[29]

經過大量閱讀、深思、質疑之後，崔西與丈夫最後決定，在幼兒園之後，不送女兒去上小學。結果令人驚訝。她變得開心、健談，樂於投入。這對家長立刻受到無校自學的吸引，不想複製學校教育的思維和例行活動，因為那一直讓他們的女兒深感壓力。他們為生活建立了一個緩慢而平和的節奏，有充分的遊戲時間，也可以在圖書館花上數小時，或散步到公園和遊樂場。在崔西拿掉學校教育思維的過程中，她女兒也變成更有自信，也更外向。她會在在家自學生的公園社交日和朋友玩上幾小時，並在繪畫與藝術上盡情發展興趣與天分。才剛滿九歲，她自己就學會了閱讀，並很快成為一個貪心的小讀者，如饑似渴地閱讀了《哈利波特》（*Harry Potter*）與其他經典系列叢書。

現在，崔西的女兒是一個充實又活力充沛的十二歲自學生，她仍然喜愛閱讀與繪畫，但她對戲劇的熱情愈來愈強烈，特別是喜劇。這個曾在學校壓力大到失語的小女孩，現在經常在滿場觀眾面前現場表演。對崔西來說，信任她自己的教養本能，讓她能去質疑這種日漸普及的趨勢：為孩子貼上所謂「失調」的標籤，當那通常只是面對學校的人造性所出現的極端適應性反應。在許多情況下，這些「失調」可能只是對學校課業過敏。

由於學校教育提前到更幼齡、時間也更長，有些孩子純粹就是無法適應。他們通常被標籤為搗蛋鬼，也被診斷為各種行為障礙，或被告知他們不合格。他們是報信人，我們應該聆聽他們。這些孩子大聲而清楚地告訴我們，我們以考試為動力的大眾教育產業框架不會創造學習者，只會產生模仿者。在這個制度中表現良好的人，是能適應這套學校教育規範的人。他們是受過訓練，而非受到教育。問題的解方不是增加學校教育，而是減少學校教育，給予更多學習。重點是改變工廠式學校教育這種過時的制度，轉而為所有年輕人支持真實與自主教育的理想。

問題不是出在孩子，出在學校

對於支持替代教育的教育者與家長來說，很大的一項挑戰是對抗長久以來的迷思：孩子必須要強迫才會學習。到處都可以聽到這類說法：現在的孩子懶惰、坐享權利、愛搞破壞。他們缺乏好奇心和堅固的工作倫理。幼兒不知道如何靜靜坐著與聽話。大一點的孩子只會抱怨功課多，只想玩電子遊戲。青少年花太多時間在手機與社群媒體上，要他們為學校作業寫個連貫的句子就痛苦得像拔牙。現在的孩子畢業時技能較少，也較不獨立，缺乏毅力，絲毫沒有追求卓越的決心。如果沒有強迫，例如明確的獎勵與嚴格的懲罰，這些孩子永遠不會成材。但我們大部分看的都是孩子**在學校**的行為，以及**在學校**發生的學習狀況。如同動物園之於斑馬，學校之於孩子一點也不自然。在學校，孩子很快就學到，他們的想法、興趣、個人自由，一點也不重要。他們很快就學到如何玩學校生存遊戲，而這意味著，以教育的名義，失去他們的自然學習傾向。受到金色星星貼紙與讚美的哄騙，加以失去某些權利與遭到羞辱的威脅，就學兒童適應了他們僵化的世界。在嬰兒期與學步期的學習是自然而愉快的，現在卻成了一種工作。

甚至小時候說喜歡在學校學習的孩子，通常到青少年時期就會逐漸失去對學校與學習的熱愛。蓋洛普二〇一六年一項針對將近一百萬名來自三千多所不同學校兒童的調查顯示，對學校的喜愛程度從四年級生到十二年級生大幅下滑。[30]二〇〇九年高中學生參與度調查顯示，六六%的高中學生說，每一天上課都覺得無聊。[31]花在學校的時間愈多，表現出「現在的小孩」行為的年輕人就愈多，他們急於找到各種方法逃離這種被迫的處境，為他們被設計的人生找回某種掌控感。在學校，他們的思想、行為、成果都受他人指示。即便是最有熱情的學生，那樣的強迫方式也會讓他們付出代價。二〇〇三年一場大規模的研究中，心理學家追蹤數百名小學與中學生超過一個星期的時間。這些學生戴著一種手表，一天當中會發出幾次訊號，要他們記錄當時正在做什麼，自我感覺如何。研究結果發現，學生在學校的時候最不快樂，不在學校時最快樂。舉例來說，星期日的快樂程度最高，星期一最低。[32]

生活本質如此，有人可能認為星期一向來令人心情低落，而工作本就不該好玩。但這並非只能如此。我們可以挑戰常規學校教育的預設立場，探索替代方式支持人類天生的自我教育本能。自學生讓我們看到，學習可以是，也應該是快樂的。華頓商學院（Wharton Business School）教授亞當・格蘭特（Adam Grant）在他寫的《反叛，改變世界的力量》（*Originals: How Non-Conformists Move the World*）一書中，寫到質疑預設立場、挑戰現狀與長久存在狀態的必要。他說：

> 合理化預設制度有撫慰人心的作用，就像一種情緒性的止痛藥：如果世界應該是這個樣子，我們就不必對此感到不滿。但是默許也剝奪了我們挺身對抗不義的道德勇氣，以及考

慮可行替代方式的創造性意志。原創性的標誌就是拒絕預設，並對是否存在著一種更好的選項進行探索。[33]

失望於學校課業的不斷增加，憤怒於兒童玩耍時間和創造力下降，以及兒童行為失調增加的現象，加上對學習與生活理應快樂的感覺心癢難耐，愈來愈多的家長與教育者開始挑戰常規學校教育的預設立場。他們正在探索一點都不像學校，但導向真正實際學習的替代教育方式。在許多情況下，挑戰學校的預設牴觸了這些家長與教育者一直以來被教導人如何學習以及知識如何分享的一切。一旦我們質疑我們所學之事，我們可能會開始想知道，還有什麼要學之事。

自學教育的重點提示

- **挑戰預設立場。**家長可能會被有關孩子發展的診斷弄得憂心忡忡。有時候，這些診斷很重要，也很有幫助，但有時候可能只是孩子對學校教育的反應，而非孩子本身有問題。只要讓孩子脫離強制性的學校環境，問題行為就會減輕，也可能會完全消失。家長應該挑戰預設，質疑標籤，尋找替代方案。
- **玩耍優先。**學校課業增加與玩耍減少，可能是導致兒童創造力減低以及心理失調增加的主要因素。應該以隨興的、由孩子主導的遊戲為優先。要為這種類型的玩耍找出時間與空間，並捍衛這一點。避免把孩子放在許多由大人主導的活動與課程中的文化壓力下，即使這些活動或課程聽起來很有趣也一樣，要為孩子選擇沒有時間限制的自由玩耍活動。

● **減少學校課業。**不斷增加的學校課業可能會不知不覺入侵我們的家。把玩耍看得比課業更重要、把自由時間看得比上課更重要，可能很困難，特別是學校課業如此風行又普遍為人接受。就像你可能會避免吃太多人工的奶油夾心捲，你也必須一樣有所警覺地減少學校課業。

● **促使孩子自我引導。**有時候家長會問我，他們的孩子不是自我引導型的，如何鼓勵他們自主學習。我的回應是，如果孩子被賦予完全的自由去學習，包括想學的東西、學習的方式、何時學習，以及想向誰學習，幾乎所有的孩子都會自我引導。這些孩子必須知道，他們對自己的教育負完全的責任，而不是由父母或其他大人決定他們應該知道或做的事。那也意味著，針對什麼事物「具有或不具教育意義」，家長與其他大人不能做出評判。孩子有時候可能會覺得無聊乏味。他們可能是到了某個極限，而表現出漫無目的，或焦躁不安，或意興闌珊。那也沒有關係。只要年輕孩子知道，他們是主導自己教育、設定自己目前與未來目標的人，這些時期可能是過渡性的，而且可能會導向新的興趣或好奇。你的工作就是提供學習的時間、機會、資源。如果孩子是從學校教育或在家自學的環境中轉到無校自學的環境，一定要允許他有充足的時間去學校化，因為在那裡，他們已經被制約，認為學習都得來自大人的安排與引導。事實上，那個脫離的過程可能永遠不會真正結束。

5 自然的讀寫與計算能力

「但願不會發生，不過如果我們讓每個孩子都追隨同儕團體，我們將會產出枯燥無味和沒有個性的小人物，而且所有的詩歌和神祕事物都將從地球表面消失。」

——麥德琳・蘭歌（Madeleine L'Engle），《安靜的圈子》（*A Circle of Quiet*）[1]

傑克（Jack）厭惡學校，一年級的他精力旺盛又好問，活潑又有創造力。但是，需要在座位上完成的課業日漸增多，加上高風險測驗主導的共同核心課程對他很吃力。他常常拒絕學校的典型約束，老師之間也更常談論起過動症。傑克也還不能閱讀，這對六歲孩子來說也是個問題，因為課綱逐漸把以往給較大孩子的課業，前移到較小的孩子身上。一九九八年維吉尼亞大學的達芙娜・巴索克（Daphna Bassok）和同事們發現，三一％的老師相信，兒童應該在幼兒園的時候學習閱讀。到了二〇一〇年，這個數字提高到八〇％。[2] 傑克的老師很擔心。他應該要能閱讀了才對，他們想把他貼上學習障礙的標籤，並且給他一套個別化教育計畫，這樣他才可以更快地追上大夥。

傑克的雙親貝絲（Beth）和麥克・哈瑞斯（Mike Harris）難以做出抉擇，他們相信他們的孩子很好，傑克的精力以一個六歲的孩子來說很正常，他最後終究會學會閱讀的，反而是僵化的大眾學校教育架構才造成這些問題。但是他們也感受到學校職員介入和「矯正」他的壓力，他們遲疑了一陣子，討論選項和考慮替代方案。當時麥克是家庭主夫，支持在家自學；貝絲則比較謹慎。然後有一天，她帶兒子到書店，告訴他可以挑選任何一本想要的書，任何一本都可以。她熱切地想要他重視閱讀，並且願意學習。但是，傑克從書架上抓了一本書丟過店內，並且大喊：「我恨看書！」

最後一根稻草落下。貝絲和麥克在一年級學期中就把兒子從學校帶走，再也沒回頭。他們很感恩傑克現在喜愛閱讀和書本，但是心態要從學校教育轉到無校自學需要一段過渡期。一開始，這家人經歷了脫離學校思維的過程，他們給傑克幾個月的休息時間，沒有督促他去做任何類似學校的活動；不過當秋天來臨，他們感覺到一股復學的氣氛，開始進行一些語音課程。貝絲回憶道：「這把厭惡書本的感覺帶回來了，真是巨大的打擊。」因此他們很快地放棄了。「我們改成只上圖書館，念書給他聽，還有借閱許多書回家。以我現在對這方面的理解回看，當時我們不應該嘗試教導他，因為唯有當我們停止教導，並且專注在享受書本時，他才能夠自己學習。」他們不再催促他閱讀，沒有強迫、誘騙或評判。他們帶他回家，讓他自己玩耍，給他自由，尊重他的自主權和個體性，並且允許他做自己。最後，傑克學會了閱讀，依照他自己的節奏，專注在他的興趣上，閱讀對他重要的書。

依據傑克家居住的州對申報在家自學的要求，他父母可以有一些不同的評估選項以符合規定。有一年他們決定讓四年級的傑克和二年級的女兒艾比去做愛荷華基本能力測驗（Iowa Test of Basic Skills）。有了傑克的經驗，麥克和貝絲決定不送艾比去上學，而且不給她任何直接的閱讀指導，所以她從一開始就沒有受過學校教育。這對父母明白標準化測驗的限制，只是利用它們做為兩個孩子的一個比較標記，同時也能符合州的規定。

貝絲在測驗結果出來後告訴我：

> 這個一年級時面對學校和我們逼迫學習閱讀的一切壓力而淚眼汪汪的男孩，通過了六年級的閱讀程度。不曾接受過我們閱讀教學的艾比，在原應是二年級的年紀，表現出四年級的閱讀程度。我知道考試並不重要，但是在做決定的當下是如此困難。我認為把他從學校帶走，相信他，並且讓一切順其自然是正確的決定。

現在傑克到了自學五年級，喜愛閱讀，並且花上大把時間投入書本。麥克和貝絲現在最大的問題在於，是否要減少他晚上的看書時間，好讓他在午夜前就寢。不過截至目前為止，自學生活方式的彈性，意味著傑克為了補足他的深夜閱讀馬拉松，想多晚睡都可以。

很不幸的是，傑克的學校經驗很普遍，並且愈來愈常見。我經常聽見父母說他們上幼兒園的孩子面臨留級的危險，因為學不會閱讀，或是他們一年級的孩子被診斷為學習障礙，因為閱讀沒有達到「級別水準」。遺憾的是，大部分的父母沒有挑戰這些建議，和麥克與貝絲一樣勇敢一試。相反的，他們讓孩子繼續留在學校，相信那些教育者告訴他們孩子有行為問題、學習困難，或是有其他不符合規範的問題。他們被說服，以為孩子有缺陷，而且早期介入是必要的，而非認為學校課業可能才是真正的元凶。已退休的公立學校老師和作家約翰・泰勒・蓋托對於學校把孩子貼上標籤這個令人不安的傾向寫道：「教育兒童二十六年來，不論是有錢的或貧窮的，我幾乎從未遇過『學習障礙』的孩子；也很少遇到『有天分和天才』的孩子。如同所有的學校類別，這些都是人類想像創造出來的神話迷思，來自我們從未檢視過的可疑價值觀，因為它保存了學校教育的殿堂。」[3]學校說他們重視差異性、多樣性、個體性；其實不然，他們做不到。兒童時期的活力與熱情和學校課業並不相容。晚於既定課程規範所規定的時間才開始閱讀，是不被接受的，而且成了介入的依據。所有人都必須是一樣的進度。

無校自學重視多樣性和差異性。我們不需要催促孩子發展讀寫和計算能力；當孩子沉浸在重視這兩者的環境裡時，我們反而可以自然地支持她學習這些重要的概念。我們當父母的基本義務是要確保孩子能有讀寫和計算能力，但是帶頭的人是孩子。我們讓孩子與豐富的讀寫和計算資源接觸，並讓她以自己的方式探索吸引她的事物。我們不需要督促她讀《迪克和珍》(*Dick and Jane*)[1]，或是要求孩子解完一套題目。我們反而要注意她的興趣，讓工具環繞在她身邊，讓她結

[1] 美國經典童書，透過兩位小主角教孩子閱讀。

合個人的熱情，根據自己獨特的時間表，在自然不強迫的方式下學習閱讀和計算。

自然的閱讀

心理學教授珍・托利（Jane Torrey）在一九六九年記錄一個沒有人教導的孩子，是如何學會閱讀的個案研究。〈無師自通地學會閱讀〉（Learning to Read Without a Teacher）這篇報告刊登在《初級英文》（*Elementary English*）期刊，後來被廣泛引用為自然閱讀的例子。托利博士在研究當中追蹤一名貧窮的五歲非裔美國男孩約翰（John），他來自南方種族隔離學校，老師發現他進入幼兒園以前已經學會閱讀，測驗顯示擁有中等的語言能力。約翰的父親是卡車司機，母親是醫院幫傭，他們家有五個孩子，總收入符合補助住宅的資格。所以一個在種族隔離的南方州男孩，父母親只受過最少程度的學校教育，他在入學以前是如何自己學會閱讀的？

約翰的例子讓所有老師大為驚訝，因此請求托利博士做進一步的研究。幾個星期裡，她每天花數小時在約翰家裡，觀察他的環境，以及閱讀與寫字的方式。從和約翰母親與祖母的對話裡，托利博士發現，約翰是自發性地學習閱讀，大部分是透過觀看和哼唱狂打的電視廣告，那種廣告強調的單字與詞組都很簡單。他也閱讀廚房食物罐頭上熟悉的標籤，或接觸家裡原有的或是圖書館借來的書本學習。最後，約翰比多數的孩子都更早對閱讀開竅。托利提出一些閱讀教學的想法，作為她個案研究的結論：

閱讀是學來的，不是教來的。即使是在學校裡，老師只能提供指導、有動機的環境，以及回答問題。沒有老師有時間告訴每個孩子每一件他必須學習的事，更別提有足夠的時間讓他練習每一樣原理。學習閱讀的關鍵可能是孩子對於他的環境提出對的問題，如果孩子做到了，將可以從各式各樣的來源得到答案，身邊不一定要有刻意教導的年長者。[4]

不可否認，這只是一個男孩的個案研究，但是托利是第一個提出讀寫是一種**學習**而非**教導**行為的學術研究人員。[5] 在觀察約翰過了十年後，托利做出結論：「提早閱讀者的歷史所得到的發現，或許可以總結為，他們不是被教會閱讀，而是在包含足夠的刺激和素材的環境中學會閱讀。」[6]

現在，在傳統學校環境外學習的兒童人數日漸增加，托利的發現也可以應用在較大的兒童身上。有關無校自學兒童的非正式報告顯示，嫻熟閱讀的平均年齡在八到九歲之間，不過更嚴謹的學術研究也有類似的結果。艾倫·湯瑪斯（Alan Thomas）和哈里特·派提森（Harriet Pattison）在研究當中發現，在正式的學校環境外學會閱讀的孩子，大多是自發性地學會閱讀，但卻經常企圖抵抗正規教學。這些孩子周圍有閱讀的資源和機會，但各自有不同的時間表。作者指出：「我們的研究發現有兩個觀點相當令人質疑：孩子應該在特定年齡學習閱讀，以及為了這個目的，他們應該接受有組織和階段性的學習計畫。相反的，我們發現許多孩子是在八歲或稍微大些的時候學會閱讀（有時候大上許多歲），而且沒有遇到任何不良反應。」[7]

菲比．威爾斯（Phoebe Wells）的三個自學孩子都已經長大成人，他們開始自然閱讀的年紀大不相同。共同的線索是，他們身邊都有充滿讀寫素材的環境，而且被允許依照自己的成長時機閱讀，沒有受到強迫。菲比有一個孩子在四歲的時候學習閱讀，一個在八歲，還有一個直到十三歲才學會。菲比說，這個「頑皮的遲緩」閱讀者在十歲以前完全沒有讀過任何東西。後來他很熱中足球，足球賽程表是他讀的第一樣東西。他兒子接著經歷各種循環，有時真的想嘗試閱讀，有時候卻因為做不到而感到挫折，因此菲比不帶強迫地支持他對閱讀的努力。直到十三歲他才能流暢閱讀，她回憶道，從「《戴帽子的貓》（*Cat in the Hat*）[2]到莎士比亞，只花了一個月的功夫」。

菲比對於兒子的閱讀遲緩沒有特別擔憂，她在霍特的《自學通訊》裡讀過閱讀遲緩者很快變得能順暢閱讀的故事。她也從許多方面看出兒子正在成長：識譜、做複雜的心算、背熟戲劇表演的對白等等。菲比說：「許多人相信，閱讀能力強就表示聰明，但這從來不會是我擔心的事。」她又補充：「如果他只是為了閱讀而學閱讀，對內容不在意，那就會花更多時間，也會更困難。」

菲比發現兒子有許多其他的優點和天分，這有助於她接受他的閱讀遲緩。她說：「我採取的前提是，學習閱讀並沒有那麼困難，不然為什麼有那麼多孩子能做到。」她讓兒子被豐富的讀寫環境圍繞，常常上圖書館，頻繁念書給他聽，玩以讀寫技巧為重心的遊戲，但是沒有催促他閱讀。她也不想讓他去做閱讀遲緩的測驗，「要擺脫一個標籤很難，很難不被限制住，我覺得測驗的潛在風險大過任何好處。」

菲比的兒子現在三十歲，他十七歲時離家，成為一名專業的芭蕾舞者，和國內幾個最富聲望的芭蕾舞團一起表演，在表演的空檔，他開始上一些線上課程。如同菲比說的：「因為從來沒有上過學，也沒有學過任何學校的數學或寫作，所以修了一些非常基礎的課，而且進展得相當順利。」他發現自己喜歡數學和科學，因此在社區大學的課程註冊，一退出芭蕾舞團，就被一所大型大學的醫學院預科錄取，現在正在準備美國醫學院入學考試（MCAT），決心要進入醫學院。「如果無法擺脫個別化教育計畫和閱讀障礙的標籤，他有可能進入醫學院預科嗎？我很懷疑。」菲比說：「我不知道有多少孩子曾經躲過這個標籤，成為有意在學術上發展的人。」

在我們目前的學校教育環境下，菲比的孩子學習閱讀的進程幾乎是不可能發生的事。現在在幼兒園就開始教閱讀，到三年級忽然就到了學習讀寫能力的終點，孩子被期待在三年級結束時（或大約八至九歲）就能熟練地閱讀。三年級對讀寫能力如此重要，是因為它代表課程從**學習閱讀**轉換到**透過閱讀來學習**。[8]學校課程假定兒童已經具有一定程度的閱讀熟練度，在四年級的課程就做了改變，課程要求孩子得了解內容，才能用特定的方式學習特定的科目。

這套三年級理論的問題，在於一樣把重點放在孩子如何在**學校裡**學習。是的，學校課程在四年級做了改變是事實，也讓不會閱讀的人處於劣勢。但是它所反映的是一個**學校教育**的問題，不

[2] 美國經典兒童繪本，一九五七年首次出版。

一定是**閱讀**的問題，而且肯定不是**孩子**的問題。對於自學的孩子來說，好比菲比的孩子，在學校環境外的延遲閱讀只不過就是較晚學會閱讀而已。當我們想像一個學習閱讀常態的曲線，這會出現在分布的邊緣。菲比的一個孩子是在最左邊的曲線邊緣，一個在右邊，而八歲的那個比較是在曲線的中間，即大部分孩子所在的區間，假使他們沒有上學，被允許自然地學習閱讀的話。

進一步針對在家自學的孩子和閱讀習得（reading acquisition）的研究，確認了這個自然閱讀曲線有極大的可能性。派提森在著作《重新思考學習閱讀》（*Rethinking Learning to Read*）中分析四百個在家自學兒童的調查結果，發現兒童開始學習閱讀的年齡分布廣泛。樣本中許多孩子開始閱讀的年齡是七歲，或是她所稱的「學校指定標準」。派提森也發現，較晚閱讀的人很快就會達到熟練的程度，在開始學習閱讀後經常可以快速地閱讀複雜的書本。派提森得出結論：「再怎麼強調都不為過，這些經驗和那些受學校教育的孩子的經驗，如此天差地別。重新思考學習閱讀時必須把這個重要的例證納入考量；否則我們就是在對所有由於閱讀困難，導致生命在學校和其他地方都因而枯萎的孩子，做出極大的傷害。」[9]

對於一些能力發展的里程碑，我們很容易接受每個人的正常差異。例如，一般而言，我們不會覺得有必要催促孩子的第一次翻身、第一次爬行或第一次走路。然而，隨著孩子長大，我們經常漸漸感到需要介入他們的學習，於是我們開始教導他們，而非讓他們被關愛的大人和豐富的資源包圍，並用自己的方式和步伐學習。我們期待孩子早一點開始學習，因此干涉他們各自的閱讀時程表。當被充滿讀寫素材的環境環繞時，大多數的孩子自然而然就會學習閱讀。[10] 有些人很早學會，有些人則晚點；但是當被書本、閱讀，以及重視和鼓勵書本與閱讀的人們環繞，大部分的孩子都會自主學習閱讀。

在孩子發展完全以前強迫閱讀教學，造成的傷害可能會大於好處。有些研究員察覺到這個危險，開始阻止標準化的學校課程架構，因為這些課程提早在幼兒園教導閱讀。教育學教授南希・卡爾森－佩姬（Nancy Carlsson-Paige）和同事在《在幼兒園裡教閱讀：因小失大》（*Reading in Kindergarten: Little to Gain and Much to Lose*）報告中，對提早閱讀教學的危害提出警告。他們寫道：「當孩子的教育經驗不適合他們的發展程度，或是與他們的學習需要和文化不協調時，可能會對他們造成重大的傷害，包括感覺到不足、焦慮、困惑。」[11] 雖然卡爾森－佩姬與同事倡議適齡發展的閱讀教學勝於自然學習讀寫，但是他們也認知到，提早強迫閱讀的代價明顯大於可能的好處。

認可這個閱讀常態分布曲線，即熟練閱讀的平均年齡大約是八歲，有助於解釋一些進步式教育家如何在獨立的學校培養讀寫能力。例如，在華德福教育體系裡，幼兒園並沒有教導閱讀以及其他課業主題，而且「沒有嚴格、明確時間的閱讀目標，或是任何其他以主題為導向的課程。」一年級時，華德福的學生透過故事、歌曲、活動、美術創作、遊戲來學習字母和字母發音，直到二年級才開始比較正式的閱讀指導。[12] 推遲的教學方式確保有較多孩子是在自然閱讀曲線的頂端，因而較可能發展完全，為閱讀做好準備。

研究員在二〇一二年的一項大型學術研究當中，檢視了紐西蘭兩組兒童的閱讀成就資料。

一組兒童在傳統的州立學校就讀，五歲時開始正式的閱讀教學，而另一組是在華德福／史代納學校（Waldorf / Steiner schools）入學，直到七歲才開始正式的閱讀教學。研究員控制各式各樣的變數，包括兒童目前的字彙技巧、社經地位，以及家裡的讀寫環境等等。由塞巴斯欽．蘇蓋特（Sebastian Suggate）博士領導的研究小組發現，比起晚閱讀組，早閱讀組在初期表現出較高的閱讀技巧，但是到了十一歲時就顯不出差異。事實上，研究員發現到了小學教育尾聲，相較於早閱讀組，晚閱讀組實際上會有更高的閱讀理解技巧。[13] 強迫提早閱讀可能產生與預期相反的效果。

挑戰讀寫能力發展的學校標準教育時間表，指出孩子自然學習閱讀有不同的方式和年齡，能夠幫助父母誠實檢視他們對閱讀熟練度的教育期待。但是父母是有影響力的，假使父母認為，孩子在閱讀或任何其他發展領域的遲緩，可能真的是學習障礙造成，那麼他們可以相信為人父母的直覺，去尋找合適的諮詢管道。儘管如此，我經常聽一些父母說，他們的孩子到了二年級結束還不會閱讀，並且被貼上閱讀障礙的標籤。那可能是事實，或者孩子可能只是還沒準備好，但是，學校對三年級的閱讀期待卻造成了人為的結束。丹尼爾．格林伯格在《用「自主學習」來翻轉教育！沒有課表、沒有分數的瑟谷學校》（*Free at Last*）一書中描寫非強迫式的瑟谷學校教育方式。他指出，他們在營運的頭二十年，從未有過識字困難的案例。他說：「事實是，我們在學校從來沒有遇過，只是這可能是因為，我們從未要求任何人學習如何閱讀。」雖然沒有強迫孩子閱讀，瑟谷的學生全都學會了如何閱讀，雖然各自花的時間迥然不同。[14] 標準化的學校教育沒有辦法顧慮到正常童年發展的巨大差異，以及人類理解與應對世界的多元方式。

教育學教授卡爾・惠特利認為，無校自學生可以藉由挑戰學校教育對學習閱讀的假設，開始影響更多的教育政策。他寫道：「無校自學生對教育家所謂的『閱讀成就』並沒那麼感興趣，因為那大部分代表的是測驗分數，大致上是評估低階的次要閱讀技巧。因此當其他人談論到『閱讀成就』時，我們可以說，看低階的閱讀技巧是焦點錯放，真正需要關注的是『閱讀理解力和對閱讀的喜愛』。」[15]良好的閱讀理解力和喜愛閱讀的成果，經常被無校自學生援引為證據，也就是比起主流的學校閱讀教學方式，培養自然的讀寫能力更有成效。

在學校環境裡學習閱讀通常包含了困難和不自然的過程，像是把書本拆解成一堆句子，把重要觀念搞成無意義的一團混亂。兒童在學校裡被教導要讀什麼、何時讀，以及該讀多久，伴隨著可怕的警告：「不准超前進度。」現在還有數位書籤，每晚指定的閱讀時間到了就會嗶嗶作響。想要孩子討厭閱讀，只要強迫他們去讀他們不關心的東西、與日常生活無關的獨立主題、指定乏味的家庭作業，就可以讓閱讀變成苦工而非樂事，還要計時、頻繁測驗他們的解題技巧，然後再給他們貼上標籤。我們之中經過這一切仍然喜歡閱讀的人，並不是因為學校，而是因為對之不予理會。據報導，二〇一六年有超過四分之一的美國成人沒有閱讀任何書籍，這豈不令人納悶？[16]而且二九%的美國成人只有「基礎」程度，或甚至更差的閱讀能力。[17]學校教育的閱讀教學真的亟待改進。

我兒子傑克七歲時學會熟練的閱讀，我們從來沒有催促過他，也沒有和他做過練習，更不曾鼓勵他大聲朗誦或是練習發音。相反的，我們經常念書給他聽，經常帶他去圖書館，讓他沉浸在充滿讀寫素材的環境裡，並且以身作則展現對閱讀的喜愛。我女兒艾比七歲時，利用經典的教科書《迪克和珍》，自己學會閱讀。和艾比不一樣，傑克並不想提早閱讀，在他看來那些都很愚蠢。他學習閱讀他在意的事物，以自己的興趣為主。他一開始先看愛聽的搖滾樂歌詞，我們把他最喜歡的歌曲歌詞印出來，他在聽音樂時會專注地看著歌詞。接下來，他開始讀某些他想買的東西的亞馬遜（Amazon.com）評論，弄清楚是不是值得花這個錢。最後，他想要讀iOS更新的最新文章，以及其他科技產業雜誌的科技內容。我還記得那一天，他大聲念出《紐約時報》（*New York Times*）一整篇關於最新發表的iPhone的文章，並且了解每一個字。他現在九歲，喜愛自傳、青少年小說、滑板雜誌的文章，但是軟硬體科技方面的文章仍然是他的最愛。這些都是他關心的主題，不是他人決定重要的內容。我們觀察他的興趣，幫助他接觸與興趣相關的閱讀材料，但從未強迫或敦促。現在傑克和他父母一樣喜愛閱讀，是否應該縮短他午夜就寢前的閱讀時間，是我們對他這方面最掛心的事。

傑克的閱讀學習經驗比較接近自然閱讀曲線的中心點，但是其他無校自學的孩子就晚得多。已經長大成人的自學生彼得．科沃克（Peter Kowalke）回想，身為一個讀寫遲緩者在無校自學環境裡並不是問題，他記得自己是個很會說話的孩子，但是沒有真正要閱讀的理由。媽媽會念書給他聽，而他會畫許多的圖畫來取代字詞。到了十歲，閱讀才成為他優先想做的事，「我喜愛『特種部隊』（G.I. Joe），我有所有的玩具，看過全部的節目，後來發現還有出漫畫。」媽媽買了漫畫讀給他聽，但是彼得發現，漫畫自己看更棒。彼得被他們簡單的話語、迷人的圖畫和內容給迷住了，他很快學會了閱讀。接下來幾年，彼得讀的大部分是漫畫書，但是到了十三歲，他的閱讀突飛猛進。彼得和其他許多閱讀遲緩者一樣迅速變得精通，很快從漫畫書跳到經典書籍。他讀的第四本書是柏拉圖（Plato）的《共和國》（*Republic*）。

威廉．蒂爾（William Teale）在著作中把兒童如何自然學習閱讀和寫作予以理論化，「讀寫能力的表現不僅僅是造句、解讀與理解文章等抽象技巧；確切地說，當兒童有讀寫能力後，會把閱讀和寫作運用在構成他們文化的實際表現上。」[18] 如果有充滿讀寫素材的環境和提供支持的大人，當閱讀和寫作有意義和目的的時候，兒童將自然而然地學習讀寫，而開始有了智識。對彼得來說，只有牽涉到女孩時，才需要學習寫作。十三歲時，他和家人參加一場在密西根舉辦的在家自學研討會，在那裡遇到一個他心儀而且想保持聯絡的女孩。彼得回憶道：「我寫的第一封信是一個大段落。」這位他想要討好的女孩，後來成為他的初戀，直到現在仍是好朋友。當時他一開始求助於曾是英文老師的媽媽，有關句子結構、段落組成、編輯和其他寫作的基礎。到了第六封信，他已經學會所有的文法和寫作基本知識。彼得在青少年時期迷上寫作，為在家自學生和無校自學生創辦了一份全國性雜誌。這個直到過了十歲才能讀、十三歲才能寫的男孩，在大學時主修新聞學（副修數學），之後在紐約市成為一名專業的記者和編輯。

哈瑞斯、珍．托利、菲比、彼得的故事所強調的是，兒童學習閱讀的時機和方法個體差異很大。有些兒童會提早閱讀，有些是較晚閱讀，而大部分的人會落在範圍廣泛的閱讀熟練中程數（mid-range），可能是八歲左右。我們的傳統學校教育體系催促幼童和更小的孩子閱讀，期待他們在三年級一結束就能達到熟練。用來強化這個不自然閱讀時程的高風險標準測驗，對於那些在特定年齡的閱讀能力尚未發展完全的兒童來說，會造成相當大的傷害。這與接受傳統學校教育和自學的兒童父母都有關，這兩個群體都應該提倡廢除標準化的教育。特別是自學生，有些人居住的州要求在家自學生接受標準化測驗，課程許可和定期考試可能會限制他們的教育自由，促使他們逼迫自己的孩子更快開始閱讀。努力改變這些規定將賦予父母自主權，而且更尊重兒童的個人學習差異。綁定學校模式的家庭，即便不是直接經由州和當地政策，在脫離學校教育的架構時會面臨更大的困難。

自然的計算

最近的一個晚上，莫莉和傑克和他們的父親在玩數學遊戲。當他們漸漸熟練複雜的計算，輪流嘗試挑戰我先生時，我從廚房可以聽見他們傳來的陣陣笑聲。這讓我想到，在成長過程中，我從來不會把笑聲、樂趣、合作、遊戲的概念與數學聯想在一起。我在上大學前沒有喜歡過數學，雖然在學校靠著強背和照本宣科應付過，但我從來沒有喜歡過它。我從來沒有**學會**過，我拿到A，但這只是表面上的，是良好的短期記憶和熱切於學校生存遊戲的記號。安德魯．海克（Andrew Hacker）在其優秀的著作《數學迷思：以及其他科學、技術、工程、數學的錯覺》（*The Math Myth: And Other STEM Delusions*）裡寫道：「比起其他科目，數學或許對可以準確給出老師想要答案的學生更有利。或許正因如此，比較不利於跟不上的學生。因此和其他科目相比，C、D、F的評等在數學科目更常見。」[19]

我的孩子沒有上過學，不會先入為主地認為數學很麻煩，不過是一項要搞懂的事。他們沒有把數學和練習卷或測驗、金星貼紙或空洞的字母聯想在一起。他們是真的喜愛數學，在日常生活和學習裡看到它、生活於其中、認識它。對數學的害怕——關於要如何教和學，怎樣運用和喜歡數學——這些都是大人的困擾，不是孩子的。許多大人不喜歡數學，或是對數學能力沒有自信。我們記得小時候辛苦的數學教學方式：乏味的練習卷、無聊的講課、黑板上令人困惑的算式、計時的測驗，以及問答題。數學摻雜了不好的回憶，我們將這些回憶投射在我們的孩子身上，有時是不自覺的。因為決心要讓數學給孩子帶來更多的樂趣，我們許多人甚至還掩飾了自身的蔑視和缺乏自信。孩子看穿了這一點，並且接收到數學就是苦差事的訊息。現在「數學焦慮」是常常貼在孩子身上的新標籤，如同廣為盛行的閱讀遲緩標籤及其介入手段，數學焦慮的上升可能來自學校課業的增加，並導致孩子把他們「不擅長數學」的信念內化。這問題仍出在學校教育，而不是學習。

數學其實是遊戲，而且應該要很有樂趣。莫莉很小的時候就對數學感興趣，我們注意到這點，於是在當地找到為在家自學生開設的數學課，由受過麻省理工學院訓練的數學家教授，這間充滿數學元素、在自家經營的教室已經超過三十年。貝絲・歐蘇利文（Beth O'Sullivan）是位有天分的老師，可汗學院的人曾經為了她創新的數學教法訪問過她。她經常說數學是遊戲，孩子純粹是一起玩遊戲。莫莉開始上課以後，我問她學到了什麼數學，她說：「我們沒有真的在學數學，只有玩遊戲。」事實上，她在教室學了相當多準確的數學概念：模式、邏輯、序列、策略、推論、高層次思考。

「對孩子來說，最令人愉快滿足的遊戲就是想像力與周遭世界的互動。」貝絲說。

孩子將會經由這種互動探索數學，形狀、對稱、平衡都是他對周遭世界探索的一部分。我們不會送孩子到語言學校去學母語；他們從與成人及其他孩子的互動、聽故事，還有玩耍當中逐漸學起來。當孩子接觸到數學語言時，也是一樣的道理。孩子愈喜歡學習數學語言，就愈會找尋它，也會學得愈多。

莫莉的弟弟妹妹也是從遊戲中學習數學，但是他們覺得上課並不適合他們，即便他們上的課和貝絲上的一樣有趣。不過至少現在他們喜歡用其他方式和數學互動，像是透過數學故事、桌遊、卡牌遊戲、線上數學課程，以及和他們父親玩數學遊戲。自學提供了自由和彈性，讓孩子可以結合他們特定的興趣和學習方式，以自然的、非強迫性的方法探索讀寫和計算。有些孩子會被上課和教學所吸引，其他人可能比較喜歡書本、遊戲，或是親自動手操作。關鍵是要提供充分的選項，不須哄騙，讓孩子以對他們有意義的方法學習。如同貝絲所說的：「數學的本質是奇妙而神祕的，了解到這一點，它頑皮和有趣的本質也會顯現出來。」

對我們大部分人來說，這種發現數學自然、好玩的方式並不存在，我們是經由死記硬背和高壓式的反芻來學習數學。芭芭拉．歐克莉（Barbara Oakley）在《給大人的人生翻轉學》（*Mindshift: Break Through Obstacles to Learning and Discover Your Hidden Potential*）一書中分享，她是如何「強烈地輕視數學和科學，以及從很小的時候這兩個科目就表現很差。」[20]她披露自己從小學到高中這些科目一直都不及格，因此確信自己的數學就是很差。然而，她成年以後變得對數學和科學感興趣，於是開始研讀這兩個科目，最後在底特律奧克蘭大學拿到了工程學博士，現在是該所學校的教員。數學本身不是問題，而是傳統的教學方法造成這麼多的挫折和逃避，而且忽略了遊戲和自我引導。

由於對傳統的數學教學方式感到氣餒，加以其結果對弱勢兒童尤其不利，L．P．貝內澤（L. P. Benezet）從一九二九年開始，著手在小學課堂上進行一項卓越的實驗。貝內澤是新罕布夏州曼徹斯特市的學校監管者，他決定對數學課程進行激烈的變革，特別在六年級以下挑選了幾班，刪除所有正式的算術教學。貝內澤在回看一九三五年的實驗時寫道：「我注意到，早期算術教學的效果是讓孩子的理解能力遲鈍和近乎麻痺。」貝內澤實驗班級裡的小學生不用學習算術和演練一長串的除法，而是隨著日常的學習和自然讀寫能力的發展，自然培養出對數字的喜愛與數學概念（像是時間和測量）。實驗班的兒童（大部分是移民族群）六年級時開始正式的算術教學，並在一年內快速跟上那些一直在接受傳統數學訓練的孩子。[21]

更驚人的或許是，數學教學延後的孩子整體的數學解題能力，持續勝過接受規律教學的同儕。[22]貝內澤的實驗挑戰了根深柢固的數學訓練假設，也就是數學很困難，因此在小學階段需要透過反覆記憶背誦，施以嚴格而有系統的教學。這個概念被證明是錯誤的。當兒童早期被充滿讀寫和計算的環境圍繞時，日後就能夠迅速而簡單地學會數學概念。這個發現呼應了許多已經成年的自學生所分享的軼事經驗，他們都說儘管沒有接受過太多傳統的數學教學，他們後來都能夠上正式的數學課，而且表現良好，也學得很快。丹尼爾．格林伯格在《用自主學習來翻轉教育》一書中敘述瑟谷學校自學兒童的經驗，發現多年來只要孩子有興趣學習，整個小學六年的數學課程大約只要花二十個小時就可以學會。[23]只要二十個小時。想一想，如果孩子沒有被迫花這麼多時間在教室裡，去學當他們準備好就能快速學會的數學，那麼在小學教育的這些年裡，他們可以學習和從事的事情該有多少。

備受尊敬的數學家哈斯勒．惠特尼（Hassler Whitney）博士在提倡傳統數學教學的替代方式時強調，貝內澤的實驗是改變現狀的重要例子。他認為，我們大部分的人在學校外面計算和使用數學的方法，和學校所教導的非常不一樣，但是這些更自然和實用的計算方法卻經常被忽略。惠特尼寫道：「好比我們已經完全喪失對孩子的信心，即使他們在很小的時候學習傑出，我們卻預期，他們（特別是『弱勢的孩子』）在學校初期一開始學習數學會很費力。所以我們施加更多壓力在老師和孩子身上，製造更多的規定，讓他們更加洩氣。」和貝內澤一樣，惠特尼建議用自然的方法學習計算，否決傳統照本宣科的學習方式。「貝內澤刪去六年級以前正式的數學教學；依我的看法，整個高中的也可以拿掉。」惠特尼又說：「或許最重要的是，如果老師讓人類天生的力量展現出來，分布各處的要素之間都能相互連結，學生就可以成就大事。」[24]鼓勵兒童對周遭所有數學概念天生的好奇心，不只可以幫助他們學習數學，還可以愛上它。

傑克八歲的時候，有一天我們坐在客廳沙發上聊天。他看著掛在牆上有羅馬數字的時鐘發問：「為什麼時鐘上有那些數字，而不是一般的數字？」我認為那是個好問題，但明白到自己對羅馬字的了解非常少。確實，我在小學時學過它們，知道和古羅馬有關。我知道還有更多沒有顯示在時鐘上面的羅馬字，但是我記不得是哪些，還有它們代表的數值。我不知道羅馬字除了象徵這一年的超級盃以外，是否具有任何現代用途。

我把這些都告訴了傑克，問他是否願意和我一起調查。他願意，所以我們Google了羅馬數字，了解更多有關它們的古老起源，並知道了現在除了裝飾以外，用途非常少，也找出其他不在時鐘上面的羅馬數字。傑克依然好奇，我也是，所以我問他是否願意訂閱線上數學工具，我們就可以學更多的二進位，並且試試這些概念。搜尋過各式各樣的兒童線上數學工具後，我們發現一個我們家孩子真的很喜歡的數學網站，雖然訂閱要年費，但是可以選擇探索數學的各個領域，也不要求完成什麼或接續做任何事。孩子知道他們想要，隨時都可以使用這個數學軟體。就羅馬數字來說，這是個完美工具，讓傑克得以用適合他年齡的方法探索這個特定的數學概念，當他想要的時候，我可以幫助他，之後他想要中斷也可以。

如同其他無校自學家長會讓孩子周圍環繞著書本和讀寫素材，以身作則喜愛閱讀，經常帶他們到圖書館，讓他們自然而然閱讀，我們也會讓孩子沉浸在充滿數字的環境。這代表可以提供開放的線上數學工具和遊戲的管道，提供數學練習題和活動，讓他們知道這些都隨手可得，但不是非做不可。同樣地，就像經常念書給孩子聽可以培養他們對讀寫的喜愛，規律地與孩子一起做數學也可以培養對計算的喜愛。如果孩子願意，可以一起做數學題目，朗讀透過故事介紹數學概念的童書，一起玩桌遊和牌卡遊戲等等。

「我喜愛學校。」加州一位無校自學生的母親海勒．斯凡尼狄茲（Heather Svanidze）說：「但是回過頭來看，我才意識到，我從很小開始就放棄所有主導自己學習的責任。我可能對上課感到興奮，但是對那些看課綱就讓我感到興奮的科目，我卻從來沒有在學年結束回家後（或甚至是一天上完課以後），到圖書館去找相關的書籍。如果只要等老師告訴我要讀什麼和思考什麼就可以，為什麼要自己學習呢？因為我這麼會『上學』，我想我就失去了激發自己和主導自我學習的能力。」

海勒的孩子從來沒有上過學，所以沒有浪費時間在玩學校的生存遊戲上面。相反的，他們就只是玩而已。

> 我孩子的算術基礎全都是從生活中學到的，數算手指和腳趾，和兄弟姊妹分餅乾，到處都有的形狀。我們有一些「數學玩具」，像是幾何圖案拼圖和鏡面方塊，古氏積木（Cuisenaire rods）[3]以及十進位積木。他們想要的話，也有練習簿可以用。他們通常大約幾個月會玩一次練習簿，他們很少從裡頭學到任何新的概念，只是作為一個機會看看書寫形式的數學。

我們也念許多和數學有關的圖畫書給他們聽，例如斯圖爾特・墨菲（Stuart Murphy）的《數學啟蒙繪本》（*Math Start books*）、《數字天地的貓》（*Cat in Numberland*）、《比百萬更大的數》（*On Beyond a Million*），以及像《家庭數學和墨必斯麵》（*Family Math and Moebius Noodles*）的數學活動書籍，還有桌遊。這麼多桌遊都用到數學，天啊，天底下何處不是數學？

我們孩子從來不曾被迫去算任何數學，因此把它看成和任何其他活動一樣，就像遊戲一般。

輔導天生的計算能力可能比幫助天生的讀寫能力更困難，因為在許多方面我們通常不認為計算是日常生活的一部分。讀寫能力看起是如此的直接和尋常，但計算能力似乎較為隱而不見。當我們開始思考，許多我們所做的事與數學概念息息相關後，就可以開始讓孩子接觸這些活動。例如，烘焙需要許多數學概念，從測量到分切和計時，而且是件孩子通常喜歡和其他人一起做的事。採買食品雜貨是讓孩子看看購物清單、定價規則、學貨幣和找零的大好機會。

因為有這麼多的交易已經變得自動化，要讓孩子接觸一些真實生活的計算可能要多花一點心思。舉例來說，與其到銀行查看支票簿的資金，我們可以在線上查詢餘額。只要記得讓我們的孩子參與，他們通常會對大人世界和大人文化的真實與實用技巧感到好奇。我們可以把銀行對帳單

[3] 瑞士數學家古氏（George Cuisenaire）發明的數學教具，這套積木包含了長短不一、顏色互異的十根棒子。

或是預算列印出來，放在家裡孩子看得到的地方，讓他們把玩和研究，就像他們在識字前會玩弄的紙板書。在孩子感興趣的情況下，我們可以讓他們參與大人世界編列預算和財務管理的事，以及準備申報所得稅。

雖然與我們小時候相比，科技和自動化可能讓孩子看到的計算和數字交易變少，但是它們也能成為重要的工具，讓孩子從遊戲中發現許多數學與科技概念。加拿大研究員卡洛．李奇（Carlo Ricci）博士記錄了兒童藉由把玩日常的數位工具，像是iPods和iPhones，以及其他隨處可得的科技，發展出量化概念的方法。李奇敘述兒童根據他們自己的興趣和好奇心，經由探索這些裝置的共同特性，可以學習到廣泛的數字概念，包括鬧鐘、計時器、碼表，以及天氣等等。李奇總結道，我們應該「感謝科技以非常自然而有效的方式，提升學習讀寫和計算能力。」要利用科技自然而有效的學習方式，前提是必須讓兒童自己出於玩心而有接觸科技的自由。李奇寫道：「我們需要讓學習者自由地和科技玩耍，以適合他們的方式，自然地與技術互動和碰撞。這不是指外部的人不能提供支持，但是學習者必須能夠發表意見，而且可以被准許做出實質的決定和選擇。」[25]

對於曾經接受過學校教育的孩子來說，要去除數學教學的傷害可能特別困難。科技可能是一個有趣和主要的工具，能夠幫助克服傳統數學教學的一些創傷。許多學校的孩子把他們對數學不在行，或是數學很討厭、無聊、困難的想法內化。容許去學校化的時間拉長，不去提醒學校的數學教學內容（也就是練習簿和學習單），可能有所幫助。同理，也可以質疑學校的數學課程，所有的孩子在學校教育的道路上都得學習代數、幾何、三角、微積分，是否真的有必要？自學生心態的主要特徵之一就是挑戰課程規範。海克在《數學迷思》一書中曾說，大部分的人都不需要高等數學，也就是傳統高中教的那些。他說普遍的社會信念是，「在二十一世紀，我們每個人都必須要懂代數、幾何、三角，因為那是高科技時代前進的方向——這完全是個迷思。」他更進一步說，「最多只有五％的人，真的會在工作上用到數學，也就是高階數學。」海克認為，與其花這麼多時間教學生他們可能永遠用不到的高等數學，應該花更多的時間教實用但更進階的數學素養，例如了解聯邦預算、學會如何看公司財報、理解政治選舉活動的資金等等。[26]這些大概是現實生活中，我們比較能夠理解的數學例子。在這個每天持續用到數學素養的過程中讓孩子參與，是自學生活方式中重要的一環。

已成年的自學生故事也說明了要如何在學校外面學習數學。「我們家的自學非常自由，而且是以我和兄弟姊妹的個人興趣與探索為基礎。」艾妮．龐德（Ani Pond）回憶道：「我父母花很多時間和我們聊天、玩遊戲，還有念書給我們聽。我母親是小學老師，但是並不認可正式教育的教學方法，希望我們兄弟姊妹的學習是尊重孩子自然的學習方法，透過遊戲學習。」艾妮和她的弟弟妹妹所學到的數學概念，大部分是透過數學遊戲、烘焙時測量原料、坐車時估算時間、距離、速度，以及每天的交易行為。她的父母支持閱讀，並且創造出充滿閱讀情境的家庭環境，但是艾妮說，她和幾個手足實際上都是自己學會閱讀的，她在六歲、弟弟在十歲、妹妹在八歲。艾妮說：「通常，當我們開始感興趣，或是為了促成某個我們自己設定的目標，數學變得必要時，我父母就會協助我們學習一些『基礎』。」

到了青少年時期，艾妮已經習慣從日常生活中學習，並認定她是自己的教育主導者。在青少年時光，她與家人四處旅行，也在社區大學修了一些課，也曾獨自在西班牙待好幾個月，一邊打工度假，一邊學習西班牙語。「身為一個自學的青少年，我感到非常的自由和獨立，而且有時間為了樂趣閱讀，想讀多少就讀多少，還可以寫小說和短篇故事，旅行，追求熱愛的事物，例如戲劇、音樂、跳舞、體操。在青少年時期，我也投入各種自創的實習工作。」現年二十一歲的她，就讀於芝加哥一所四年制的大學，並從之前上的社區大學轉了許多學分過去。

艾妮給無校自學家長的建議是，人要在場，並親身參與，不過要讓自己擔任輔導者的角色，而不是老師。「給孩子的最佳支持是提供機會、鼓勵、協助，在給他們自由和自主權的同時，要信任他們。」

> 當孩子被教會如何學習和如何自我教學，而不是像一般在學校，學如何記憶和熟背脫離真實生活的資訊，那麼當有其必要的時候，他們就可以自己學習任何的事，當然想選擇記憶和熟背也行。我覺得自學最重要的是教會了我批判性的思考，以及對自己探索新環境和狀況的能力有自信。

有了自然讀寫和計算能力做為自學的基礎，就可以根據兒童各自的興趣和熱情，去探索和發展其他的內容領域。這些興趣和熱情是從自由和機會浮現出來，並被社區資源和關懷的成人所包圍。如同艾妮和其他成年自學生所指出的，經由記憶和熟背的自學並不會阻礙正式的學業或學習。針對成年無校自學生的研究顯示，雖然很少接觸傳統學校教育的科目和課程，但如果成為他們優先想做的事，而且是他們所選擇而不是被迫的話，很多人在正式的課堂和高等教育的表現與其他人一樣好，也很快就學會適應學校。現在促進自然學習的資源很豐富，更重要的是，科技和網路讓所有人都可以廣泛地獲得知識，因此無校自學從未如此簡單和適切過。

自學教育的重點提示

- **創造充滿讀寫素材和數字的環境。**家長的重要工作是確保孩子有良好的讀寫和計算能力，但是你不需要遵循學校的模式。讓你的孩子周圍環繞著書本和數學概念，從日常生活和遊戲當中，創造看見讀寫素材和計算的機會。經常去圖書館和博物館，讓孩子參與食品雜貨的採購和交易，玩桌遊，借助科技，以及支持新出現的興趣，這些活動全部都可以增進閱讀、書寫、算術能力的熟練度。這些基礎接著可以成為孩子在他的興趣與熱情下，探索其他各式領域主題的跳板。
- **一起學習。**無校自學有件事很重要，在我們為了學習而重燃學習之愛時，要把我們父母自己脫離學校思維的過程納入。找些你感興趣的書籍和活動，讓自己完全沉浸在這些主題當中。學一個新的技術、嘗試新的嗜好、探索新的主題，然後當你在學習、實驗、改進時，邀請孩子旁觀。

- **接受人類天生的差異**。承認天生的讀寫和計算能力的發展有很大的差異。質疑學校教育的既定規範，也就是孩子何時該學會如何閱讀和計算，挑戰直線的課程架構，以及學習很困難的迷思。
- **重新思考正規的學業**。無校自學讓兒童在成人和社區的支持下，負責自己的學習與設定自己的目標。通常這些目標可能與正規學業相連結，成年自學生讓我們知道一件事，無校自學不會阻礙大學和更高學府的學業成就。事實上，反而有助於保證成功。
- **不要走火入魔**。有時候無校自學家長會變得太過投入，以至於開始強迫「自然的」學習。這聽起來很矛盾，但每天「強迫」烘焙、玩拼字遊戲，或無止盡地唱ABC字母歌曲，期盼孩子的讀寫和計算能力會自然地出現，將會讓人開始覺得這些活動是苦差事，而不是日常生活的一部分。留心生活中許多能夠學習的方法，但是不要把應該自然展現的過程變成強迫的目標。

6 科技輔助下的自學

「科技不算什麼。重要的是，你對人們有信心，相信人們基本上是良善而聰明的；如果你給他們工具，他們就能用來創造神奇。」

——史帝夫．賈伯斯（Steve Jobs）[1]

安德烈．尤爾（Andre Uhl）是一名研究員，他的工作地點在知名的麻省理工學院媒體實驗室。三十多年來，該實驗室一直是新創構想和開拓性技術的孵化器。安德烈主要研究的是人工智慧倫理學（AI ethics）。他和妻子蔻蔻（Koko，中文採音譯）對所謂的另類教學毫無概念，對自學更是一無所知。蔻蔻來自日本。在日本，另類教育和在家自學相當罕見；安德烈來自德國，在家自學目前在德國還未合法。夫妻二人原本不太可能和另類教育扯上什麼關係，但是有一次見識到了強迫性的學校教育之後，兩人的觀念從此改變。

當他們的女兒布麗絲（Bliss）得到入學許可，即將到當地一家公立幼兒園就讀時，夫妻倆便在參觀日那天到學校看看。布麗絲說，如果爸媽不會在那，她就不想上幼兒園，至少一開始是這樣。安德烈和蔻蔻認為，布麗絲的反應很正常，也可以理解，畢竟她只有四歲，之前從來不曾離開家人身邊那麼長的時間。「我們以為可以帶她先去認識老師和其他家庭，幫助她建立信任感，陪她度過過渡期。我在德國的姐姐就曾經在幼兒園裡陪她的女兒幾個星期，一直到她的女兒說她準備好自己上學了。」安德烈和蔻蔻以為，在美國同樣可以有這樣的過渡期，但是幼兒園的老師卻要她們隔天把女兒帶到學校之後就離開。老師說他們不可以留在學校陪女兒，那違反學校政策。於是，安德烈和蔻蔻問布麗絲隔天可不可以自己留在學校，布麗絲說她不想。老師聽到了布麗絲的反應，溫柔地對她說：「別擔心。這裡有很多玩具能讓妳分心。」布麗絲回答：「可是我不想被分心，我只是不想傷心。」

安德烈和蔻蔻為小女孩的話感到震驚。他們知道應該聽進女兒的心聲，信任她，不應該忽略她的感受。安德烈回想當時的情景：「可悲的是，其實那天我們見到的人都很好，包括校長、老師、家長，現場還有很多孩子，我看得出這些人都是真心為孩子好。只是，大家卻都以為，為了孩子好，就不得不遵守某些別人定的規矩，即使孩子都害怕得大叫了。」安德烈和蔻蔻真的認為，問題不是出在人，而是出在學校制度本身「剝奪了人們的同情心」。那天，小女孩的爸媽承諾會給她一個能夠了解她，尊重她感覺的學習環境，不會要分散她的注意力，或是乾脆忽視她的感受。安德烈說：「這就是促使我們和本地自學生連結的原因。」

現在，布麗絲把大部分的時間都用來向周遭的世界學習，探索任何她感興趣的主題，去圖書館和博物館，上馬戲課，和朋友玩。她還加入了專為自學生服務的麥康伯自主學習中心（Macomber Center），在那裡的木工坊改裝東西，在音樂室玩音樂，在美勞室做藝術創作，玩樂高積木，或和各個年齡層的孩子到中心附近的林地和野地自由探索，這些孩子從幼兒到青少年都有。中心會根據孩子有興趣的主題，提供各式各樣的課程，但都不是強制性的。中心裡有成年的輔導員適時為孩子提供協助和支援，安撫他們的心情。無校自學的核心思維就是提供孩子充分的資源，有關懷的成人在身邊，然後，孩子就可以、也應該自己主導自己的學習和活動。

學習者自主的教育

布麗絲成長的同時，安德烈也開始把部分研究焦點轉向無校自學，以及能夠將之帶給更多孩子的方法。在這方面，他是很適合的人選。麻省理工學院媒體實驗室成立於一九八五年，創立成員之一的西摩爾．派普特（Seymour Papert）是一位數學家，也是人工智慧領域的大師，他看出創新科技將以神奇的方式，促使教育產生劇大的改變。派普特早期曾師從二十世紀知名的瑞士心理學家皮亞傑（Jean Piaget），並且深受其影響。皮亞傑從建構主義的觀點解釋人類的智力發展，認為兒童要產生知識的建構，必須透過玩耍和實驗，以及以當時的心理狀態與新的經驗產生互動。

一九八〇年，派普特出版了《思維風暴：兒童如何用電腦建構無限可能》（*Mindstorms: Children, Computers, and Powerful Ideas*），他在書中寫道：「孩子似乎具有與生俱來的學習天賦，在他們還沒上學之前，早就透過了我稱為『皮亞傑式的學習』，或是所謂的『沒有人教的學習』[2]（learning without being taught）的過程，獲得了大量的知識。」派普特認為，想要幫助孩子進行這種沒有人教的學習過程，關鍵就是要為他們提供充分的資源。一九六七年，派普特發明了第一種專為孩子開發的電腦程式編輯語言，Logo。他認為科技的發明與普及，將會是決定孩童在沒有人教的情況下，能否持續學習更多、更複雜內容的關鍵因素。他批評由上對下的教導和被動式的學習，認為「成功的學習模式，應該像孩子學說話那樣，不需要刻意和組織過的教學，就能自然而然發生。」派普特堅信，透過科技一定能夠促進自然學習，因此他預告了常規學校的末日，他相信「今天我們所知道的這種學校，在未來將毫無立足之地。」[3]

過去三十年來，麻省理工學院媒體實驗室進行的研究，深受派普特早期的研究成果和見解影響。他們持續創新科技，啟發新的想法，研究電腦和電腦程式如何能夠促進孩童在不受強迫，不被干預的環境下自然學習。其中，最廣為人知的是最近開發的Scratch圖像化程式設計語言，一種特別為孩子開發的免費線上編寫程式軟體。[1] 我的孩子很愛玩Scratch，尤其是兩個女兒，因為他們可以用方便簡單的編程工具，自己設計好玩的動態軟體和遊戲。和其他專為兒童開發的免費線上程式設計語言一樣，Scratch希望透過編寫程式，激發孩子的創意和合作。這套軟體透過遊戲和創新的方式，向孩子介紹各種實用的程式設計工具和語言，深具美感，非常迷人，同時也為全球各地的年輕程式編寫員提供了互相交流和分享的機會。

二〇〇七年推出的Scratch，是媒體實驗室終身幼兒園（Lifelong Kindergarten）研究團隊的智慧結晶。團隊的領導人密契爾・瑞斯尼克（Mitchel Resnick）支持派普特對學習的看法，他認為整個兒童時期和之後的成長時期，學習的模式都應該和兒童早期一樣：提供年輕世代充分的支援和資源，趨動他們自主學習的機制，從而產生好奇心和興趣，用遊戲的心態學習。瑞斯尼克在他二〇一七年出版的著作《終身幼兒園》（*Lifelong Kindergarten*）中，感嘆今天的教育已經從兒童早期好玩、自然的過程，轉變為後來常規的教導模式。他提到：「學生花了許多時間坐在課桌前，填寫學習單，聽課，不管是老師在課堂上的講課或是透過電腦的影音授課。」[4] 瑞斯尼克主張在教育中注入四個P元素——專案（projects）、熱情（passion）、同伴（peers）、玩樂（play）——把教育模式從被動轉為主動，以保留孩子的創造力。

終身幼兒園研究團隊和媒體實驗室旗下的另一個研究團隊——主動學習計畫（Learning Initiative）——共享工作空間，地點就在麻省理工學院河岸邊校園裡巨大的研究中心內部，室內空間明亮開闊，隨處可見色彩繽紛的樂高積木。主動學習計畫主持人菲利普．施密特（J Philipp Schmidt）帶領團隊探索與人類學習有關的各種問題，包括學習的方式、如何更有效幫助學習，以及資訊如何能夠更方便取得以提升知識建構的速度。施密特同時也是P2PU——同儕對同儕大學（Peer 2 Peer University）的共同創辦人。P2PU是大規模線上開放課程「磨課師運動」（massive open online courseware, MOOC）早期的一個分支，另外一個為人所熟知分支的是可汗學院。P2PU廣泛地與公共圖書館合作，打造了自由、非強制性的線上面對面課程網絡。

[1] 中文相關介紹請參見 www.scratch-tw.org

包括P2PU、edX、Coursera在內的磨課師平台，提供了可以免費連結而且品質優良的課程，任何人只要能連上網路，就能夠把原本教師主導式的教育，轉換成學習者自主的學習環境，由學習者決定學什麼、何時學、向誰學，也就是說，科技將有助於打破教育上的階級。科技可以讓我們脫離過時的工廠化學習制度，轉而進入支持自我發展，培養創意多元也比較人性化的教育方式。二〇〇八年，任職於加拿大曼尼托巴大學（University of Manitoba）的兩位同事，史帝芬・道尼（Stephen Downes）和喬治・西門斯（George Siemens），決定把一門學習理論的課擴大到校園之外。他們想要知道，除了大學裡付了學費的學生，一般大眾對免費分享的資訊會不會有任何興趣。結果，為了學分而報讀這門課程的學生共有二十五位，但是，不為學分，免費報讀線上課程的學生人數竟然高達二千五百位。[5] 由此可以明顯看出，這類開放而且免費的線上課程內容，有很大的吸引力和高度需求。於是，磨課師誕生了。

從那時開始，磨課師便迅速成長。二〇一二年，麻省理工學院和哈佛大學聯合開發了edX，向社會大眾提供免費線上課程，《紐約時報》因此稱二〇一二年為「磨課師元年」（the year of the MOOCs）。隨後，其他大學也陸續加入了edX，而Coursera（亦於二〇一二年推出）則吸引了更多大學加入，共同提供免費線上課程。另外，同樣也是在二〇一二年推出的Udaciry，則始於二〇一一年史丹佛大學教授塞巴斯蒂安・特倫（Sebastian Thrun）在磨課師開的一堂課。特倫教授在磨課師開的人工智慧電腦科學課程，報名人數竟然超過十五萬人。[6] 特倫教授於是在之後和其他人共同推出了Udaciry線上教育網站。磨課師人數規模雖大，但許多課程都提供視聽講座、可供下載的課程摘要、閱讀材料、作業，以及小組互動機會等，還有各種類型的學習道具。二〇一五年，一份關於磨課師的研究發現，報名者之中有很大部分是為了個人興趣，或是為了充實自己而尋求終身學習機會的「愛好學習者」（hobby learners）和自主的成人學習者。[7] 然而，雖然「愛好學習者」對新知的渴望確實是磨課師受歡迎的關鍵，但是磨課師卻不一定有助創造力和好奇心的培養。事實上，史帝芬．道尼就曾經指出，許多當代的磨課師已經和他在二〇〇八年創立時強調「互動和主動」的磨課師平台不一樣了，而回到了「靜態和被動」的傳統教育方式。[8]

麻省理工學院的施密特和瑞斯尼克，以及他們在媒體實驗室的同儕娜塔莉．羅斯克（Natalie Rusk），正在對磨課師進行實驗，希望能降低其被動性。他們寫道：「現在，我們愈來愈察覺到，同時向多人播放預錄的短片內容，缺少了對學習者最重要幾個元素：能夠投入在他們感興趣的專案上，和同儕合作的機會，以及一個鼓勵實驗又好玩的學習環境。」[9] 磨課師應該有機會重塑教育的樣貌，不是退回到以往工業式學校教育由上而下的教導模式。其實，用新的科技複製舊的模式非常容易，我們的挑戰在於發現新科技的潛力，為學習者開創一條由他們自主掌控學習的新道路。

運用科技學習

其實，早在磨課師還未風行之前，運用科技力量推動學校教育已經有許多前例，尤其在兒童教育方面。一九九九年，蘇伽特・米特拉博士（Dr. Sugata Mitra）和他的團隊在印度新德里市區的貧民窟，開始著手進行一項電腦素養實驗。米特拉在他辦公室的外牆上安裝了一部連上網路的電腦，任何經過的人都可以自由使用，但是不會有人教，也不會有人提供協助。沒有任何成人受到這部電腦的吸引。但是，孩子就不同了，尤其是對最貧窮、最沒受過什麼教育的、家裡沒電腦或不懂英文的孩子特別有吸引力。他們聚在一起玩，嘗試不同的應用程式和軟體，彼此互相教導，甚至創造了自己的語言來描述電腦的桌面圖示或滑鼠等各個部件。在這種非強制性、混齡的學習模式下，而且是在安全的公共區域裡，這些孩子在短短幾週之內就習得了相當出色的電腦素養。

米特拉和他的團隊因這個初步的成果大受激勵，於是進一步在印度其他城市的貧民窟和鄉村地區，同樣也裝設了連上網路的電腦，並且得到了相同的結果。這項後來被稱為「牆中洞」（hole in the wall）的實驗，在各地的結果一致顯示了印度各地弱勢族群的孩童，如何在混齡的情況下共同合作，教會了自己。米特拉把這個過程命名為「最低干預性教育」（minimally invasive education）。在某些研究中，米特拉設計了控制組，就是讓一些孩子（年紀介於六至十四歲）在正規由老師主導的課室環境中學習電腦；另一些採用「牆中洞」實驗的方式學習。實驗結果顯示，自主組孩子習得的電腦素養，和控制組的孩子在程度上旗鼓相當。米特拉認為，實驗結果可能點出了某些教育方面的含意，說明了「任何學習環境，只要提供了適量的好奇元素，就可能在孩子當中引發學習的行為。孩子天生對學習的渴望，加上他們的好奇心和同儕之間的互動，將會趨使他們去探索這個環境，以滿足好奇的天性。」[10]

二〇一三年，米特拉受邀到TED針對他的「牆中洞」實驗發表演講。他在這場獲得年度大獎的有力演說中，提到了更多的發現，包括原本不會讀寫的孩子，僅僅因為接觸到加裝網路的公用電腦，有了學習閱讀的能力、自學英文的能力，以及理解先進科學內容（例如：DNA複製）的能力。其中最令人印象深刻的，就是當孩子連結上米特拉稱為「雲端奶奶」（Granny cloud）的雲端教學系統後所產生的結果。米特拉刊登一則廣告，號召英國退休女士每週撥出一小時的線上時間，免費提供給在「牆中洞」實驗中遇到瓶頸的孩子。這些奶奶要做的事不是指導，而是給孩子鼓勵和支持。米特拉的結論是：「如果你能允許教育的過程自行組織，學習自然就會產生。我們並非要促使學習的發生，而是該放手任它發生。」[11]

現在，包括磨課師在內的科技發展，讓自學和自主教育變得比以往更容易實施。我們不僅有更多的機會與我們需要問問題和尋求答案的資源和資訊互動，整個大環境的需求也從只是默許轉向鼓勵創新。我們需要的不是乘客，而是能夠掌舵的駕駛員。透過米特拉的實驗，我們看到了，有了使用電腦和網路的機會，再加上可以提供協助的成人，將可以支持孩子在教室之外的學習。同樣的，今天的科技幾乎可以幫助我們學習任何事物。

我九歲大的兒子傑克是一個滑板運動員。八歲那年，他發現自己對滑板情有獨鍾。那時候，因為經常在街道上看到有人溜滑板經過，引發他濃厚的興趣。一開始，他就用我們擱在儲藏室裡的廉價舊滑板，開始練習一些動作，找到平衡和移動的感覺。同時，他也開始對當代滑板運動和一些代表性人物感興趣。我們一起看滑板界先鋒羅德尼・木倫（Rodney Mullen）在TED上的演講；另外，他也大量閱讀滑板相關的報章雜誌，又到市內各個滑板公園實地參觀；他會花好幾個小時上YouTube看有關滑板技巧和花式的影片，然後自己用滑板一次又一次地重複練習。終於，有一天，我們走進了一家本地的滑板用品店。店主是一名年輕的滑板愛好者，他也是在傑克這個年紀迷上滑板的。我們在那裡幫傑克買了一個專業滑板。隨後，傑克幾乎把所有能用的時間都拿去滑板公園練習，嘗試新招式，向有經驗的滑板手觀摩學習，他的技術也因此突飛猛進，並且漸漸地能夠幫助新手練習。滑板文化的確有其特別之處。

滑板這項運動很有趣，因為滑板玩家的技術在一九八〇年代中期突然出現大躍進。發生了什麼事呢？因為卡式錄影機（VCR）和家用錄影系統（VHS）的技術出現了，讓有經驗的滑板玩家可以錄製示範最新動作的教學影片。具備了新的知識之後，滑板愛好者可以自行嘗試新技巧，重複練習調整技術，還可以和公園裡其他的滑板玩家配合練習。在《富比士》（*Forbes*）雜誌上一篇關於滑板運動風潮的文章裡，撰稿人約翰・格瑞豪斯（John Greathouse）寫道：「就連沒有看過這些影片的小孩也受到影響，因為他們看到那些平常只會出現在雜誌上，一般人不可能做到的招式，朋友們竟然很快就能掌握，而且還在當地的滑板公園炫耀。」[12] 另外，YouTube是能夠加速學習的最新科技平台，讓學習變得特別容易又有趣，而且幾乎什麼都可以學。不管是我兒子傑克正在看的最新滑板招式，艾比正在研究的昆蟲標本製作，我先生試圖搞懂的馬桶修繕，或是我要學的芹菜正確切法，YouTube都是現代人建立知識時的不二選擇。

如同八〇年代中期滑板愛好者從影片學習動作，或是像傑克現在從YouTube上學習，新科技確實能夠幫助我們自主教育。學校教育之所以產生，原因之一必須回溯到中古時期的時代背景，當時知識非常稀有。由於書籍罕見而且昂貴，許多主題的相關資訊並不容易取得。相較之下，今天的學習已經變得平等多了。孩子和大人可以運用各種工具和資源，隨時學習他們覺得有意義的事物。觀察傑克在看他的滑板影片，或在YouTube上找各種畫人物特寫的教學影片，或在決定要報名那一家線上攝影課程時，我常常會驚訝於他選擇老師的敏銳眼光。他會很快地略過找到的一些影片或課程，轉而被其他的吸引，選擇的標準通常是老師的質感，或是教學內容的清晰程度。他會根據是否能引起他的共鳴選擇老師與教學內容。

自學和自主教育並不是表示，孩子永遠不能向老師學，或在不同主題上得到教導，或去上正式的課、完成正規的作業與接受正規的測驗；純粹表示，他們自己選擇去做這些，或是因為不適合他們而選擇不要。有一次，我報名了一門主題讓我很感興趣的成人教育課程，付清了學費，而且是不能退費的。我詳讀了出席的規定，對課程非常期待。結果，我發覺講師不是那麼好，課程內容不值得我花這樣的時間，我就退出了。不管什麼年齡的自主學習者，都應該享有這樣的自由：他們可以選擇上不上課，只要他們留下或離開的決定，不會對別人造成不便。自由，而不放任。讓孩子能夠選擇向哪些老師或指導者學習，或是不選擇哪些人，讓他們享有和成人同等的尊重和自主權。如果有夠多免費開放的線上學習工具可以使用，選擇老師和教學內容就會更簡單方便，也將因此改變傳統教與學的模式。能自由選擇如何學習與向誰學習，等於讓人們為自己的學習方向掌舵，學習和教導就會變成一種更流暢的找尋和分享過程。

從許多方面看來，這就是伊凡．伊里奇對教育的看法。在他一九七〇年的著作《去學校化社會》中，伊里奇寫道：「與其尋找新的教育**漏斗**（funnels），我們現在應該反過來尋求制度上的逆轉——我們需要的是教育**網絡**（webs），讓每個人都有充分的機會，把生活中的每一個時刻，轉換成學習、分享、關懷的時刻。」[13]從伊里奇寫下這些話之後，科技資源不但在數量上直線成長，也在更多地方讓更多人可以取得，這意味著，現在正是學習者自主教育改革前所未有的最佳時機。也難怪在媒體實驗室主動學習研究團隊的書架上，就有一本《去學校化社會》。

重頭做起，重建教育

二〇〇六年，教育學者暨作家肯．羅賓森（Ken Robinson）在TED講堂發表了一場演講——「學校扼殺了創意嗎？」（Do School Kill Creativity），吸引了超過五千萬個觀看人次，成為TED有史以來最多人觀看的一場演講。

羅賓森的前提很簡單：當前的教育制度用單一標準的學業模具限制住年輕世代，剝奪了他們與生俱來的好奇心和創造力。他認為，對某些人而言，尤其是想要成為大學教授的人，這個模具還算合適；但是，對大多數的人來說，我們先天的能力和萌發的熱情，在現代的學校教育下，最好的情況是被忽視，最糟的情況就是被摧毀。羅賓森在他的TED演講中下了這樣的結論：

我相信，我們未來唯一的希望，就是採取人類生態學的新觀念，重新建構我們對人類豐富潛力的新看法。我們的教育制度開採我們的心智，就像開採地球上的礦物一樣——只開採有特殊價值的。但是，這種做法對我們的未來沒有幫助。我們必須要重新思考我們教育孩子的基本原則。[14]

問題是，在既有的學校思維框架之中，我們真的可以徹底地重新思考教育嗎？常規的學校真的可以從以教師為中心，按照預設課程架構進行的教學模式，轉而變成以學習者為中心，由孩子自己決定要學什麼，何時學、如何學、向誰學的自主教育哲學嗎？答案肯定是「如果」加上「或許」的句型。如果它們開始看起來不像學校，或許學校可以重新思考教育的基本原則；如果它們可以揚棄所有的政策和規範、規矩和教條、課程和評量作業，還有過去一百六十五年來大多數學校服膺的教學理論，或許學校可以不只是改革，而是轉型；如果充滿活力和創業精神的家長和教育人士能讓這一切實現，或許學校教育可以看起來比較能學習。

徹底重新思考教育，正是艾立克・瑞斯尼克（Alec Resnick）和他的團隊在成立一所新的自主性公立學校時所做的。還在麻省理工學院就讀大學的時候，艾立克讀到了《去學校化社會》，讓他開始關注強制性學校教育的問題，以及開闢另一條教育道路的可能性。伊里奇認為，學校教育會讓我們在生活的許多層面產生制度化的思考，並導致缺乏行動力。伊里奇傳達的訊息強而有力，艾立克深感共鳴，因為他在麻省理工學院就讀的這段時間，第一次感受到學習應該是什麼樣子：以熱情為中心、以專案為動力、以科技作為輔助，協同合作，還有，樂趣。他開始大量閱讀相關書籍，包括西摩爾・派普特和約翰・霍特的著作，於是堅定了他想推動教育從教師引導模式轉型為學生自決模式的渴望。於是，他和幾位同事合作，為波士頓外圍的都市孩子開發了一種與科技和自主學習模式相關的創新課後計畫。後來，該城市的市長對課後計畫愈來愈投入，鼓勵艾立克和他的團隊自己開辦一所學校。一開始艾立克他們拒絕了，但是拗不過市長的堅持，他們才開始計畫成立一所完全自主的非特許公立高中，這所學校叫做炸藥庫工作室（Powderhouse Studios）。

炸藥庫工作室的成立過程進展緩慢，令人痛苦。遲遲得不到核可，對於學校的「應做事項」和「必做事項」更是難以取得共識。艾立克和團隊不得不認清現實。為了實現目標，打造一所完全不像學校的完全自主性公立中學，他們需要自由，不要再受到傳統公立學校的政策和程序的限制。於是他們向麻薩諸塞州提出申請，根據該州二〇一〇年頒布的改革學校法案，得到了許可，也得到授權，由艾立克和他的團隊自行招聘和雇用教師，自選課程和規畫進度、自行控制預算，不必受限於標準的區域規定和集體談判協議。

州政府的許可辦妥了，區域規定之類的問題雖然仍在處理中，但是艾立克和團隊對炸藥庫工作室的願景已逐漸成型。他們還沒有為學校找到適合的地點，許多細節依然懸而未決，但是學校的基本架構已經很清楚：炸藥庫工作室將會成為這個城市十三至十八歲孩子一起混齡學習的地方。在那裡，他們將會依著自己的興趣運用社區的資源；有需要時，也有管道可以向輔導員尋求協助。這所學校看起來不會像是一所學校，而更接近一個現代化的研究發展實驗室，開放空間，學生可以自由進出。學校全年開放，但學生可以配合家庭的需求排休或請假，就跟公司行號的成人雇員一樣。學校也會全天開放，學生可以自由來去。艾立克說：「我們認為，未來的學習一點都不像現在學校的樣子，會更像是工作。界線模糊得多，也比較跨學科。」由青少年負責設計、管理、執行各項密集、深度的專案，時間可能長達數年，並用比較具體且實際操作的方式熟悉各種主題。學校不會有指定的教室，不計算成績，也沒有考試。但是對於項目的精通程度，或許可以參照共同核心課程的預期來做評估。

那麼，法定的標準化測驗怎麼辦？麻薩諸塞州是全美第一個強制執行高風險測驗的地方，該州所頒行的課程標準，也和後來實施的全國共同核心課程架構一致。所有就讀公立學校的青年學子，按規定都必須以十年級生的身分，接受全州統一的麻薩諸塞州綜合評估系統（Massachusetts Comprehensive Assessment System, MCAS）測驗，達到合格分數才能從高中畢業。在炸藥庫工作室這種完全自主，與傳統教了就考的模式不符的環境下學習，這些學生要如何跨過標準化測驗的柵欄？

有些學校曾經嘗試實施類似炸藥庫工作室的自主教育計畫，但是後來往往都變成學校中的學校，或是變成混合模式，把在校時間平均分配成自主活動時間和必修學科時間。另外，有的採取比較近似專案學習或是自訂學習進度的模式，但仍非完全由學習者作主的自主教育。《我們自己的學校》（*A School of Our Own*）一書的作者山繆爾・列文（Samuel Levin）和蘇珊・安格爾（Susan Engel）分享了他們當初成立獨立專案（Independent Project）的經驗，讓麻州另一所公立中學裡已經達到全州標準化測驗要求的中學生，可以利用他們初中或高中的時間，進行為期一個學期的自主學習計畫。[15]但是，炸藥庫工作室不然。艾立克對炸藥庫工作室的定義是「家長的合作夥伴」。如果家長要他們的孩子去考麻州的綜合評估系統測驗，艾立克和團隊就會提供這些學生所有相關的課業輔導和模擬考試；如果家長和學生無意參加測驗，艾立克他們就會幫助他們加入選擇退出高風險測驗的學生行列，而且這個行列持續壯大。

雖然過程艱辛又漫長，有時甚至令人沮喪，但是艾立克和團隊為了他們的願景，仍然努力尋找出路，試圖跨越州政府和當地政府設立的紅線，終於在二〇一六年有了突破。在市政府的支持下，炸藥庫工作室團隊參加了XQ超級學校計畫（XQ Super School Project），並且贏得獎金一千萬美元。XQ超級學校計畫是一個致力於改革高中教育的組織，帶領董事會的是已故的史帝夫．賈伯斯的遺孀勞倫．鮑威爾．賈伯斯（Laurene Powell Jobs）。有了資金挹注，再加上全國鎂光燈的關注，讓炸藥庫工作室計畫的進度加快了。很快地，團隊找到了一個完美的地點——位於市中心地帶，一個結合工作空間、住宅空間、學習空間的多功能新建案。學校定於二〇一九年秋季，正式開始營運。

我第一次見到艾立克就是在工地現場。從現場的情況來看，炸藥庫工作室真的可以說是「從無到有」。這剛好也道出一個事實——如果我們想要讓一所常規的公立學校徹底從傳統學校的樣版轉變成一個學習的場所，就真的要從頭打造。

艾立克目標的清晰讓我大感震撼。他對這個計畫本身以及藉之重新塑造公共教育的可能性，表現出高度的熱忱。雖然艾立克的態度溫和，說話輕聲細語，但是他想要創造未來的心意堅決。他說：「我很清楚我想在怎麼樣的世界生活，一個家長能有權力決定該分配什麼資源給他們的孩子，並且能得到支持，幫助他們有效地分配這些資源的世界。」公平性是驅使艾立克做這件事的主要動力，他說他希望炸藥庫工作室，能夠反映出存在於城市內傳統中學內部社經地位的差異性。就好像NBA用加權選秀制度（weighted lottery system）來保障球員的入場機會。然而，把自學的理想注入公立學校的過程，並非全無障礙。舉例來說，即使炸藥庫工作室已經在許多方面都不必受到區域規定的限制，主管當局還是敦促他們為員工加上「內容專員」（content specialists）的稱謂；另外，他們仍然必須把所有學生的專案，和共同核心課程能力以及高中畢業標準做對照，因此難免會對學生的自決權有所限制。儘管如此，如果常規學校有心改造自己，願意轉型成為自由開放，支持自主學習的社區空間，炸藥庫工作室還是值得效法的典範。[2]

現代創客空間

順著炸藥庫工作室前面的路往下走，會來到另外一個服膺自學理論，令人振奮的學習空間。

[2] 二〇一九年，由於薩默維爾市學校委員會的委員一致投票表決反對——理由為即使加上獎金挹注，計畫所需資金仍過高，將排擠當地他校師生資源，加上其他多項考量——炸藥庫工作室在歷經七年的籌辦，最後未能成功建校。

「零件和工藝中心」（Parts and Crafts）坐落在波士頓外圍一條繁忙的街道上，紅色的棚幕上依稀可見的「內售樂透和香料」字樣，顯示它的前身是一家便利商店，現在已經變成專為六至十四歲的都市孩子提供自然學習空間的成功典範。受到當時蓬勃發展的「創客」（hackerspace）運動啟發，此中心的成立宗旨，是為自學生、課後的學生、夏令營的學員，提供以孩子為主的手作空間。零件和工藝中心的創辦人威爾．麥克法蘭（Will Macfarlane）在麻省理工學院讀了一年就輟學，開始對另類教育產生興趣。他愈來愈相信，「學校唯有在它脫離既定路線，並允許非正式的學習社群和夥伴關係成立，才最有成效。」

威爾的教育世界觀大多源自於他自己的在校經驗。從小他就不喜歡學校。他的母親是位教師，但是她知道在學校的表現不能代表一個人的能力和天賦。離開麻省理工學院之後，威爾對瑟谷學校注重非強迫教育、個人責任感，以及民主管理的學習模式很感興趣。他讀了尼爾的《夏山學校》，並且到奧勒岡的瑟谷學校工作了一陣子，對自由、自主以及社區教育理想的嚮往與日俱增。他對修理改造和科技，以及二者結合起來所產生的可能性深深著迷，並藉此自學了編寫電腦程式，甚至後來還為一家建築事務所設計了一套軟體。

威爾對電腦、科技、民主式教育、知識分享、改造的興趣，剛好與二〇〇〇年代方興未艾的創客運動精神相吻合。一九六〇和一九七〇年代，創客文化（hacker culture）孕育於麻省理工學院的人工智慧實驗室，那時媒體實驗室還未成立，西摩爾．派普特還是人工智慧實驗室的共同主任。創客文化一開始只是慢慢地擴散，通常是經由一群志同道合的人組成小型的電腦社團，運用新科技把一些東西做一番改造。現代的創客空間（hackerspaces）[3]首次出現於一九九〇年代的德國，二十一世紀初期傳到歐洲和美國之後，蔓延速度加快。創客空間儘管在細節上各有差異，但整體而言大多是指開放大眾使用，可以共同合作的空間。在創客空間裡，社群成員聚在一起分享知識，徒手或是運用數位工具和器械，對事物進行改造或建造。創客空間的主要特質，包含了自動、自由、便於取得、透過實際操作學習、合作、分享資源和想法，以及去除階級。16

威爾受到創客空間和創客運動極大的啟發。他說：「我做的事一直與科技息息相關，但卻一直被科技工業所困擾。」因此，威爾很喜歡以社群為基礎，以科技為重點，強調教育、主動、方便取用性的創客空間。他和朋友決定把他們對科技和改造的熱情，以及對非強迫性自主教育哲學的熱情，結合起來。「我們想要打造一個開放空間，提供科技工具讓人們使用。」一開始，他們為孩子舉辦了一場夏令營。連續好幾個夏天舉辦的萬花筒夏令營，只有一個簡單的前提：讓孩子自己做決定。就像威爾說的：「如此簡單的概念，卻和我們習以為常的如此不同。」

一般而言，在夏令營裡，孩子自然而然地會被賦予更多的自由和自主權，「真正」的學習就等到開學之後再說。家長如果無法完全採用自主式的教育，利用夏令營或是課後活動的時間，淺嘗一下自學的理念，會是一個比較容易的做法。但一些家長對於萬花筒夏令營作為孩子自主的創

[3] 或稱 makerspaces。

客空間，以及它所提供的學習模式，實在太有感了，他們希望能夠在暑假結束之後繼續。這些家長向威爾以及零件和工藝中心的共同創辦人凱蒂・葛瑞鐸斯基（Katie Gradowski）表達了他們的意願。這些家長表示，如果夏令營可以變成全日制，他們就要把孩子從學校轉到那裡。因應家長對自主學習中心的需求，威爾和凱蒂在二〇〇八年成立了零件和工藝中心。基本上，零件和工藝中心是專為在家自學生和無校自學生設立的私人非營利資源中心，它不能算是個學校，但它是經過認證，領有州政府核發執照的兒童照護中心。避免被歸類為學校，這意味著，零件和工藝中心不必受限於一般學校在出席率和課程上的規定，因此可以為會員家庭提供比較有彈性的就讀方案，從一週一次到一週五次都可以。另外，它也為全社區的孩童提供了廣受歡迎的課後活動、假期營和夏令營計畫，以及全年性的「開放商店」（open shop）時段，讓所有年紀的孩子都可以來這裡體驗創客文化。

零件和工藝中心要傳達的理念，不外乎自由玩樂、自主學習，以及讓孩子在充滿工具、資源、書籍、材料、自選課程，以及成人輔導員的創客空間裡，享用他們的自主權。使用權和自主權是創客空間教育理念的基本元素。正如凱蒂所言：「最重要的是，我們相信，當我們給孩子足夠的空間，讓他們去玩樂，胡鬧，做自己，他們才能學得最好。在中心裡，我們花許多時間在拆解電腦，用Scratch寫程式，發明創造，玩樂，盡情地探索周遭的世界。」

夏令營和課後活動的經費，大部分來自零件和工藝中心的自學計畫，也就是他們所謂的半指導式學習中心（Center for Semi-Conducted Learning）。課堂時間為期八週，由工作人員和自學生共同決定課程內容。所有的課都是自由選修，而且大致上都不是傳統學科。最近的課程包括恐龍模型製作、木偶製作、3D動畫、電動遊戲分析、電腦組裝，以及卡通製作。如果孩子什麼課都不想上，只想做自己想做的事，不管是在舒適的圖書館角落享受閱讀、玩桌游、編織縫紉，或是利用現成的電路板、和齒輪做一些改造都可以。凱蒂表示：「最重要的是，我們有了一個由很多孩子及家庭所組成的超棒社群。」她說：

> 來我們這裡的許多孩子，之前都在學校裡有過不好的經驗。我的想法是，不管這個孩子來自哪裡，是在家自學生、營隊學員，或只是來上周末工作坊的，我們這種活動的真正價值在於，我們創造了一個合作的空間，讓孩子用自己的方法參與（或是重新參與）學習。這就是我們的基本目標——創造一個友善支持的空間，人們在這裡可以參與製作和建造，一起做一些很酷的事。

我女兒莫莉參加了零件和工藝中心的一些課程，特別吸引她的是和木作相關的課，但是她也參加了不少烹飪、編寫程式、工藝方面的活動。有一期，她和幾個孩子在早上選擇了木工課程。凱蒂提供了一個小組計畫，給有興趣的孩子一些指導說明，但是莫莉和另一個孩子都決定不參加小組，而是進行自己的木工計畫（莫莉想為弟弟製作一把木劍）。這正是自主學習的本質：機會已經為你準備好了，需要協助時也會有大人幫你，有課程和正式的指導，但是沒有規定你一定要上課。在這個支持、合作、混齡的學習環境裡，你可以盡情培養你的興趣。這個環境可以是在家裡，或是在社區學習中心，或是在某些非強制性的學校，或以上皆可。

自學的重點不在於教學方法或是地點，重要的是它的架構。就像威爾說的：「自學其實不是一種教學立場，而是一種道德立場。重點不在於怎麼教，怎麼學，而是在於人類應該如何對待彼此。」同樣地，威爾認為，家長和成人在自主的教育模式中扮演舉足輕重的角色。「我們可以發揮創意，為孩子提供各種機會，但是我們不能強迫他們去做。有些事情我們懂得比較多，有些事情他們懂得比較多。這是一種關係。」因為這是一種關係，所以對孩子與對大人來說，互相尊重和責任感都非常重要。舉例來說，如果一個孩子針對某些主題請求提供指導，或是他想研究某個特定專題，而大人花了時間和功夫做準備，這時候，如果孩子後來決定不參與了，就可能不夠尊重。自主權和個人的責任感，也就是所謂的自由而不放任，是所有自學方式共同面對的挑戰，不管場景在何處。

零件和工藝中心的一個主要目標就是取得性。中心創辦人和團隊持續地努力，希望能讓更多家庭容易接觸與取得，尤其是他們城市裡的低收入戶和弱勢家庭。他們憂心的是，當前的社會趨勢下，相對富有的家庭比較注重孩子的「個人化」和「自我導向」，但相對弱勢的家庭卻還是強調孩子的「競爭力」和「結果」。自主和自由往往成為具背景優勢的孩子才能享受的特權，弱勢兒童仍然不得不加強技術和訓練。

我們的社會逐漸形成兩種等級的教育制度：具背景優勢的孩子比較有機會接觸到積極、自主的教育模式；家庭背景比較弱勢的孩子只能被困在較嚴格、強調訓練、注重結果的學校教育環境。這種情況讓零件和工藝中心的社群深感憂慮。凱蒂表示：

> 我們相信，強調思考、創造、自己動手做能力的創客文化具有改變的力量，應該讓所有的孩子都可以取用，不論他來自什麼收入、背景，或是社經地位的家庭。所以從一開始，我們活動的收費標準就是根據每個家庭的經濟能力而定，不管這個家庭的付款能力如何，我們就是要讓他們上得起我們的課。

為了向更多人推廣創客文化，零件和工藝中心最近也承擔起經營當地自造實驗室（fabrication laboratory，又縮寫為fab lab）的責任。自造實驗室是創客空間裡新興的一股風潮。自造實驗室有個主要目標，讓原本比較難以取得，或是對大眾限制使用的數位工具和技術，變得更為普及。自造實驗室也是麻省理工媒體實驗室的另一項創新，源起是尼爾·格申菲德教授（Neil Gershenfeld）開了一門大受歡迎的課，叫做「如何製造（幾乎）萬物」（How to Make〔Almost〕Anything）。自造實驗室裡配備有尖端的科技，包括雷射切割機和3D列印機、各式電腦、自動機械工具、數位設計軟體，是創客運動最新一波的浪潮。格申菲德教授是麻省理工學院位元與原子中心（Center for Bits and Atoms）的主持人。他發起的這場數位製造，或者說運用數位科技製作（幾乎）任何東西的運動，堪稱另一次數位革命。

如同一九五〇年代早期，麻省理工學院的研究人員成功地把早期的電腦與削切金屬的銑床連線，以電腦替代人類操控機械，在格中菲德的眼中，數位自造亦是一個新的里程碑。他最初推出「製作萬物」課程時，也沒想到課程會這麼受歡迎——原本只能容納十個名額的課，竟然來了一百位學生（而且大部分都沒有技術背景）。他們都想要製作東西。第一堂課的情況讓格中菲德開始反思，他寫道：「一位學生做了一款鬧鐘，鬧鐘的主人必須和它摔角來證明自己已經醒了。另一位做了一件洋裝，上面裝有感應器和類似脊椎的動力構造，可以保障穿著者的個人空間。這些學生的作品等於回答了一個我沒有問的問題：『數位自造要做什麼？』」[17]

現在，全球各地數百個社區自造實驗室，正在為上述問題尋求創新的答案。這些受到興趣和想法驅使的個人創客，在此之前，可能不會有機會接觸到如此先進的科技。自造實驗室以及創客空間通常會與公立圖書館，或是其他免費對外開放的社區空間結合。美國圖書館學會（American Library Association）的米蓋．菲格洛（Miguel Figueroa）認為，「創客空間讓圖書館的任務延伸，人們在圖書館裡不但能吸收知識，還能創造新知。」[18] 零件和工藝中心經營的社區型自造實驗室，位於一所公立學校的地下室，幾乎每個平日的下午和傍晚都開放給所有大眾免費使用。

有天晚上，我和莫莉第一次去那裡參觀。莫莉很快就被成排的3D列印機和雷射切割機給吸引住。有一些社區成員正在進行他們的電腦設計專案，有些正在初步了解複雜的數位機械強大的功能。整體空間看起來有點像中學的木工教室，但是裡面氣氛很不一樣。室內空間明亮，令人感覺愉快。裡面有各式各樣的人，不同年紀，不同膚色和背景，但都在做著對他們自身有意義的事。沒有人強迫他們來這裡，也沒有告訴他們要做什麼、進行什麼計畫，或是限制他們的想法和選擇；他們可以自由創造，盡情地使用最新的科技工具；需要指導的時候，旁邊隨時有熱心又知識豐富的輔導員提供協助。在這裡，人們可以主導自己的想法，運用這個空間提供的能量、創造同伴的熱情，還有知識豐富的輔導員的支持，發揮自己的創意。

格中菲德在上他的「製作萬物」的課時發現，除了個人興趣之外，渴望與他人分享自己的發現，也是驅使學生學習的動機。一個人如果學會了一項新的技術，或是掌握了進階的數位功能，會熱切地想和其他創客分享自己的經驗。在這個高科技的創客空間裡，真實呈現了伊里奇所預見的，具有「學習、分享、關懷」特質的社群環境。這些空間促成了學習的「網絡」，織成這個網絡的元素是興趣和需求，而不是伊里奇和其他教育人士所詬病的常規學校的「漏斗」。在《FAB：MIT教授教你如何製作所有東西》（*Fab: The Coming Revolution on Your Desktop*）一書中，格中菲德描述了創客空間和自造實驗室如何促進自主學習：「這個過程可以想成是一種因應需求而教的『來的正好』（just-in-time）的教育模式，而非傳統『以防萬一』（just-in-case）的模式，後者包含一套預先固定的課程，冀望有朝一日其中的某些知識會派上用場。」[19] 揚棄刻意設計的課程，轉為由學習者主導的教育，或許才是邁向一個脫離學校思維的社會時最根本的轉變。

像零件和工藝中心這類受到創客運動和自主教育啟發而成立的團體，自然也能看出社區型自造實驗室的潛力。在這裡，更大社群的成員可以運用高科技進行事物的改造，甚至可以運用最先進的數位科技製作出任何東西。他們不需要課程來告訴他們該做什麼，也不用老師強迫他們去做；他們需要的只是一個能夠支持他們發揮天生創意的空間，不帶強制性，只要在他們有需要的時候提供及時的指導。零件和工藝中心做到了這一點。他們稱這個空間為「融合了創客空間、自由學校、在家自學風潮的一個『雜亂無章』的社區空間」。這種創新且以科技為主的自主教育原型，不只是自學孩子可以參考的模式，也適用於整合型、非強制性、以社區為主的全年齡學習者的自主教育方式。

科技之於學習：禮物還是詛咒

「很快地，我們對彼此來說，就只是一堆透明的果凍。」一位新聞記者這麼寫。這句話道出了人們對於過度依賴科技，以及社交媒體飽和現象的普遍擔憂。科技在這麼短的時間內快速崛起，如何管控科技日益增加的影響力，已經成為人們關注的焦點。尤其身為家中有成長中孩子的家長，我們擔心科技將對孩子的身心健康造成不良影響；擔心原本設計來促進連結的科技工具，反而造成人際的疏離，或是「彼此像果凍一樣透明」；我們擔心會對新科技成癮，因此不敢進入更廣闊的世界。前述記者的話，可以用來描述今日社會面對科技時近乎恐慌的心態，尤其當談到科技對孩子的影響。事實上，那段話寫於一八九七年，一位倫敦作家擔憂先進科技可能撕裂人與之間的親密關係。他說的邪惡科技指什麼呢？是電話。[20]

人類向來對新科技存有疑慮，認為新科技將對我們的共同文化形成潛在威脅。在貝爾的電話之前，還有把便宜的平裝書帶到低下階層民眾手中的印刷機和印刷術。印刷技術的發展，使得連載小說有如十九世紀的電動遊戲，引起許多批評家爭相撻伐，擔心如此無用又讓人分心的娛樂型式會毀了人類。一八四五年，一位作家對連載小說猖獗的情況表達了看法：「這種小說閱讀如果適量或許還算有用，但沉迷其中就不好了。它不是純粹健康的休閒，不像打一局板球、一場熱烈的對話，或是玩一盤雙陸棋……它讓我們掉入不真實的興奮狀態，掉入幻境、夢境。」[21] 換句話說，少量閱讀還好，大量閱讀就會排擠掉其他更能振奮人心的活動。十九世紀被稱為公立學校之父的賀瑞斯・曼恩，對於小說造成青少年心靈墮落的可能性特別憂心。例如，他不允許學生讀他的妹婿納薩尼爾・霍桑（Nathaniel Hawthorne）的虛構小說，連查爾斯・狄更斯（Charles Dickens）的作品都在禁書名單之上。[22]

類似的顧慮和批評，同樣也發生在今天人們面對科技的態度，特別是對孩童的影響。對電玩和社交媒體潛在成癮性的警告四起。我們看到年輕人沉迷於科技，也注意到成人一樣不由自主受臉書和 Instagram 帳號吸引。《螢幕學校》（*Screen Schooled*）一書的作者喬・克萊門特（Joe Clement）和邁特・邁爾斯（Matt Miles）注意到他們在高中的學生對科技成癮的情況：智慧型手機和社交媒體讓孩子們變得更沉默，更容易分心，彼此之間的疏離也更甚以往。他們在書中寫道：

> 你對於孩子早上離開家之後，到下午或傍晚回到家之前這段時間的情形，有多清楚？如果你屬於多數的家長，答案八成是所知不多。老師是對你的孩子在校行為最清楚的人。我

們第一線目睹年輕世代因科技而深深改變了，而且似乎就在一夜之間。[23]

學校老師或許是最清楚孩子**在校**行為的人，但不見得了解他們在校外的情況。對於要上學的學生來說，智慧型手機或Snapchat帳號就是身陷命令和控制大海時的一艘救生艇。在學的年輕人，特別是青少年，總是被有系統地與更大的成人世界隔絕，而那是他們理應變成熟的地方。科技讓他們在受到嚴格安排的生活中得到類似自由和自主性的感覺。當他們花更多時間在學校課業，以至於和「真實世界」愈來愈失去連結的時候，科技就成了他們的連結工具。

科技的擁護人士達娜．博依德（danah boyd）認為，科技和社交媒體是青少年用來和被隔絕在外的遼闊世界連結的最新工具。和批評家所擔憂的恰好相反，在她的研究中發現，科技其實讓孩子變得更聰明、更專注，而且彼此有更多連結。在她的著作《鍵盤參與時代來了！：微軟首席研究員大調查，年輕人如何用網路建構新世界》（*It's complicated: The Social Lives of Teens*）中，博依德寫道：「大部分的青少年不是對手機成癮，而是對友誼成癮。科技之類的玩意對他們之所以有趣，主要是社交目的。另外，社交互動或許對學校來說是一種分心，但對學習而言，通常並非如此。」[24]

對現今科技的擔憂，特別是對青少年過度使用科技的可能性，或許又再次凸顯了**學校教育**的問題。科技或許只是放大了學校教育模式以及孩子原本就該享有的自然學習模式——融入社群，身旁環繞著同儕、大人，追隨共同的興趣和熱情——二者之間的差異。我們以為是科技的介入改變了我們的孩子，其實上是學校教育。

過去有許多說法批評某些科技容易讓青少年成癮，特別是電動遊戲，但是最新的一些研究顯示，這種說法並不成立。二〇一六年，一項刊登在《美國心理學期刊》（*American Journal of Psychiatry*）的大規模研究報告中，研究人員並未發現任何足以支持電玩成癮的證據。事實上，研究中只發現，低於一%的人曾經有類似網路遊戲失調（Internet gaming disorder）的症狀。[25] 另外，二〇一〇年，麻省綜合醫院的雪柔．歐森（Cheryl Olson）針對孩童電玩行為所做的一項研究中發現，孩童玩電動遊戲的動機很多，從單純玩樂到和朋友互動合作、在遊戲裡做平常沒機會做的事、為了挑戰與競賽，還有，為了逃避。歐森的結論是：「相比於書藉、電影、廣播之類的媒體，電子遊戲似乎特別具有廣泛的吸引力，同時，也滿足了難以估計的情感、社交、智能上的需求。」[26]

科技到底扮演了什麼角色？是否應該限制使用3C產品的時間？無論孩子是否接受學校教育，這些問題都困擾著家長。我們可能會把自己對科技的不信任投射到孩子身上，其實是擔心自己花太多時間上網。我們可能以為設限會有幫助，但也可能弄巧成拙，讓科技變得更有禁忌的吸引力，反而阻礙了孩子（和我們自己）達到自然的飽和點。我們也可能只是被說服了，而接受科技對我們身心有害的迷思。畢竟，我想大部分的人都會同意，儘管遭受諸多批評和警告，印刷術和電話的發明確實提升了我們的智能，還有我們與其他人的連結。

研究狩獵採集社會的心理學家彼得．格雷認為，限制孩子使用電腦的時間，等於剝奪了他們使用人類有史以來最重要工具的權力。他寫道：

> 為什麼我們要限制孩子使用電腦的時間？電腦毫無疑問是現代社會最重要的工具。限制孩子的電腦時間，就如同狩獵採集社會的大人限制孩子使用弓箭的時間。孩子來到這個世界，本來就該到處看看，弄清楚自己應該具備什麼樣的知識，才能夠融入他們生長的文化。[27]

格雷表示，狩獵採集社會的孩子會把他們社會的工具當成玩具來玩，即使它有危險性；但是他承認獵採社會的長者會小心收好尖端沾了毒液的箭，不讓孩子拿到。[28]今天，家長其實可以判斷什麼是現代的毒箭，一方面不要讓孩子接觸，一方面又不至於防礙孩子自由運用他們文化中的基本工具。

大部分的人都同意，電腦和科技已經大大地提升了我們的生活和學習。對自學生來說，更重要的問題是，科技如何促進自主教育，賦予學習者自己教育自己的能力，而非只是以新的高科技重現教完就考的舊架構。科技是強有力的工具，可以幫助我們建立一個新的教育模式，讓學習者為自己的作為和命運做主；或者，它也可以把舊的教育模式隱藏在數位的偽裝之下。所謂的線上課程和學位計畫，以及愈來愈多的高科技國民義務教育學習軟體，經常宣稱他們的方法符合自主學習的原則，但事實上比較貼切的用詞應該是自定學習步調（self-paced）。類似的方案大多有固定的課程，學習目標和期望的結果也已經預設好了，學習者唯一的自由，只是能夠按照自己的速度和偏好的順序，一步一步把課程完成。或許，這樣已經算是朝著脫離傳統授課和死背的模式邁出了一步，但它絕不是真正的自主學習，因為，主導的還是他人。當然，如果學習者可以出於自願選擇這樣的課程，而且可以隨時退出，那麼，這樣的方式也可以算是摒除了大部分常規學校強加和強制的特質，也就不失為自主學習者的一個選項。

為了實現伊里奇對教育網絡的願景，以及派普特透過電腦促使教育轉型的目標，我們必須揚棄上學才能學習的過時觀念。今天的科技能讓教育民主化，並讓知識和技能的學習比以前更普及。拜更新、更快、更好的科技之賜，知識變化亦是日新月異。由上而下的靜態課程，根本跟不上我們身處網絡社會、不斷變化的需求。正如媒體實驗室的學習團隊所言，我們必須從「陳述轉向對話」，從「課程轉向社群」。[29] 最有意義、能持久的學習，必須發自學習者的內心。科技只是一個工具；對人類有信心才是真正的突破。

自學教育的重點提示

- **善用科技**。電腦和科技改變了我們取得資訊、獲得知識的方式。以教室為主的被動學習模式已經不是唯一的選項。今天，透過網路，藉由各種線上課程、YouTube教學，還有社交網絡，我們可以即時、自主地學習。在科技輔助下的學習，打破了過時的教育層級；資訊和資源從未如此能讓如此多人容易取用。

- **增加取得性**。讓你的孩子享受科技吧，充分授權他們自由運用科技，像你一樣使用電腦、科技，以及社群媒體。協助他們連結多元豐富的網路資源，有許多專為孩子設計，而且大多是免費的教育方案，像是線上Scratch程式設計語言（scratch.mit.edu）以及其他的軟體工具。鼓勵他們為自己的問題尋找答案，探索網站和影片，並且主動加入他們，一起探索。與孩子討論潛在的科技陷阱，可能的危機和風險，以及查證資訊是否真實的重要性。

- **討論限制**。根據每個孩子對設定螢幕使用時間的反應，或是全家的價值觀念，有些家長可能會設定一些使用科技的限制。就好像有些孩子對限制他們吃糖感到不情願，有些孩子可能會對限制他們使用螢幕的時間反應很負面。家長應該相信自己的直覺，關鍵是設限的標準必須根據具體情況，不要只是被我們文化中對科技無來由的恐懼影響。如果孩子剛剛脫離學校的環境，科技可能是他們去學校化的過程中很重要的部分，給孩子多一點掌控自己時間和行為的權力。一旦孩子了解自己擁有充分的自主權，對科技的依賴就會減少，或是被新產生的興趣吸引。家長若想設定可能的限制，並且持續地評估效益時，和孩子之間經常且誠實地就有關科技的問題進行討論，應該是最好的做法。

7 自學資源中心

「按照梅崗城的學校制度，我彷彿在跑步機上試圖前移，不禁有種上當受騙的感覺。說不出來是被什麼給騙了，但我不認為那十二年的枯燥無聊是國家存心替我設想的。」

——史考特（Scout），摘錄自哈波・李（Harper Lee）《梅崗城故事》

（*To Kill a Mockingbird*）[1]

大衛・連恩（David Lane）擔任教職已經超過二十五年。他曾在各式各樣的課堂環境與青少年合作，最近的身分則是一所公立學區中學的教師。在教學生涯中，他發現常規學校限制愈來愈多，對於孩子的個別需求愈來愈不重視。大衛表示：「事實上，我們寧願加強各種技巧和方法，也不願意嘗試全新的事物。我們以為**更多**就能更好——更多的課堂時數、更多的責任、更多的標準化、更多的考試，就能得到更好的結果。」大衛曾經嘗試從體制內部進行改革，他建議任職的公立學校以新的或不同的方式推動自主學習，然而進展緩慢，又受到校方人士多方掣肘。眼見常規的學校教育愈來愈標準化，校方無意或無力改變，無法確實因應年輕世代的學習天性，心灰意冷的大衛決定另闢蹊徑。大衛認為：「教學已然今非昔比，我們必須承認，十年前或更早之前我們所投入的那種工作，已不復存在。然而，看清這個現實的人，卻少之又少。」

二〇一六年，大衛跳出體制，在市政府提供的企業育成中心成立了獨創力基地（Ingenuity Hub），作為自學青少年自主學習的資源中心。在那裡，年輕世代可以隨著個人志趣進行各自的專案計畫，身邊有同儕和成年人提供幫助，還有更大的社群資源可供使用。來這裡的孩子之前大多上過學，往往得花上相當長的時間才能脫離學校思維，或是適應自學帶給他們的自由和自主權。大衛分享了他的經驗：

> 有些孩子經歷了一段看似「無所事事」的時間，有時知道自己要做什麼，但是不確定該怎麼開始；有些花了好多的時間和空間，才從學校的經驗裡解壓縮；有些還需要一些時間，去想清楚不上學的完整意涵。還有一些孩子非常專注於他們想做的事，曾因受到學校的刻意阻攔而深感挫折，因此一旦得到機會想花多少時間在想做的事情上都可以，就會立刻跳下去做。對我而言，這也是一種去學校化，只是方向不同。

根據大衛的觀察，他教過的學校學生和無校自學的孩子之間，有著驚人的反差。

整體而言，受過學校教育的孩子遇事所採取的方法，大多為「盤算如何以最少的努力，既能取得成果（例如：成績），又能達到自己和家人的最低容忍限度。」然而，在孩子漸漸習慣自己主導的學習方式之後，事情就有了變化。孩子開始看到實驗的價值。他們不再關注「會不會失敗」，如果事情發展不順利，他們就會決定下一步，包括全盤推翻，從頭來過，或是先擱置一旁，之後再研究。

即使天性樂觀，對教育的力量又抱持著極大的熱忱，大衛並不認為自己主導的學習方式能夠成功地與常規的學校教育結合。「有太多的權力結構依賴現狀以維持他們的地位。期待教育制度的把關人員有所改變，得等很久很久。」大衛認為：「我們需要更多取代學校的具體選項，每個社區的孩子都有選擇這些方案的權利。」

於是，自學資源中心這類用來替代學校的選項，在全國各地迅速擴張。因為對僵化、考試導向的常規學校教育感到憂心，愈來愈多的教育人士和家長尋求新的選擇，以維護孩子天性裡的好奇心。自學中心提供了混合的學習模式，讓更多家庭有機會採取自主學習的教育，並協助年輕世代得到所需的支持和資源。這些中心讓孩子和家長重新取回主動權。典型的做法是：家長向所屬的州鎮登記或自我聲明為在家自學生，依照義務教育法規，取得必須的合法身分，負起監督孩子教育的責任。如此，他們的孩子便能夠依照自學中心所提供的資源，或按家庭的個別需求，選擇部分時段或全時段參與自學中心。所需的費用，往往僅是一般私立學校學費的一小部分。

我經常聽到家長用渴望的語氣說：「噢，我多希望我的孩子能自學。」他們大多是單親家長，或是雙薪家庭，無法全天候親身監督孩子的教育；有些則是另一半或其他家庭成員對自學仍然存有疑慮，形成難以跨越的障礙；有些家長覺得孩子已經在學校太久了，一想到要面對學習環境的劇烈改變，就難以下定決心。對於這樣的家庭，自學中心可以為他們提供以往得不到的自主學習空間和支援。對一些家庭來說，自學中心還可能提供了他們無力自行具備的資源，像是某些樂器、木作坊所需的各式工具和機具、設施完備且提供豐富手作材料的藝術空間，或是由社區專家和客座指導員組成的團隊，定期針對各種有趣主題提供導覽示範。自由和選擇，是所有自學中心的核心宗旨。中心提供可用的資源和成年人的協助，大部分的活動就交由孩子們自行決定是否繼續，想退出就可以退出。（我說大部分，因為自我引導的學習中心往往背負著一些社群期許，像是定期參與社群集會、必須的環境整潔，或者擔負某項被指派的社群角色。）

學習和創造的自由

我們或許可以說，是當今常規學校教育的極端本質，促成了自學中心在全國各地的持續增加。然而，這種教育模式大約從一九七〇年代，約翰．霍特和在家自學的現代復興時代起就已經存在了。一九六四年，霍特出版了深具影響力的著作《兒童如何失敗》。這本書是彼特．柏格森（Peter Bergson）從一九六七年畢業於哈佛之後讀的頭幾本書，就此改變了彼特對教育和學習的看法。一九七八年，彼特和妻子在美國賓州郊區，成立了國內第一所自主學習中心，如今他已經是名七十多歲，享受群聚生活的老爺爺。這所學習中心後來成為全球各地自主學習中心和另類教育的典範。

大學一畢業，彼特就加入了和平工作隊（Peace Corps）[1]。他被派去和菲律賓的一群數學老師合作，協助他們從教「老式數學」轉型，改教當時正熱門的「新式數學」。最吸引他的，不是那些新穎時尚的課程或教學方法，而是他領悟到，在接受了那麼多年的學校教育之後，他和教學夥伴們對數學觀念的理解，實在少得可憐。注重計算多於觀念的教學方法，不但導致許多成年人不喜歡數學，也讓他們欠缺數學思考能力。彼特對於學習和學校的看法因此受到衝擊。工作隊的任務結束之後，他埋首鑽研學習理論，開始對現有的學校型態產生懷疑。當時美國正處於越戰年代，激進的教育人士和作家大聲疾呼，挑戰威權主義和制度壓迫，要求推動以孩子為中心的學習模式。後來，彼特和霍特成為好友，當彼特和妻子蘇珊（Susan）決定讓自己的四個孩子自學時，霍特撰寫的《自學通訊》就成為他們實施自然學習法的靈感來源和圭臬。

後來，彼特和蘇珊決定把自主學習推廣到自家之外。他們在賓州德拉瓦郡創立開放連結中心（Open Connections），作為在家自學生和無校自學生的自然學習中心，歷經四十年而不衰。一開始空間狹窄，僅能容納學齡前和幼兒園年齡的孩子，二〇〇〇年搬到新據點而大舉擴充，中心現在坐落在占地二十八英畝的古歷史農場上，為四至十八歲的孩子提供服務。中心現已交由彼特自

[1] 美國的國際志願服務組織。

學長大的女兒茱莉亞（Julia）管理，秉持一貫初心，為培育孩子的自由和創造力而努力。孩子每星期只到中心二至三天，但每天中心裡都有超過九十個的孩子。我問茱莉亞為什麼中心只提供部分時數的選項，茱莉亞表示：「我們是這些家庭的合作夥伴，但引領孩子學習的應該是家長。如果我們提供全時數的選項，就可能把教育孩子的責任從家長轉移到中心身上。」

釐清了中心的宗旨之後，孩子也被賦予了學習和創造的自由。如同許多自學中心，開放連結中心開設不同主題的課程，但不強迫參加，由孩子自行決定想上或不上什麼課程。九歲以下的稚齡孩子則在一個開放的遊戲空間裡自由活動，完全自主。我去參觀的那天，有四位輔導員正在進行一些預先規畫的活動，指導有興趣的孩子學習縫紉和藝術創作。大部分的孩子則在色彩繽紛、光線充足的空間裡自由玩耍，裡面充滿了書籍和遊戲、繪畫和手作的工具和材料、玩具，以及蒙特梭利式的操作裝置。此外，還有一間設備完整、工具齊備的木工作坊。茱莉亞解釋，當孩子漸漸長大，往往開始渴望更多經過規畫的學習活動，所以中心會特別為青少年提供一些具主題性，由大人指導的課程。週二的重點是藝術人文，週四則聚焦於數學和科學。在我的參觀行程中，看到一群活潑的少年和幾位態度熱切的成年輔導員，正在中心設備完善的科學實驗室裡進行魚類解剖。還有一群青少年在其他輔導員的協助下，進行著自選的獨立科學專案，他們即將在一場座談會中，向廣大的社群展現自己的研究成果。開放連結中心有一項無螢幕政策，學生只能使用中心提供的共享筆記型電腦或桌上型電腦。我看到一名青少年坐在沙發上用筆記型電腦查資料，研究古代的淨水系統；另外有人正在探索性別偏見對於知覺的影響。

在中心經過細心修復的穀倉建築裡，有一個寬敞而舒適的閣樓空間，一群青少年正在那裡為他們最新的募款活動進行簡報。每一年，年紀最長的這群青少年將自選一個小組專題，而他們最常選擇的是到遙遠的城市進行一趟旅行。整個旅程將由他們自行規畫，包括行程預約、議價，還要募款，確保所有參加人員的費用都有著落。為了他們第一次的募款活動，小組成員自編自導了一齣舞台劇，在晚宴上為社群大眾演出，獲得了極大的成功。我去參觀的那天，他們正在熱烈地討論著下一次的募款活動。

開放連結中心這類的自主學習中心，和其他改革性教育有著關鍵性的差異：開放連結中心並不是一種另類學校，而是取代學校的選項。登記成為在家自學生之後，家長保有教育的主動權，可以選擇符合孩子志趣的非全日活動，也可以免除學校教育中與出席、課程、評量相關的規定和限制。沒有了成人強加的待辦事項，孩子反而更有動力，決定自己想學什麼，何時學，如何學，以及向誰學。和成人一樣，採取主動學習的年輕世代也享有選擇的權力。在學習社群的支持之下，孩子和青少年得以決定如何運用他們的時間，探索吸引他們的主題。有時候會以有組織性的課堂方式學習，有時則不必。他們的學習完全由他們自己作主。

當同儕紛紛退休享福之際，彼特．柏格森沒有閒著。他忙著把自學和自主的教育觀念，推廣到更多地方，提供給更多家庭。如今，開放連結中心服務的家庭已經接近一百個，中心裡有二十五位盡心奉獻的員工。靠著彼特和團隊三十多年努力累積的基金，讓中心幾乎可說已經完全自給自足。最近，他又在費城的日爾曼城區開辦了一家天生創造力中心（Natural Creativity

Center）。彼特向來相信，不論什麼社經背景，所有家庭都應該有權選擇自主的教育方式。他告訴我：「儘管我大部分的職涯都投注在開放連結中心的發展上，一直以來，我心底一直惦念著要讓中低收入戶家庭也有能力選擇自主教育。」這些年來，他持續不懈地努力，希望讓所有的家庭，無論付款能力如何，都有資格使用開放連結中心的服務，但同時他也清楚，如果要幫助弱勢家庭，最好的方式就是把自學中心開在市中心地帶。

二〇一六年一月，在向當地教會租來的一個教育場地裡，天生創造力中心開辦了。目前有大約二十名來自鄰近社區的孩子，在這裡接受自然教育的培育，其中大部分還得到了學費補助。和開放連結中心一樣，來到天生創造力中心的孩子，都已註冊為在家自學生，除了中心提供的部分時數服務之外，在家裡和各自的社群也都在進行各種學習活動。彼特認為，自學資源中心的作用在於豐富個人的學習歷程，但是教育的責任則落在每個孩子自己的身上。彼特的說法是：「教育是發生在每個人內心的一種過程。我無法給你一場教育，因為它不是一件產品。我無法令你思考，也無法驅動你。這些都要在內心有所決定和連結之後，才能產生。了解自己，知道自己想要什麼很重要，但常規的學校教育大多忽略這一點。」

天生創造力中心的宗旨就是要促成這樣的學習歷程，讓每個人自己去製造這個「產品」。在中心裡，繽紛多彩的牆面排滿了書籍和材料。在房間的中心擺了張茶几，一套巨大的古氏積木占據了整個桌面，旁邊圍著舒適的絨布長椅。手作的木造遊戲設施上面，擺滿了毛茸茸的枕頭和墊子，營造出閱讀和休憩的安靜角落。另有一個房間，專為經常搞得亂七八糟的科學實驗而設計；

一整間的木工作坊，裡面有各種手作工具和進階機械；還有一個大大的美術空間，社區藝術家經常在那裡為有興趣的人上課。我初訪的那天，另有一個房間正在玩「龍與地下城」（Dungeons and Dragons）[2]，輔導員是個年輕人。一個小女孩坐在長椅上織著厚重的紫色毛線，另有一個穿著粉紅色襪子的孩子在旁邊用縫紉機。不遠處有一小群孩子正在玩克里比奇紙牌（cribbage）。

中心有一個由成人組成的團隊，成員專業非常多元，在孩子有需要時可以提供協助。我去參訪時發現，團隊提供的協助從指導桌遊，到幫助孩子組裝大型字謎拼圖，或是幫小小孩找失蹤的玩偶，甚至包括陪伴一群孩子在樓下的運動場活動。交通對中心裡的一些孩子是一大障礙，當中有些人家裡正面臨巨大的經濟壓力。如果當天沒有公車可坐，團隊會派成員開車到孩子的家，接孩子來中心玩令她著迷的龍與地下城。

有了可用的資源和輔導員的協助，孩子在天生創造力中心的學習和活動，完全由他們自己主導。他們想來就來；想加入課程或退出，全部自己決定；沉浸在某個計畫中時，就不會有人來打擾。他們自己決定如何運用時間，不需要也不想要別人來幫他們訂定現在和未來的目標。他們不會被打分數或評量。他們的學習不需要符合某個科目的領域或範圍。他們不必依賴老師來告訴他們該做什麼，學什麼。他們用自己想要的方式，學自己想學的，需要時就運用可用的資源，或者

[2] 角色扮演桌遊。

找中心的成年人尋求指導和協助。正如霍特在《方法對了，孩子一定會》（*Learning All the Time*）一書中寫道：

> 幫助孩子學習的最佳方式，不是依我們的想法決定他們應該學什麼，然後想出一些巧妙的方法來教他們；而是盡我們所能，打造一個環境，讓他們可以加入，然後仔細觀察他們在做什麼，在他們有疑問時回答他們的問題，協助他們對感興趣的事物進行探索。[2]

在短時間內，彼特就看到了正面的影響。一個女孩在十四歲時，從公立學校轉來天生創造力中心。彼特說她那時「基本上是個文盲」。進到這個令人著迷的學習空間之後，熱心的輔導員注意到她的興趣，協助她運用資源，在相當短的時間內，就讓她的讀寫能力突飛猛進。彼特說：「孩子會在對他們有意義的字句裡，找出模式，理解拼音的規則，學習閱讀。」一旦這個孩子發現，閱讀是能夠幫助他探索有趣事物的工具，他的認字讀寫能力就會成長精進。還有一個少年，在當地一所公辦民營的特許學校遭到霸凌和毆打。來到天生創造力中心之後，發現這裡是個有愛、富同情心的學習環境，每個人、每項創意，在這裡都被視為珍寶。

自然學習確實存在，並且能夠給人力量。它能開啟人類與生俱來的自我教育能力，去探索和理解他們的世界。沒有上過學的孩子，他們的好奇心和本能會驅動他們學習認識世界，一路到青少年階段，到長大成人。對那些受過學校教育，後來離開學校加入像開放連結和天生創造力這樣的自學中心的孩子，他們的創造火花可以被重新點燃。只要這些孩子了解自己的學習其實是由自己主導，不會有大人來強迫，他們就不會再等著被教，而是主動去學。就像彼特說的：「我們看出『教他們』、『考他們』這種教育方式所付出的代價，所以我們特別重視自主學習和創意的過程。」

學習很自然，學校非必然

一九九〇年代初期，當彼特和妻子忙著擴充開放連結中心的時候，公立中學教師肯恩・丹佛德（Ken Danford）逐漸對自己的角色感到幻滅。當時他教的是八年級的社會科。他知道常規的學校教育問題很大，一開始他以為只要解開某些癥結，情況就能有所改善。他想，如果學校的經費能多一點，如果課程設計能好一點，學校就不會那麼糟。當他還在等著學校教育改善的時候，一位同事要他趕緊去讀葛瑞絲・勒維琳的著作《青少年解放手冊》（*The Teenage Liberation Handbook: How to Quit School and Get a Real Life*）。肯恩一開始還不太樂意，因為那是一本關於在家自學的書，但是等到他坐下來開始讀，就彷彿受到天啟：

> 我徹夜捧讀，因為這本書太神奇了。書裡的孩子竟然沒上學，也能茁壯成長。我不敢相信，他們竟然不需要像我這樣的老師教他們學習。我才發現，最大的問題是，我的學生根

本就不想來學校，而我正在強迫他們學他們不想學的，做他們不想做的事。我這樣的老師，只會使他們過得更糟。我真的覺得有問題了。

一九九六年，肯恩辭去教職，在麻薩諸塞州西部開辦了青少年自主學習中心「北極星」（North Star）。他的同事約書亞．霍尼克（Joshua Hornick）之前也是一所公立中學的教師。他們兩人共同創立了這個中心，提供社區資源，協助孩子離開學校，在家自學。肯恩說，「其實就是無校自學，但在家自學才是在美國合法的說法，才能讓自主學習成真。」兩位創辦人把北極星定位為社區中心，孩子能在這裡聚集、逗留、一起旅遊。有意願的話，也可以參加課程或接受課輔。在這裡不打分數，也不用點名。孩子來不來完全出於自願，沒有人會強迫他們什麼事。肯恩希望，中心能為家庭和青少年提供非全日的資源，而不是全日制的另類學校。來中心的青少年，平常不來的時候，大多是去社區某處打工或實習，或是按自己的興趣參加活動或體育運動，或是去社區大學上課，或是在某個當地的學院或大學旁聽。

肯恩在許多來中心的青少年身上看到深刻的轉變。這些孩子之前在常規的學校教育裡，經常感到受困和不快樂。來到這裡之後，重新找回了他們的創造力和個體性。有了自由和絕不強迫的社群支援，他們重新享受到學習的樂趣。肯恩說：「這就是自主學習的力量。給予人們基本的尊重，問他們想要做什麼，就算對方拒絕也欣然接受。這本不該是什麼革命性的創新，但它的確是。孩子快樂了，就會開始思考他們想要做什麼，可以承擔什麼樣的風險？先有快樂，才有成就。」

肯恩發現，孩子天生就理解這個流程，不懂怎麼放手的往往是家長。他想起好幾次有家長把他們的孩子從學校裡拉出來，轉進北極星：「他們對我說：『謝謝你救了我的孩子。我們家比以前好太多了，你太棒了。那麼……現在怎麼加強數學？』」面對這些焦慮的家長，他通常會提醒他們，才過了數月，請他們試著放輕鬆，對自然學習過程要有信心，給孩子充分的時間脫離過去學校強迫式教育的多年影響。家長有時做得到，有時不能。我和許多教育人士談過，他們指出，在無校自學和自主式教育過程中，家長的投入程度可能天差地遠。有些全心擁抱，有些則否。後者往往只把自學中心當成每週「隨興」活動的時間，其他日子則繼續在家複製學校模式，持續強加正規學業。所以，最抗拒無校自學哲學的家長，也最有可能把孩子轉回常規學校，這點就不足為奇了。

北極星開辦至今，已經以學校替代品的方式，陪伴了超過五百名青少年。他們之中，有許多人現在擁有成功而滿意的生活和事業，有許多人則進入了國內知名的學府深造。肯恩學到的是：「孩子並不需要學校。學校是過時的觀念。」北極星的格言是「學習很自然，學校非必然」，充分反映出中心的信念——學校不是教育的唯一選項。二〇〇七年，北極星首次舉辦了假日研習會，和其他人分享他們創新的教育模式。接下來幾年，研習會持續擴充規模，最終催生了非營利組織「開放學習家」（Liberated Learners），幫助那些受到北極星啟發的家長和教育人士，在他們自己的社區內成立自主學習中心。這些新式的自學中心正在全球各地開枝散葉。

學習生活

二〇一三年的某一天，喬治・波凡姆（George Popham）開車在高速公路上時看見一塊招牌，上面寫著「北極星：青少年自主學習」。他沒聽過這個地方，卻在當下就決定從下一個交流道下去，去探個究竟。喬治是位公立學校教師，學校裡的狀況讓他感到失望，他想為青少年創造一個新的教育空間，但他不確定自己能做什麼，或要去哪裡找答案。「我遇到很多其實很聰明又有天分的孩子，他們痛恨上學，許多甚至發展出對學習的厭惡。」他告訴我們：「師生之間的惡劣關係也困擾我，為了工作，我們經常得嚴厲地控制學生。我很清楚，這樣只會扼殺學生與生俱來的創造力和學習熱忱。我認為一定有別的方式可以辦學。」

於是，喬治開下高速公路，來到了北極星，認識了開放學習家這個組織，並且為之深深著迷。二〇一四年，喬治辭去教職，向一間大型的郊區教會租用了教學空間，成立了波士頓海灣州學習中心（Bay State Learning Center），成立之初有二十多位十至十九歲的青少年學員。海灣州學習中心的格言是「學習生活」，從原本只提供非全日的學校替代教育，到後來擴充為一星期五天，為有需要的家庭提供全天的選項。和其他的自主學習中心一樣，加入海灣州的孩子都已登記為在家自學生，由他們的家長承擔孩子所有的教育責任。

我曾多次參訪海灣州，其中一次我看到一群孩子在創客工坊，忙著運用工具和3D列印機等新科技進行創作和發明。一群孩子在成年輔導員的引導下，在上反烏托邦文學的課程。還有幾個少年拿著手機玩著「當個創世神」（Minecraft）電玩，幾個正在用筆記型電腦玩遊戲。我在一張破舊的長椅坐下來，和他們閒聊。這個中心沒有使用3C的限制，孩子可以自由選擇怎麼運用時間。對從常規的學校轉過來的孩子來說，這樣的自由就像做夢一樣。

喬治表示，正式上過學的孩子，脫離學校思維的過程相當漫長，過程也因人而異，端看學校教育對這個孩子造成的創傷多大。但是喬治仍發現了一個常見的模式。一開始，孩子通常都非常安靜和退縮，對成人明顯懷有戒心和不信任。「好像他們在等待著。」喬治這麼形容：「他們心想：『好啊，看你什麼時候會開始整我？什麼時候會開始控制我的生活？看你還能裝多久？』」後來，他們漸漸發現這裡不是所謂的另類學校，事實上，這裡根本就不是學校。在這裡，他們可以無所事事地到處閒晃，就算是玩手機、打盹，也沒有人會試著干涉他們。

接下來，他們會從對學校的麻木狀態中清醒過來，開始和中心的其他孩子互動。他們還是會坐在長椅上拿著手機玩，但是和其他孩子的交談會愈來愈頻繁。這樣的情形可能延續數月，讓許多憂心的家長非常意外。漸漸地，原本零碎的社交互動，變成孩子一天裡最主要的部分。然後，一群群同齡的孩子會站起來，一同參與中心所提供的選修課程。有一天，那個原本退縮的孩子也會加入他們。他會看清楚自己掌控著自己生活和學習的主導權，開始願意信任成年人。喬治認為：「他們發現自己可以和成人建立一種無關權力的關係。他們會了解，這裡的大人對待他們，就像對待任何一個人。」

脫離學校思維的過程，通常也會延伸到孩子的家庭生活，他們和家長以及其他家庭成員之間的關係也會大幅改善。喬治表示：「家裡的衝突變少了。一部分是因為來自學校的壓力減少了，少了校方的來電，少了有關孩子課業和時間管理的各種爭論；一部分是因為孩子不再那麼反抗，那麼緊繃。家長通常看不出學校施予孩子的壓力。」

海灣洲團隊已經看到了效果。有些孩子開始去上社區大學的課程，年長一點的甚至開始去實習，因此到中心的時間便縮減成一星期來個幾天。有些孩子開始投入他們獨立進行的複雜又有深度的研究計畫。一個十六歲大的男孩，就曾經和我分享了他和同儕編寫製作的科幻電影。有些孩子因為對選修課程的內容太感興趣，便自己去探索和閱讀更多相關的資料。好幾個孩子現在已經帶著全新的認知，進入大學或是職場，將他們的未來掌握在自己手中。一個十四歲的男孩告訴我，三年前來到海灣州，比起留在學校明顯好太多了。他說：「在學校裡，我被迫學那些我沒興趣或是我已經知道的事。在這裡，我能自由決定我想學什麼、怎麼學、什麼時候學，這裡的老師不像長官，比較像朋友。」

對更多家庭來說，自主學習中心有助於讓自學成為更務實的選項；同時也在學校生活和脫離學校生活之間，提供了重要的跳板。我走訪全國各地，發現每一家中心都有各自的社區文化、要求、期許。有些就和開放連結中心一樣，會限制3C產品的使用，有些就像北極星一樣完全不加限制。天生創造力中心坐落在市中心，而北極星的地點就比較鄉下。儘管有著些微差異，每一家自主學習中心都提供了非強制性、支持、資源豐富的環境，共同承擔起推廣自然學習的任務。中心的創辦人也都了解，家長才是最應該對孩子的教育負責的人。中心能夠協助家長實現他們的自主學習教育，但是決定權還是在家長。對某些家庭而言，這種輔助性的支援正是他們的自學計畫所需要的。但是，對另一些家庭來說，如同下一章所描述的家庭，一所全日制的「自學學校」，才是比較好的選擇。

自學教育的重點提示

- **調查附近的自主學習中心。**和當地的在家自學社群聯繫，看看附近有沒有什麼合作社或社團。或是上自主學習聯盟（Alliance for Self-Directed Education，http://self-directed.org）查詢全球各地最新的自學中心與自學學校名單。
- **你來創辦！**由你主動，在你的住家附近創造一個社區型、非強迫性的學習空間。確立你的宗旨，調查當地行政機關的相關法規，根據社區的需求，結合志同道合的家庭，找個適合的地方，掛上你的小招牌。開放學習家（http://liberatedlearners.net）和敏捷學習中心（Agile Learning Centers，http://agilelearningcenters.org）這類組織，可以提供草創初期的輔導和協助。
- **把自學中心看成是一種資源，而非取代。**理想的做法是以自主學習中心補強孩子的自學生活。它可以提供持續穩定的社交環境，某些課程、材料、輔導人員，是一個

中立的學習成長空間。但是，有些可以讓自學孩子在更大社群裡投入的學習，就不應該被自學中心取代。對於完全承擔孩子教育責任的在家自學家庭來說，自學中心不是學校，而是一種資源。

8 自學的學校

「沒有比主動更好的教育。」

——尼爾・德格拉斯・泰森（Neil deGrasse Tyson）[1]

「九歲的孩子是很有力量的。」那天我走進敏捷學習紐約中心（ALC-NYC）大廳的時候，有個只穿襪子、拿著iPad的小男孩對我做出如此聲明。他是認真的。對於在敏捷學習紐約中心裡正在進行的自主學習活動，「有力量」的確是一個貼切的形容詞。敏捷學習紐約中心坐落在哈林區佳鄰大樓（Good Neighbor building）一間百年歷史的教會頂樓，那裡溫暖而熱情地歡迎五至十八歲的孩子加入，為自己的教育全權負責。

上一章提到的自學資源中心裡，孩子都是已經合法登記的在家自學生，因此可以選擇全日或部分時數的參與。但是，敏捷學習紐約中心不同，它是一家全日制，有執照的獨立學校。在紐約，擁有執照表示這所學校符合基本的健康和安全要求，能夠提供疫苗接種報告，執行定期的消防演練，確認學校設施中不含石棉材質，並且記錄出缺席以符合國家義務教育法規。上述的行政規定都符合了，紐約敏捷學習中心這類的自學學校就可以自由運作，自行訂定教育計畫，無須參照政府的課綱和評量標準。敏捷學習紐約中心的教育計畫就是沒有課程，完全自主，由孩子自行決定要怎麼運用每一天的時間。除了參加學校會議，以及每天放學前環境打掃之類的社群基本責任之外，中心很少要求出席率。事實上，在家長為孩子報名之前，必須詳讀以下的聲明並表示願意接受，以確保他們了解自主教育的真實意涵：

> 我了解敏捷學習中心提供的是一個真實世界的學習環境，學生在這裡要發展的是自主、自動、自知的學習，中心永遠不會規定學生參加特定課程，或是完成特定工作。校方會因應學生的學習要求提供支援，但不會依照任何課程而主導任何學習活動。為了學校能順利運作，學校會議將可能規定部分活動為強制性。目前這類的強制性活動為：晨會、放學前集會、環境整潔、消防演練，還有接到申訴情事時能夠到場。其餘的，就由每個孩子自己作主。

我在這個光線充足又舒適的都市空間裡漫步。在一個房間裡，有一群孩子正在用長椅的靠墊堆砌城堡；另一個房間，有一群孩子正在用桌上型電腦或攜帶型裝置玩著當個創世神之類的電玩。一個充作圖書室的房間裡，有個小女孩在舒適的角落讀書。沒有人穿鞋，所有人都可以自由自在地閒晃。到處充滿笑語和玩耍的歡樂，但絕沒有混亂和吵鬧的感覺。一個陽光充足的房間裡正在上一堂數學課，一位大人在指導課程，運用了各種資源，包括可汗學院的網站。我在各個房間進進出出，正要走往後方的大型開放廚房時，突然有個念頭跑出來：靠墊城堡這些景象，不就像極了我家的自學生活？

丹尼爾・格林伯格在一九八七年出版的《用自主學習來翻轉教育》一書中，描述了他所共同創辦的瑟谷學校。他寫道：「這地方一點都不像學校。在這裡找不到標準的『學校線索』，反而比較像個家，許多人在這裡各自專注而輕鬆地從事著不同的活動。」[2] 敏捷學習紐約中心也給人同樣的感覺，讓我想起我的孩子每天活動的情形：有時候上上課，做些看起來像是很「學術」的工作，但是更常的是在玩，聊天、探索、吃東西、閱讀、做手工，還有創作。這裡用的語言也和常規學校不一樣。沒有「老師」這個稱呼。在敏捷學習紐約中心裡的成年人，就算是來指導主題式課程，都只被稱為輔導員或工作人員，或者就只稱為大人。孩子直接喊他們的名字。

我和輔導員美樂蒂・坎波（Melody Compo）在廚房餐桌旁坐下來。周遭有好些個孩子坐在沙發上用智慧型手機閱讀或玩遊戲。有一位輔導員坐在餐桌吃著午餐，另一位坐在旁邊椅子上讀一本書。孩子進進出出，或是問大人問題，或是和大人分享他們正在搞什麼很酷的事物，或是就拉張椅子坐下來吃午餐或和朋友閒聊。

和我聊天的同時，美樂蒂一邊在握在手上的木塊上刻出雪花圖樣。她告訴了我她自己從來到中心以後到現在脫離學校思維的過程。大學時代，美樂蒂開始對約翰・杜威激進的教育想法產生興趣，後來她進入美國的大企業工作，但是感受不到價值。在一場派對上，她遇到了大學的同班同學，現在是敏捷學習紐約中心的工作人員。從同學口中，她得知了中心正在招募人員。美樂蒂渴望新的挑戰，也想重拾對另類教育的興趣，於是她很快就接下了這份工作。美樂蒂表示：「對我來說，脫離學校思維的過程並不容易。我從小在一個有標準答案的制度裡成長，但在這裡我得學習，許多時候是沒有標準答案的。」來中心的不久之前，她才剛出櫃，對以往被教導看世界的方法有許多質疑。從學校到大學到工作的這一條輸送帶，開始變得空洞、空虛。她說：「我按部就班地拿到好成績，上榮譽學生榜，找到好工作，卻不快樂。我對整個制度感到失望，在此之前，我不曾有過這種感受。」

加入敏捷學習社群之後，美樂蒂重新找回活力，也看出讓孩子主導自己學習和生活的自主學習教育，才是確保生活快樂滿足不可或缺的元素。美樂蒂說：「這是一個療癒的地方。我們工作人員、家長、新加入的學生都有同樣的看法。在這裡，重要的是，真正去理解和接受每個人原本的樣子。沒人會催你，凡事也沒有正確答案。我們在這裡的工作真的很重要。」一開始，美樂蒂不知道這份工作該怎麼做，一直等著有人來告訴她該做什麼，或可以做什麼。過了好一段時間，她才了解她已經被授權自主，一如中心裡所有的孩子。「我是自己的主人。第一次，我搞清楚了這是個什麼樣的地方。」

從那之後，美樂蒂就盡情地投入任何她覺得有意義的活動，重拾許多荒廢已久的興趣。她為想聽的孩子大聲朗讀一些她愛看的書，包括《魔戒》（*Lord of the Rings*）、《哈利波特》，以及《黃金羅盤》（*Golden Compass*）。她和孩子們一起看電影《星際大戰》（*Star Wars*），玩桌遊，聊時事和文化趨勢。她現在也負責教一些每周一次的選修課程，包括版畫和創意寫作。如果孩子想到市區的博物館、公園或是古蹟郊遊，她就陪他們去。她也在中心開的其他課程裡當助手，這些課程通常是由外面擁有某項專業或興趣的志願人士授課，課程的內容從日文到發酵學都有。

我和美樂蒂談天的時候，孩子也在廚房裡進進出出。有些進來拿了外套就往附近轉角的公園跑去，有些就到幾條街外他們最喜歡的熟食店買午餐。我問美樂蒂對於孩子進出校園有什麼規範，她解釋孩子進出校園和接受監督的程度，由每個孩子的家長決定。規矩不是輔導員定的，但是他們會尊重家長對自己孩子的期許。不管家長有沒有任何監督上的期望，大部分的孩子都有許多機會到校園之外活動。輔導員經常會陪伴孩子到附近的公園，或是搭地鐵到市區不同的地點走走。在自己的城市學習，向自己的城市學習，對敏捷學習中心的員工、學生、家長來說，都很重要。

學校的共同執行長萊恩・索倫柏格（Ryan Shollenberger）對我進一步說明了大人在這所學校扮演的角色。他談到了自學的光譜，也就是大家對夏山學校創辦人尼爾「自由，而不放任」觀念的詮釋廣度，這觀念在敏捷學習中心的說法則是「以最少的干預實現最大的支持」。在光譜的一端是完全不干預孩子的學習和活動，另一端則是多一些直接的影響。萊恩說，敏捷學習紐約中心力求站在光譜的中間位置：「我們試著在個人自由和群體需求之間取得平衡。」他解釋，只要不超出他們事先已經同意的社區協議範圍，敏捷學習紐約中心的孩子可以做任何想做的事。萊恩舉例說明：有一次一個孩子表示想要玩火，他想學怎麼生火，想看不同的東西怎麼燃燒。放任，就是讓這個孩子不受干涉的情況下去做；給自由而不放任，則包含了讓孩子找出怎麼樣在不違反建築規範，不對其他社區成員安全形成威脅的情況下，玩他想玩的火。後來，這個孩子到學校外部擴充的防火梯上玩，旁邊準備了大量的水，還有一名輔導員在一旁看著。

敏捷學習紐約中心鼓勵孩子和家長經常省察自己的目標，或他們所謂的意向，以確保他們能夠得到社區和輔導員的全力支持。敏捷學習努力打造一個不強迫的學習空間，同時也清楚，大人對孩子的學習和發展扮演重要的角色。「在學校之外，每天有成千上萬的事物影響著孩子，包括電視、廣告看板、親戚朋友等等。因此，我們還是會給建議，也會根據孩子的興趣提供課程。我們不認為光是在旁邊看著，不給任何建議和協助，就是在幫助他們。」然而，自學哲學之中最關鍵的是，敢說不、敢退出的能力。萊恩和團隊非常重視不強迫的原則。除了一些出於尊重和責任而設定的重要信條，孩子在加入時也都清楚知道了，此外就幾乎沒有什麼規定和要求。「輔導員有了，資源和課程也有了，如果他們沒有興趣，也沒問題。」萊恩補充：「最重要的是關係。」

敏捷學習中心已經迅速成長，成為連結全美和全球各地自學學校和在家自學社團的網絡。湯米斯·帕克（Tomis Parker）和南西·提爾頓（Nancy Tilton）在北卡羅萊納的夏洛特城（Charlotte），負責帶領當地事務繁忙的敏捷學校。他們兩人同時也是敏捷學習日益壯大的輔導員團隊成員，負責協助其他家長和教育人士在他們的家鄉成立類似的社群。他們共同的願景是，集結自主學習者成立一個共識社區（intentional community）[1]，由他們提供初創時的指導、行銷資料，以及打造一個志同道合的聚落所需的各項建議。各地的敏捷學習中心在教學基礎上都是一致的，至於工具和實際做法則會持續地改良調整，以因應各個社區的需求。有些學校的作用是提供在家自學生一個非全日的自學中心，有些就像敏捷學習紐約中心，已然發展成一所完善的學校。

敏捷學習的教育模式最初由亞瑟・布洛克（Arthur Brock）引進紐約，這種教育模式受到了民主／自由學校、去學校化運動、共識社區，以及敏捷軟體開發運動（agile software development）的啟發。敏捷軟體開發運動從一九九〇年代開始，到了二〇〇〇年代變得如火如荼，主張以一套比較活潑、有彈性和適應性的做法和原則，取代軟體開發舊有僵硬、線性、緩慢的流程。這些理論性的敏捷思維被融入敏捷學習中心的模式，鼓勵持續不斷的設定目標、團隊合作，以及持續審慎的思考。敏捷靈活就是關鍵。

許多敏捷學習中心的主要目標，就是讓更多家庭有選擇自主學習教育的機會。紐約的敏捷學習中心坐落在哈林區的中心，因應鄰近地區的人口組成，中心收費採取依照償付能力而調整的浮動標準。比起傳統的獨立學校，自學學校和自主學習中心的收費往往都只是很小的數目，這表示即使只用很低的成本，也能提供優質的教育。但是，敏捷學習紐約中心還是收取學費，而且，就算一年的學費最低只要四千五百美元，對一些家庭還是難以負擔。中心團隊嘗試用各種創意方式募款，以降低學費，並補足浮動標準收費的不足，但是價位對一些家庭還是太高。正如美樂蒂所解釋：「很難讓自主教育變得平易近人，因為它不是免費的；它之所以不是免費，是因為我們沒有受到政府補助，因為我們不考試，因為我們是自主教育。」

[1] 指有共識的一群人自發性地組成獨立生活社區。

自主教育和自學之所以難以劃入公立學校的範圍，有一個主要原因：常規的評量和問責措施，以及根據特定課程制定教學內容的學校教育模式，和由孩子自己主導學習內容的自主教育模式，往往難以相容。上一代的教育改革人士就已經發現，把自學的理想與強迫性的學校教育模式結合，是非常大的挑戰。

反文化的教育

一九六〇至一九七〇年代的美國，受到當時反主流文化思潮的推動，尤其是對於參與越戰引發的反思，掀起了一陣教育上的改革聲浪。激進的教育人士試圖把更多自由和自主的元素導入當時的公立學校，激進的教育理念和實踐也愈來愈受到重視。教育家赫伯・科爾在他的著作《開放的教室》中，倡議改變權威專制的學校結構：移除教室的隔間，桌子排成一組一組而不是一排一排，賦予孩子更多的自由，更多互動的學習方式。一九六七年，賓州費城的公立學校制度推行了一項大道計畫（Parkway Program），也被稱為「沒有牆壁的學校」，做法就是讓學生可以自由選課，並在市內各種不同地點學習，包括私人企業、博物館、當地大學，以及公共場所。大道計畫融合了激進的教育理念，相信孩子必須從內在產生動機，才能產生最佳的學習。中學生享有很大的學習自由，不必被打分數，評鑑的定義也很寬鬆。一九七〇年，《紐約時報》（*New York Times*）稱大道計畫為「國家最大膽的一場教育實驗」，指出只開放五百個名額，卻有超過一萬名學生爭取。[3]在那個動盪的時代，全國各城市都在進行著類似的教育改革，熱切地期盼學校能夠有所創新，從而改變社會。除了公立學校的努力，數以百計私立的「自由學校」也紛紛開設，以自主學習、參與式管理，以及不強制性為成立的原則。

一九七〇年代，反主流文化漸漸式微，政治風向變了，許多激進的教育計畫也隨之消聲匿跡。教室的牆壁又立起來了，桌椅排回一列一列，大道計畫被大型學區吸收進傳統課程了。反主流文化的政治能量被削弱，主流現況回歸。一位之前曾在傳統中學任職的校長，接過了大道計畫的掌控權，最終把這個計畫弄得和區內其他學校幾乎沒什麼分別。[4]越戰結束之後，反主流文化運動式微，大部分的私立自由學校也都關門了。學者羅恩·米勒（Ron Miller）在《自由學校，自由的人》（*Free Schools, Free People*）中寫道：「一九七〇年代，當美國政局趨於穩定，嬉皮文化、搖滾樂、天然食品，所有反主流文化的象徵都轉型成為商品。政治和良知之間，個人完整性和社會變化之間的拉扯發展成一道裂痕，激進的教育哲學大多被解構成一個個元素。」[5]

在「回歸基本」的聲浪推動之下，大部分想重建非強制性學習自由的教育理想都胎死腹中，只有少數存活下來繼續努力。在科羅拉多州的傑弗森郡開放學校（Jefferson County Open School）是一所公立學校，成立於一九六九年，以開放教室自主、自選、自動，以及無標準化的自主學習理念為教育宗旨。近五十年過去，學校依然實踐著這些價值，在公立學校的體系裡，成為在常規學校融入另類教育理念的典範。另外在紐約，同樣成立於一九六九年的奧爾巴尼自由學校（Albany Free School），當初是以獨立學校的形式成立，它不但熬過來了，也為全美各地的現代自由學校鋪好一條道路。同樣的，成立於一九六八年的瑟谷學校，也在二〇一八年歡慶五十周年。如今，有心創造新穎、自主、自治學校的家長和教育人士，都把瑟谷學校視為一座燈塔，全球各地已經有許多受到瑟谷學校啟發而成立的自由學校。最後，或許也是最具意義的是，在這場反主流文化的覺醒運動中，家長渴望尋求更能永續，更以家庭為中心的教育方式，在家自學和無校自學教育的當代復興於焉展開。

一九六〇、七〇年代，自由學校萌芽的時候，受到最多的批評就是只有少數特權人士才進得了。即使到了今天，這個問題依然存在。一九七二年，教育改革人士強納森．科佐爾（Jonathan Kozol）在著作《自由學校》（*Free Schools*）中寫道：「我認為，在美國這塊土地上，而且是在一九七二年那樣痛苦的年代，一所地處郊區，專為白種有錢人家小孩開設的自由學校，根本就像只有奧斯威辛集中營黨衛軍的孩子才能玩的沙坑。」[6] 如今，許多自由學校的領導人都努力想要改變這種偏見，他們想方設法，就是希望讓更多的孩子能夠接受到這種自主、不強迫的教育。

孩子的自由天地

紐約市一條繁忙的林蔭大道上，坐落著一幢典雅的褐色石屋。這裡是布魯克林自由學校（Brooklyn Free School, BFS），它結合了自學理念、民主決策，以及為了社會正義而投身教育的堅定承諾。從數字上就可以看出他們的努力：二〇一七到二〇一八學年，ＢＦＳ的八十名學生裡，有九〇%的學費是依家庭收入高低調整，五〇%的學生是非裔、西班牙裔、亞裔，或是多種族混血。行政人員表示，這裡從幼幼班到高中，有超過四分之一的學生，如果在常規的學校裡，很可能會因為學習上的差異，而被排除在主流教室之外。此外，學校職員中六〇%不是白種人。BFS是一所有執照的獨立學校，二〇〇四年由前公立學校副校長艾倫．柏格（Alan Berger）創立。它的成立，是受到美國國內最古老的市區自由學校奧爾巴尼，以及其他民主自由學校的感召。自從一九七五年，第十五街學校（Fifteenth Street School）熄燈以來，紐約就再也沒有自由學校，一直到BFS成立。

如同前面提過的敏捷學習中心，以及其他的自學學校或中心，BFS沒有必修課程，沒有考試也不打分數。孩子有興趣時才開課。孩子可以隨興進出學校。大部分的時間，他們都在校外，或是在公園，或是走訪市區各地、實習或參與社區服務。雖然BFS沒有按標準課程開課，沒有打分數，但是從這裡畢業的孩子通常都能順利進入心中理想的大學。我的導覽員是兩位年輕人，他們都是從比較傳統的學校轉進BFS的。我問他們最喜歡BFS哪一點，兩人幾乎異口同聲地說：「自由。」的確，因為學校的座右銘是：「孩子的自由天地。」

混齡教育在BFS不但受到鼓勵，甚至受到期待和重視。自學和自主教育的主張之中，很重要的一個態度就是認為，不同年齡層孩子之間的自然互動能引發最有效的學習。把孩子依照年紀分級是工廠式教學的模式，旨在提升效率和秩序。反之，混齡可以讓孩子與他人更自然地互動，尤其是有共同的興趣，或是很合得來的時候。自學生很反對一種觀念：五歲的孩子只該和五歲的孩子玩在一起，或是中學生只該和同齡的人互動。在自然的學習架構裡，並不存在這樣專斷的區分。就像我不會只和其他四十歲的人互動，孩子也不應該被強迫只能和同一年生的人互動。同儕學習不應該這麼僵化。在BFS，年紀小的孩子向年紀大的孩子學習，不是由上而下的指導方式，而是待在旁邊觀察、模仿、提問。大孩子也會反過來向年紀小的學習，會為了做好榜樣而注意自己的行為舉止。大孩子不會覺得小小孩累贅；小小孩也不會覺得大孩子嚇人。他們純粹在群體裡一起學習。

我到BFS參觀的時候，曾和學校的執行長諾麗卡．洛德威（Noleca Radway）晤談。諾麗卡參與過激進教育改革，但是一直到她要幫自己的女兒找學校，才發現自主的教育模式。女兒在二〇一〇年進入BFS就讀，諾麗卡很快地也加入工作團隊，擔任顧問，後來又擔任執行長。諾麗卡表示，這所學校主要的優點之一，是非常強調自我管理的民主原則。不管是學生還是工作人員，一律平等，所有的事項，包括學校管理、聘雇、辭退、政策和程序、開課，各種規定和責任，都會在每週一次的會議式討論中，由學校全體成員透過民主投票決定。這和我以前在公立學校的「學生自治會」不一樣，這是真正的民主自治，因為所有的規則、決定、做法，都是由工作人員和學生共同訂定。幾年下來，諾麗卡參與學校事務多了之後發現了一個問題：「我們的學生組成多元，但是工作人員全是白人。」她和同事開始自問：「如果我們不談權力和特權，又怎麼實踐民主？」眾人的心聲得到了回響。學校成員開始把民主自由學校的理念和社會正義的工作結合。他們招募了多元種族加入工作團隊，並且致力解決學校社區裡，甚至全球性的大型社會正義議題。

雖然在民主決策的過程中，每一票都是平等的，但是成年人在BFS裡還是扮演著至關重要的角色。諾麗卡表示：「我們和孩子是合作的關係。如果說成年人在自主教育中不需要做什麼，是不負責任的說法。我們負責提供一套課程，我們尊重教師和教育工作者，我們會給建議。」但是，諾麗卡認為，孩子的教育終究還是家長的責任。學校會和家長合作，提供一個自主、非強制性的教育模式，以確保孩子能具備良好的讀寫與計算能力。諾麗卡說：「如果孩子說他想進紐約州立大學，我們會說好啊，你應該要學會數學。」就像任何的民主組織，BFS社群偶爾也會發生衝突，但是成員之間會透過對話和讓步化解。他們深深相信，唯有在孩子的幼年和青少年時期，就讓他們實際體驗，他們才能真正學會如何在自由和民主的社會裡生存。在常規的學校裡，大部分的孩子只學會如何在威權下生存。但是在注重自由和個人責任的自學環境裡，就能夠真正實踐民主的理念。諾麗卡強調：「民主必須有彈性，自由的相反就是僵化。」

生活並非單一標準

班恩・德瑞伯（Ben Draper）八歲之前都在家自學。當時是一九八〇年代初期，為了推動在家自學運動，霍特的《自學通訊》已經開始發行。班恩的母親凱若（Carol）幾年前在讀師範學院時，曾經讀過霍特寫的《兒童如何失敗》，這本書在她心中描繪出學習應該有的樣子，讓她了解到常規的學校往往耽誤了孩子的學習。後來，她在一所公立小學擔任四年級和六年級的老師，曾經試著將霍特的教育理念，包括以孩子為中心、以興趣為導向的做法帶入自己的課堂，但是僵化的學校制度讓她愈來愈失望。最後，受到霍特《自學通訊》和其他著作的鼓舞，她辭去教職，幫孩子辦了休學。班恩還記得第一次跟著母親去拜訪霍特在波士頓的辦公室的情景。母親為了不知如何說服丈夫自學有效，特別向霍特尋求建議。

在班恩還小的時候，自學的確很適合他。但是到了八歲左右，和他一樣在家自學的同伴都去學校上學了，他開始感到無聊。於是，母親帶他來到位於麻薩諸塞州弗雷明罕市的瑟谷學校，他一去就著迷了。那裡很合他的口味，自主學習的環境立刻讓他感到自在。母親每天花來回三個小時的車程接送他，讓他在那裡度過童年和青少年時期。在瑟谷，班恩盡情探索自己的興趣。沒有規定事項，他可以自由選擇想做的事，只要他的自由不要妨礙到他人的自由。班恩花許多時間玩滑板、彈吉他，也開始畫畫。他很晚才開始閱讀，到十歲左右才開始產生興趣，進一步掌握閱讀能力。從瑟谷學校畢業後，他順利得到許多大學的入學許可，最後他進入波士頓的塔夫斯大學（Tufts University），成為一位有成就的藝術家，作品在波士頓美術館的當代藝術廳和其他的畫廊都有展出。

如今，班恩在麻薩諸塞州瑟谷學校附近，也開辦了一所為在家自學生服務的自主學習中心。他要創造一個自由、不強迫、提供支持的學習空間，就像他童年的那所學校。班恩表示：

有些人說孩子的教育應該完全交由他自己作主，這種觀念對大部分的家來說太過激進且陌生。我們的任務是，幫助真正想給孩子自由的家長，提供一個豐富又充滿活力的社區，讓孩子成長其中。對於這些有足夠勇氣面對未知挑戰的家長，我覺得我有責任給他們鼓勵和支持。

在瑟谷的經驗帶給班恩許多啟發，他把瑟谷學校的許多理念運用在經營自己的中心，和教育自己兩個小孩的工作上。自主教育很主要的一個理念，是讓孩子做自己，不設法形塑他成為別的樣子。要做的是支持孩子發展天賦，探索自己的志趣，而不是把這些當成飛向不確定未來的發射台。重要的是當下，不是以後。丹尼爾・格林伯格提到畢業自瑟谷學校的孩子時說：「我們送給他們最好的禮物，就是讓他們自由。只要我們不去剝奪他們做自己的權利，我們為每一個人做的就勝過一票『有用』人士為他們做的。」[7]

一九八六年，研究學者針對瑟谷學校畢業生的學習成果進行評估，並將研究結果刊登在經過同行審查的《美國教育期刊》（*American Journal of Education*）上。從研究結果可以看出，在沒有課程和測驗，沒有成人主導的期許之下，瑟谷畢業的孩子在「真實世界」裡還是有良好的表現。有心繼續深造的孩子，儘管沒有文憑，沒有學科作品紀錄，也沒有考試成績，還是有辦法上大學或研究所繼續學習。對一部分從瑟谷畢業的孩子來說，大學可能是他們第一次接觸到正規課堂和考試的地方，但是，從研究報告看來，這些孩子面對大學正規的課程架構，並沒有任何適應上的困難。研究發現，瑟谷畢業的孩子追求的事業領域和專業也相當多元與寬廣。許多受訪者表示，他們目前從事的工作很符合自己的興趣，而能那麼快上手，都多虧了在瑟谷當學生時有充裕的時間探索志趣。[8]另外，瑟谷學校分別在一九九二年和二〇〇五年自行做過的兩份調查報告中，也有類似的發現。[9]可見，即使沒有受過常規的學校教育，只要得到完全的支持，孩子在自主學習的環境中也可以成長茁壯。

直到今天，瑟谷學校的教育理念仍然持續影響著家長和教育工作者，受到啟發而成立的學校在全球各地持續萌芽，推動著非強迫性的學習以及民主性質的自我管理。梅莉莎．布拉福德（Melissa Bradford）原本在公立學校擔任自然科教師，她發現瑟谷的教育模式很適合用來教自己的兩個孩子。當兩個孩子還在學步期時，她創立了一所小小的瑟谷式學校。她後來讓兩個孩子自學，並和附近的幾個家庭合力成立了一間自學合作社。二〇〇八年，當兩個孩子分別長到十三歲和十一歲，她在伊利諾州的芝加哥郊區，成立了高草瑟谷學校（Tallgrass Sudbury School）。她的孩子繼續在高草度過了他們的青少年時期。現在兩個孩子已經二十多歲了，女兒在醫院工作，兒子則正在接受護理師的養成訓練。

高草學校坐落在一棟古樸的教會建築裡，內部空間寬敞舒適，與鎮上一所公立中學隔街相對。入口處的標示宣告了它的願景：學習不應該被標準化，「因為生活從不可能標準」。

初次拜訪高草學校的那天，我到的時候大約是早上九點鐘，但是許多學生都是十點之後才悠閒地走進學校。根據政府義務教育對於獨立學校的規範，年齡介於五至十八歲的高草學校學生，按規定一個星期要到校五天，每天至少五個小時。但是，這些時間不一定都要在學校內，他們可以在附近的社區環境探索，可以去公立圖書館、當地餐廳，或是公園，也可以到市區遠足。這裡和敏捷學習中心不一樣——敏捷學習中心的學生在校外活動的特權，由每個家長自行決定；在高草，則由社群共同決定。孩子必須得到其他孩子和工作人員的「認證」，根據認證的層級，決定他可以享有什麼程度的外出特權，從在無人監督之下到校外的空地玩，至外出到各種學校事先同意的地點。最高程度的特權是完全沒有限制，想去哪裡都可以，包括到芝加哥市中心。

瑟谷模式的自主教育有一個關鍵原則，民主教育也大致如此，那就是自治。對於如何經營學校，孩子和工作人員享有完全相等的決定權。所有事項都在學校的週會中決定。會議的頭五分鐘，規定學校所有成員都必須參加，之後的時間可以自由決定是否先行離開。我看到成員們在學校會議中分享小組委員會做的報告，各式各樣的主題，從財政到學費到行銷都有。他們還會審查由學校司法委員會所做的報告。所謂的司法委員會，是由一群被推選出來的學生和工作人員組成，每週開好幾次會，負責處理人際爭端、違規事項，或是懲戒事宜。全校人員共同定下規則，新來的學生必須同意遵守才能入校。規則的執行也由全員主導，由司法委員會負責警告和懲戒。民主並不容易，高草學校這類的學校相信，要孩子學習民主的最好方法，就是讓孩子生活在民主的社會裡，充分體驗民主決策和自我管理的過程。

在學校會議裡，我還注意到另外一個議題，就是有關開課的事宜。如同同類的自學學校，高草學校淡化了課程的重要性，他們知道，課程往往和學校教育的思維有關，比較重視人們要怎麼學，而不是自然的學習方法。學校在主要的集合場地有一張大型的行事曆，上面標示了每週要上的西班牙文課和數學課的時間，課程由學校的工作人員負責。課程和其他事情一樣，都是非強制性的，也是由社群共同發起的。偶爾會有校外的志工提供各種主題的課程，像是建築或服裝設計。會議中，委員會提到，志願者開的課程品質良莠不齊，有的很受歡迎，座無虛席，有的不然。小組在會議中很貼心地提到，在確保不強迫學習的同時，對志工講師還是要給予應有的尊重，畢竟他們奉獻了時間和專業。會上做出一項重要的決定，未來篩選課程眼光要好一點，並對於有可能擔任講師的志願者，應該更坦率地說明學校不強迫和自主學習的理念。

會議結束後，孩子三兩成群地各自在這個輕鬆又令人愉快的空間裡，找到想待的房間和舒適的角落。一些孩子聚在裝設了遊戲機的房間裡玩電動；一些孩子在圖書館或美術教室看書；一個小女孩從家裡帶來了伴唱機，大家就跟著唱歌；一些孩子到一個開闊的大房間裡，在地上舖的橡膠墊上翻筋斗。我坐在廚房裡，和幾個聚在一起午餐年紀較小的女孩聊天。她們健談而好客，完全沒有青少年有時會表現出來的冷漠。她們問起我在做的研究，問我有關自學的問題，告訴我許多這個學校的文化，和我分享了白天在校園內外她們如何運用時間，如何投入感興趣的事，在社群裡向彼此學習。對話中最常被提及的就是自由。

我還注意到，在這個自主教育的空間裡，成年工作人員明顯扮演著重要的角色。在這裡，孩子能自在地與成人交談、問問題、尋求協助、談笑，還有互開玩笑。有個男孩進了學校之後，眼神低垂地坐在那裡，外套還穿在身上。一名工作人員走向男孩，坐在他身旁，輕輕地攬著他的肩，輕聲地對他說話。表達關懷之後，工作人員就走開了。不久，另一個孩子來到男孩身邊，和他說笑，後來男孩就把外套脫了，開始融入現場。工作人員伊莉沙白・朗德（Elizabeth Lund）解釋：「成人扮演各種不同的角色。我覺得有一半的時間我們會忙於行政事務，確保學校的運作；另一半的時間，我們就是孩子的資源，不一定是教學，但教學也是其中的一部分。最主要的是回答問題，解決困難。孩子可能會說：『我遇到了問題。我該怎麼做？』」

伊莉沙白對成人角色的看法與自學的精神一致。不論是在家自學、自學中心，或是學校的形式，成年人一方面要確保事務順利運作，一方面又是孩子們的學習資源，協助孩子探索和解決問題。成年人為了自然學習法維護著這個空間，同時照顧空間以及在這裡的學習者。他們的方式就是不批判、不強迫，並帶著社群與關懷的精神。麥可・凱瑟・尼曼（Michael Kaiser-Nyman）也是高草學校的員工，他補充：「這裡沒有『我比你強大』這種事。所有孩子和工作人員都是平等的，因此不會出現霸凌問題，沒有權力鬥爭。」

最後那個觀點特別有趣，也點出了自學圈裡的共同點：在非強制性的學習環境裡，霸凌問題根本不存在。這一點很說得通。不論大人或小孩，如果把一個人放在一個沒什麼自由和自主權的環境，就很可能引發霸凌行為。受霸凌的一方不能自由離開，施暴的一方就可以無止盡地繼續施暴。作家克爾斯汀・奧森認為，霸凌是「學校黑暗面的一種呈現方式」。她在書中寫道：「如果我們創造的學校制度，是以強迫、強制、階級，以及對失敗的恐懼為核心元素，並用這些來動員和控制學生，那些負面經驗所產生的能量將會尋找宣洩的出口。」[10] 建立在強迫和權力之上的常規學校教育只會滋養霸凌的行徑。心理學家彼得・格雷支持這個看法，他認為，在學校和監獄這樣的環境，一個人不能隨意離開，霸凌行為便能猖獗。[11] 如果移除強迫性，霸凌就不太可能發生，因為受到霸凌只要離開就好了。同樣的，在非強制性的環境裡，也比較沒有理由去霸凌別人，因為那些可能成為霸凌者的人本身也很自由，沒什麼要對抗的，也不用試著去控制什麼。自由是強而有力的社會穩定劑。

自由和責任

有了自由，就有責任。認為自學和自主教育容易產生像小說《蒼蠅王》（*Lord of the Flies*）所描述的混亂和野蠻行為，其實是一種迷思，實際上並不存在。因為自學強調責任，對自己和他人負責。在多元、混齡的空間裡，有了成年輔導員的支持和經驗，學習的自由和對社群的責任會彼此平衡。位在德州休士頓的休士頓瑟谷學校，從招牌看板到校服，到處都印著學校的精神格言：「自由和責任」。每個人都很認真看待這句話。創辦人之一卡拉·德巴斯克（Cara DeBusk）原先擔任過學校教師，在讓女兒自學多年之後，才和其他自學家長共同創辦了這所瑟谷模式的學校。眾創辦人希望打造一個專屬的、中性的空間，讓孩子在這個空間裡創造一個社群。休士頓瑟谷學校就坐落在市中心，一塊以舊馬廄和畜棚圍起來的不規則土地上。學校在那裡租了一棟造型奇特的獨棟別墅做為校舍。

我去拜訪時，和工作人員阿里耶·格羅斯曼（Aryeh Grossman）聊了一下。阿里耶小學上的是傳統的公立學校。後來，母親決定為他找一個中學的替代方案，因為她在大學接受師資訓練時，曾讀過尼爾寫的《夏山學校》，留下深刻的印象。之後，阿里耶的舅舅開辦了耶路撒冷瑟谷學校，是以色列一所由瑟谷體系獨立經營的公立學校。阿里耶在公立學校讀完五年級，媽媽決定尋找比較創新的教育選項。她找到了費爾黑文學校（Fairhaven School），一所位於馬里蘭州的瑟谷學校，車程要一個半小時。他們就這樣通勤了兩年，直到後來搬家到學校附近。

費爾黑文學校的成員馬克．邁克格（Mark McCaig）在他的著作《如水一般》（*Like Water*）中，解釋了自學的哲學：學習的發生是自然而持續的，從我們的日常生活經驗出發，有時複雜，有時明顯。他說：「雖然學生有時候也會上一些傳統科目，像是代數或禪學，但是大部分的學習都不那麼正式，是比較體驗式的。我們的學生透過每天好好地自主生活，來學習生活。少了許多正規的課程，生活本身就成了一門課程。」[12] 對阿里耶而言，費爾黑文是一個非凡的禮物。他表示：「它實在棒得無法用言語形容。我之前的學校生活都是別人告訴我該做什麼。現在完全不一樣了。我可以為自己的教育作主。」

孩子透過自主學習，找到自己的興趣和天賦。就像阿里耶，他對於瑟谷學校裡民主決策的過程特別著迷。在他還是費爾黑文的學生時，一次在一場會議中，討論到禁用小刀的可能性，因為小刀可能對某些成員形成安全上的疑慮。阿里耶很受震撼。他就讀公立學校時曾擔任巡邏員，負責確保學生身上沒有任何可能造成危險的物件。像費爾黑文的小刀會議這樣的事情，阿里耶說：「那在公立學校是聞所未聞。」一開始，他們投票決定要禁止使用小刀，阿里耶想辦法設計了一套內部授權流程，強調小刀的安全使用方法，以及經過童軍認可的訓練課程。有了授權流程之後，學校委員會再投了一次票，允許使用小刀。在阿里耶看來，這次的經驗非常有力地示範了民主的決策過程、領導力、主動性，以及自由和責任兩者的平衡。他認為：「當人們被賦予了足夠的自由，基於對社群的關懷，他自然而然也會承擔責任，絕不會形成混亂。」

從費爾黑文畢業後，阿里耶開始去上社區大學和線上課程。他說：「打從國小五年級之後，我就沒上過正規課程，但是我完全不覺得吃力。」他上的課程主要包括創意寫作、哲學、數學。不到半年，他的程度就從初級代數晉升到大專程度的數學。阿里耶認為：「當你下定決心要做什麼，就會立刻行動。」正當阿里耶對大學程度的課程愈來愈有興趣，他的母親卻失業了。於是，他暫時停掉了大學的課，找了一份全職工作補貼家用。他搬到德州，從事零售的工作。這時，他得知一所新的瑟谷學校即將在休士頓成立，他就去那裡做志工。現在，他已經是休士頓瑟谷學校的全職員工。同時，他也回大學修些學分課程，繼續學他有興趣的主題，特別是寫作。

我告訴阿里耶我正在寫一本親職教養書，從家長的角度分享自學的理念。我問他，對於不太確定是否要讓孩子自學的焦慮家長，他會給什麼建議？他回答：「不用擔心孩子。你不會毀了孩子。家長最擔心的就是這一點，這很合理。如果家長沒有這種擔心，才可能會做錯決定。他們總是想給孩子最好的。我希望家長來這裡的時候盡量挑剔，盡量問問題。」阿里耶提出了極具說服力的研究和數據，以及瑟谷學校校友的優秀表現做為證明。這些研究發現再次說明了自學的孩子不只不需要擔心，長大後還可以過得幸福，具備一技之長，擁有成就感。這不是所有家長都要的嗎？

自學教育的重點提示

- **參觀自學的學校。**另類教育資源組織（Alternative Education Resource Organization，www.educationrevolution.org）提供許多有關全球各地另類學校（有些是自學，有些不是）的資訊，包括協助你自己成立學校的支援。另外，國際民主教育網（International Democratic Education Network，www.idenetwork.org）也提供全球各地自主教育學校的資源。
- **尋找志同道合的家庭。**許多自學學校都是由一群有心人士集結起來，為自己的孩子所打造的另類學習空間。在你的社區裡找看看，有沒有誰想要和你一起勇敢一試。
- **做足功課。**成立和運作一所全日制自學學校是一個大工程，而且通常沒什麼金錢報酬或保證。許多創辦人在開始經營一家學校之前，都曾耗費多年的時間籌備。去參觀和研究那些讓你有所啟發的自學學校，或許可以幫助你開始著手進行。例如，第一家成立的瑟谷學校提供了一個資源豐富的線上書店，以及入門工具包，供有志成為瑟谷學校創辦者的人參照使用（www.sudval.org）。

9 自學的青少年

「根據孩子在學校的行為來蒐集人類學習的資料，就好像根據殺人鯨在海洋生態遊樂園的行為來蒐集牠們的資料。」

——卡蘿・布萊克（Carol Black）[1]

不論年紀大小，孩子都應該得到學習的自由，並從中獲益。但是，自學對於青少年來說特別重要。青少年到了這個年紀，渴望獨立和自主，卻經常被排除在真實的世界之外；相反的，在學校裡，他們被如幼兒般對待，日常的行為和活動都受制於他人。為了和更大的世界尋求連結，許多青少年沉迷於智慧型手機和社群媒體，也就不足為奇，因為他們渴望自由和社群的歸屬感。當我們限制他們的自由，規定他們加入一個人為的社群，我們等於創造了許多人稱為焦慮青春的現象：蔑視、悶悶不樂，以及危險行為，這些都被為我們視為青春期的正常表現。但事實不然。青春期不是問題，學校才是。

羅伯特・艾普斯坦博士（Dr. Robert Epstein）是知名研究學者，也是雜誌《今日心理學》（*Psychology Today*）的前任總編輯。在他深具影響力的著作《青春2.0：讓孩子和家庭擺脫青春期的折磨》（*Teen 2.0: Saving Our Children and Families from the Torment of Adolescence*）中，艾普斯坦博士認為，青春期主要是一種社會產物。他如此解釋：「受到演化數千年前即已內建的迫切感驅動，青少年最主要的需求就是，要變得更有生產力和更獨立。進入青春期之後，如果我們還假裝家中的青少年仍是小孩，將無法滿足他們最基本的需要，這會讓一些青少年產生極大的挫折感。」[2] 這些挫折感可能被我們視為青少年到了這個年紀的典型情緒波動。但是漸漸地，這樣的痛苦會轉變為焦慮、憂鬱，還有自殺傾向。成人的自殺高峰通常落在較為溫暖的月份，但青少年和孩子們的自殺率在暑期總是特別低。一旦進入學生回到學校的秋季，年輕世代的自殺率又會飆高。[3]

最近的一項研究顯示，上學和自殺的傾向及行為之間，確實有著高度關聯。這份研究於二〇一八年刊登在《小兒科期刊》（*Pediatrics*），報告中分析了從二〇〇八年至二〇一五年全國各地共三十二家兒童醫院的住院數據。研究人員發現，在這段期間內，五歲至十七歲的孩子因為自殺傾向和自殘而入院的比率高地驚人，尤其是青少女。自殺率在每年秋季學校恢復上課的期間往往創下高峰。[4] 這份研究報告解釋了兒童自殺率升高的原因，認為上學可能是其中重要的一個因素。根據美國疾病控制與預防中心的數據，二〇〇七年至二〇一五年期間，十五歲至十九歲的青少女自殺率翻高了一倍，青少男則升高了超過三〇％。[5] 特別令人擔心的是，自二〇〇七年起，十歲至十四歲青少年的自殺率已增加了一倍，這個年齡層的女孩自殺率更是明顯飆高。[6]

在另外一份研究青少年衝突的報告裡，美國心理學會（American Psychological Association）發現，學校是造成青少年壓力的主要場所，青少年所感受的壓力甚至大過成人。這份報告是根據二〇一三年，針對年齡層在十三至十七歲，超過一千名青少年所做的研究分析。研究中，青少年表示，他們在就學期間承受的壓力非常不健康，其中八三%的青少年認為，學校「某程度上是或很明顯就是壓力的來源」，二七%的青少年表示，在上學時「承受了極大的壓力」。相對而言，青少年在暑假期間的壓力程度就明顯下滑。[7]

根據艾普斯坦博士的看法，不論是輕微程度或嚴重的青少年焦慮，在美國都已經是顯著的現象。書中寫道：「在全球有超過一百種的文化中，青少年沒有這種問題。沒有憂鬱、沒有自殺傾向、沒有毒品，也沒有與家長的衝突。許多文化裡根本連青春期這個詞都沒有。為什麼美國的青少年會如此不安？」[8] 艾普斯坦認為，焦慮青春大部分是青少年被「幼兒化」的結果，因為他們大部分的青春期都在受限制和受隔絕下度過，他們的行動和想法都受到他人的控制。

青春期「adolescence」這個詞源自十五世紀的拉丁文「*adolescere*」，意思是「即將長大或進入成熟期」。但是一直到一九〇四年，美國心理協會第一任會長斯坦利·霍爾（G Stanley Hall）才首次把「青春期」這個詞，用來表示人類發展過程中一個獨立而明顯的階段。霍爾的著作《青春期：青春期心理學以及它與生理學、人類學、社會學、性、犯罪、宗教、教育的關係》（*Adolescence: Its Psychology and Its Relations to Physiology, Anthropology, Sociology, Sex, Crime, Religion and Education*）總共一千四百多頁，引起許多政策制定人士以及教育工作者的回響，並呼籲擴大大眾學校教育的範圍。該書的頭號書迷包括了急於延長國民義務教育年齡的政策人士。[9] 國民義務教育延長之後，把青少年大部分的時間都關在學校裡了，並可能因此助長了「典型的青少年」這種刻板印象的產生，一直延續到今天。

前面介紹過的波士頓海灣州學習中心負責人喬治．波凡姆認為，給青少年自由，已經證明能夠有效修補青少年的衝突。許多來到他的中心的家長和孩子，之前從沒有考慮過加入自學或自主教育，因為這些都是他們一無所知的事。相較之下，學校似乎提供了明確而且被廣為接受的教育途徑。一直等到常規的學校教育帶給他們的焦慮或沮喪大到受不了，他們才找到海灣州學習中心。喬治說：

> 加入我們的新生之中，許多都表現出某種程度的焦慮失調。我們發現，在加入之後幾個星期內，他們的症狀幾乎都有了大幅度的改善。我曾接到治療師來電詢問我們到底做了什麼，但我想真正的關鍵是我們沒有做什麼。我們沒有幫他們做任何決定，我們沒有幫他們規畫怎麼使用時間，我們沒有強迫他們配合不自然又刻板的模式。只要拿掉強迫這個元素，一切就變得不一樣了。青少年其實天生就是快樂的。

我們假定青少年天生就該有青少年特有的樣子，而不去質問我們為他們創造了什麼樣不自然的環境。青少年不是天生愛找麻煩。關鍵在於能不能讓他們自然發展，把他們從充滿限制和人工制度的環境中解放出來，重新帶到正確的成長道路上，讓他們繼續前進。幫助這些因為學校而變得焦慮和憂鬱的青少年是當務之急，同時也應該重新審視強迫性學校教育和青春期之間被誤解的關係。青少年他們被迫與現實切割，受到控制、接受用藥、受到管束。事實上，他們應該在成人導師和同儕的陪伴下，親身體驗真實世界的經驗和生產工作，並主宰自己的行為和想法。自由可能才是他們最好的解藥。

離開學校

尼克・艾伯林（Nick Eberlin）感到無聊。他在公立學校制度裡算是個好學生，經常上學校的榮譽榜。但是初中畢業之後，他選擇離開學校自學。他說：「我決定我想要的是教育，而不是學校。」他已經有這種想法好一陣子。一開始，他不再把任何學校功課帶回家；他覺得不重要的作業，就利用課堂時間做完。他告訴我：「我在學校學的東西，大部分不到一個月就忘光光。我覺得根本是在浪費時間。」他也看出學校定的遊戲規則，會對自己和同儕產生什麼影響。於是他採取了一些自助的方式減輕負擔，其中包括不寫功課。但是，他還是會看見他的同學在學校的壓迫下掙扎。「我認為學校對青少年絕對是負面的影響。每個人都應該有適合個人的教育經驗，幫他們為自己想過的生活做準備。但是，我們得到的都是一樣的學校教育，並特別強調記憶式學習——而我覺得，現在資源那麼容易取得，那些根本無用。我們被鼓勵盡一切所能取得最好的分數，即使那代表你要犧牲健康，甚至作弊。我覺得學校制度在製造一批想法和行為都差不多的學生。」

尼克知道學校有許多缺陷，於是開始研究替代方案。他產生了自主學習的念頭，然後很快就被自學的哲學吸引。他認為，根據興趣的自主學習是最佳的教育，而不是去配合某些專斷的課程或是官方的要求。自學似乎很符合他的看法。於是，他離開學校，加入了前面提過的青少年自學中心獨創力基地。身邊許多人並不支持他輟學，因為他「只剩下一年就能畢業」。但是他心意已決。自學之後，尼克能夠追尋自己熱愛的事物，融入真實的世界，和支持人應為自己作主的人一起在社群裡，做自己真正有興趣的事。

尼克一直都對科技感興趣，十八歲就開始了他的第一個部落格。接下來他開始建立網站，自己上網找課程和資料，自學程式設計語言，包括HTML、CSS、JavaScript。離開學校讓他有時間和空間深入探索科技，加強自己的技術和知識。他想加強自己在網頁設計技巧、法語、創業、時事方面的學習。他一方面自學，在當地的自主學習中心運用那裡提供的資源和指導，一方面也建立了一個成功的網站設計事業，接到好幾個有利潤的案子。尼克說：「離開學校，讓我能更專注在真實世界裡對我有用的事物上。」現年十八歲的尼克，正在整合他的生意，為建立自己的事業做準備。尼克對其他的青少年有一些建議：「如果你真的覺得，離開學校對你是正確的選擇，就去做吧。不要讓其他人的意見影響你的決定，因為到頭來，你的快樂才是最重要的，才能讓你過你想要的生活。」

青少年在自學時，一個重要的部分就是和其他青少年的連結。一般來說，青少年都渴望和同儕連結，渴望有機會做與他們志趣相關的工作，同時又有成人導師的協助。朋友很重要。以尼克來說，他把原來上高三的時間，用來待在自主學習中心，那裡提供了他與同儕的連結、可用的資源，還有樂於幫助他的成人。一棟實體的建築雖很不錯，但它不會是滋養青少年成長、滿足青少年真實而基本的社會互動需求的唯一方法。其他跳脫傳統思維，支援青少年自學的資源，還包括了線上同儕網絡、青少年夏令營、旅遊世界的機會、學徒計畫等等。

支持青少年連結

吉姆．富蘭尼瑞（Jim Flannery）原本在一所公立學校教物理，學校設在一個社會經濟相較落後的地區。那是他第一年在該校教書。做為一名科學老師，又自認是「形上學迷」（metaphysical junkie），他很興奮可以透過物理分享神奇和令人敬畏的宇宙知識。他覺得，以一種新的方式看世界、探索各種科學原理、讓好奇心引導實驗，應該對青少年特別有益。吉姆說：「科學就是要發現、理解、問對的問題，以及預測結果。就好像透過一個神奇的鏡頭看我們的世界，然後問：『真相是什麼？』」

然而，吉姆的滿腔熱情很快就熄滅了。開學前一天，學校發給他一份標準的考卷，並告訴他，學生要畢業就必須通過這個考試。所有想和青少年分享他對科學之愛的喜悅和承諾都不重要，他的工作是讓孩子通過一份專制的考試。但他不相信這個考試，也不覺得這種做法可以展現科學的真正意義。他知道自己被困住了，所以他盡可能地抱持希望地開始了這個學期。他還發誓要盡全力給孩子自由。吉姆回想：「我的課變成了『如廁時間』，因為我拒絕限制同學去上廁所，所以其他老師就告訴同學『等到富蘭老師的課再去上，他不會不讓你去』。真的太瘋狂了。我還因為太常讓學生去上廁所而被申斥。」吉姆希望讓教學發揮最大的效果，但是以控制和考試為導向的大環境，以及整體的優越意識，對青少年缺乏尊重的態度，實在太令人灰心。於是他離職了，並且開始計畫設法讓學生脫離學校。

吉姆發現無校自學和自主教育的理念之後，立刻受到吸引。他想要建立一個技術平台，幫助學生離開學校，並在有人支援的情況下自主學習。一開始，他想到的是像可汗學院這樣的工具，讓青少年可以在其中創造內容，然後再教其他的青少年。可是，平台建好要邀請自學生加入時，他才意識到，這些青少年真正想要的是一個不那麼正式，比較社交性的公開論壇，供他們溝通和分享。舉例來說，他了解到青少年不喜歡讓同齡人來教他怎麼做；他們真正想要的是一個可以一起討論怎麼學的平台。於是，他成立了同儕自學網（Peer Unschooling Network, PUN），促成同儕學習，而非同儕教學。吉姆表示：

> 我對PUN的定義是：一個讓自學生聚在一起進行社交互動的天地。從某個角度來看，這裡也可以是他們以比較正式的形式互相「學習」的地方。如果有人想學什麼，PUN的青少年可以直接教他們，或是提供連結，幫助他找到有用的資源。但是，這裡的目標絕對不是成為一個「學習平台」。我和這些自學的孩子面談時，他們特別強調，希望在這裡認識

更多自學生，在這裡找到能和那些已經在自學的人連結的方法。我想，PUN做到了這一點。

PUN幫助有意找尋學校之外的選擇，或是已經決定離開學校，卻還不確定要去哪裡的人，實現他們自學的想法。透過PUN，這些孩子能夠遇到那些自己作主，讓自己的教育更有意義的孩子。吉姆認為：「孩子會知道，那不是一個發生在遙遠國度的想像。這些是活生生的青少年，可以直接和他們分享自學的經驗。」他希望家長可以支持孩子為了自學離開學校，但是他也期許PUN能夠帶給孩子力量，幫助他們採取必要的步驟，實現自學的願望。吉姆說：「如果沒有得到家長主動積極的參與，我希望孩子可以在彼此身上找到支持。脫離學校制度與形成自己的自主學習社群之間，孩子會面臨一段令人恐懼的空白期，同儕的支持、互相的支持，是幫助孩子跨過恐懼的關鍵。」

不返校營隊

吉姆的點子過去已有前人。多年來，自學的倡議人士已經設計並推出一些方案，幫助自學的青少年互相連結。有些幫助覺得自己被困在學校的孩子找到脫困的策略；有些則聚焦在幫助自學的青少年彼此連結。吉姆現在在做的事，受到許多早期自學倡議人士影響，其中一位是葛瑞絲·勒維琳。一九九一年，葛瑞絲出版的著作，在其後數十年可能改變了許多青少年的生活。葛瑞絲原本是一位中學英文教師，但她對於學校教育一板一眼，強調控制的本質，卻愈來愈不安，即使在她最近幾年任教的小型私立學校裡，情況也是一樣。她讀到霍特的書，十分認同霍特認為學校是問題根源的看法，不管學校怎麼裝飾形象，本質都差不多。於是，葛瑞絲辭去教職，為有心自學的青少年寫出《青少年解放手冊》（*The Teen-age Liberation Handbook*），提供建議，指引青少年離開學校，追求自主的教育。雖然這本書主要是為在學校感到受困的青少年而寫，但同時也影響了許多老師，包括本書中提到的幾位——那些辭去教職，成立自主學習中心或自學學校的老師。在葛瑞絲的書中一開始就指出：「在一個稱得上自由的國家，卻用極權主義的方式教育下一代如何生活，真是奇怪，等於拆自己的臺。」[10] 解放是一道強而有力的訊息，對青少年和成人皆然。

《青少年解放手冊》造成了廣泛而立即的衝擊，讓更多青少年決定離開學校自學；更多的教育人士選擇辭去教職，創造取代學校的選項。葛瑞絲很高興自己的書能有這麼大的影響力，並經常和讀者通信交流，但是她覺得應該要做更多。一九九〇年代中期，葛瑞絲參加一場座談會，與一群自學的青少年談過之後，她有了一個想法：可不可以用更積極的方式，為自學生打造一個可以互相連結的空間？她注意到，有些自學生已經擁有由志同道合的同儕共同組成的社群，但是還有許多人沒有找到這樣的團體。她開始思考，要如何把這些自學的青少年聚集起來。每週一次，兩天一夜的青少年夏令營，似乎是個完美的開始。

一九九六年，不返校營隊（Not-Back-to-School）成立，為促進青少年自學生之間的社群和連結而努力。二十多年來，營隊持續受到歡迎，並擴展到更多地點，把更多的青少年集結起來，遠超過葛瑞絲的想像。以自學的理念為核心，透過營隊的架構和內容，支持以興趣為基礎的自主學習，建立一個關係緊密的社群。葛瑞絲說：「除了社群會議之外，營隊裡沒有強制性的事物。」在新生會議中，會先說明互相尊重和共識的原則，並把日常的瑣事和責任說清楚。其餘的時間都用於混搭各種有趣的遠足或活動，像是跳舞、才藝表演，或是藝術展覽。主辦單位和工作人員也會提供各種主題的工作坊，以及一些密集的建立信任活動，以促進持續的共情和連結。

葛瑞絲最初的目標是想以有意義又能持續下去的方式，連結自學的青少年，這一點已經取得極大的成功。十三歲以上的營隊學員大部分每年夏天都會回來參加，其他時間也會透過科技和社群媒體彼此聯繫，互相拜訪，或是另外舉辦聚會。許多之前的學員後來選擇和其他隊友一起住在某個城市，成為室友或鄰居。一些學員繼續留在營隊裡，成為青年輔導員或是正式的資深工作人員，在每年夏天抽出工作空檔奉獻給營隊，因為他們覺得這個營隊太振奮人心了。隨著之前參加過的孩子開始加入工作團隊，不返校營隊將要進入新的階段。看到許多展開自不返校營隊的長期關係，最讓葛瑞絲歡喜。她說：「我們有些常年員工是第一屆的營隊學員。我很享受和營隊學員之間的連結，但對我來說，更有意義的是，這些同事和朋友之中有些已經成為我生命中最重要的人。」

蘇菲．比鐸（Sophie Biddle）就是其中之一。在亞歷桑那州鳳凰城公立中學就讀時，蘇菲過得很悲慘。她是名列前茅的好學生，卻因為聰明而受到霸凌和嘲弄，讓她對學校裡的社會動力（social dynamics）深惡痛絕。她說：「我的成績全是優等，但是我討厭學校。」每星期一次，她會去參加校外的一個社區劇場課程，這成了她生活中的亮點。她在那裡遇到一位十六歲的朋友，對方一直都在自學。蘇菲提到這位朋友：「艾蜜麗（Emily）都說自己是幼幼班中輟生。她實在太有魅力了。」兩人一起上劇場課的時候，蘇菲告訴艾蜜麗自己有多麼討厭學校，多麼沮喪，因為這樣的生活注定要到高中畢業才可能結束。艾蜜麗建議她去讀《青少年解放手冊》。蘇菲買了書之後，一天之內就讀完了，並且做成詳細的簡報和她的父母分享，解釋自己為什麼應該被允許離開學校成為自學生。

她的父母表示理解，但建議她把八年級的最後幾週課程讀完，然後在秋季新學年開始時，轉到專攻美術的公立特許學校就讀。如果讀了特許學校幾個月之後，蘇菲還是想離開學校，父母就不會再堅持。蘇菲同意試一試。特許學校的社會動力確實稍微好了一點，但是蘇菲覺得無趣，沒有挑戰性。兩個月後，她再次詢問父母，是否同意讓她自學，父母答應了。一開始，父母對她會有一些期許，要求她至少每個學期到當地的社區大學上一門數學課。於是，她在十四歲時報讀了一門數學課，發現自己對大學的喜愛遠勝過對中學。漸漸地，當她的父母開始了他們自己去學校化的過程，也讀了《青少年解放手冊》之後，關於學校的期許就沒有了。蘇菲繼續在社區大學上劇場和數學的課程，又在鄰近的有機商店找到一份工作，幫忙照顧數百隻雞，以及為每週一次的農夫市集做準備。另外，她加入了當地一個以自學生為主的在家自學團體，並在那裡找到志同道合的夥伴。

蘇菲開始自學的第一年夏天，參加了在奧勒岡舉辦的不返校夏令營。前一年已經參加過的艾蜜麗，今年也回來參加。蘇菲簡直等不及了。那年十五歲的她，竟然要參加為期兩星期的營隊，這是她離家最久的一次。她有點擔心，但也很興奮。蘇菲提到她的營隊初體驗：「實在太棒了。

我覺得很受看重，很快地就融入了群體。營隊結束時，我覺得自己徹底地看清楚和見證了我要走的自學之路。」她帶著前所未有的動力和決心回到家，對父母說：「我要去上美國手語（American Sign Language）課，把跳舞學好，還要停止上游泳課。」蘇菲的父母不反對她新找到的明確目標，也不再堅持要她上社區大學的數學課，於是，蘇菲開始了完全自主，以興趣為導向的自學生活。

營隊結束後的那年秋天，蘇菲經歷了許多事。她和家人搬到奧勒岡的波特蘭。才剛到新家把東西整理好，蘇菲就飛到堪薩斯城，和聚集在當地三個自學家庭裡的二十名營隊隊友，一起歡度假期。回到波特蘭之後，她發現當地健全的公車系統成了她實現自學的生命線，讓她可以獨立到市內各地去上她想上的課，或者去她有興趣的地方，包括繼續她在舞蹈、劇場，以及手語的學習。她從一些自學的朋友得知，附近剛好有一間評價很好的自學學校。她去那裡報名上學，但是兩個月後她決定離開。蘇菲解釋：「我很喜歡那裡的理念和工作人員，但是整天被限制在學校裡，和一群沒有真正連結的人在一起，並不適合我。」數月後，她主動聯繫那所學校，志願到學校幫忙照顧比較小的孩子，並因此對照顧小小孩產生濃厚的興趣。十六歲的時候，她到一個當地家庭當保母，照顧一個學步期和一個學齡前孩子。這份工作她做了五年。

蘇菲在繼續自學的那幾年，一邊持續培養興趣，一邊學習和小小孩相處，每年夏天也持續回去參加不返校營隊。她在社區大學上了幾門課之後，基於對科學的興趣，她決定攻讀四年的大學學位，所以她到社區大學上進階的數學課。之後，她從社區大學轉到波特蘭州立大學的榮譽學院（honors college）[1]，以大二學生的身分就讀，並在二十一歲那年畢業，拿到社會學和小學科學教育的學位。現在，蘇菲和幾個都曾參加過不返校營隊的室友一起住在華盛頓西雅圖，並且在華盛頓大學工作，專注在教育延伸的青年賦權事務上。每年夏天，她依然會抽出時間到不返校營隊擔任工作人員。

回想青少年時期的自學生涯，蘇菲很感激父母對她的生活和學習多方且深入的參與，同時信任她，讓她自己作主。蘇菲說：「我母親常常說自己就像是『保齡球道兩旁的防洗溝護欄』。他們真的很棒，讓我自由自在到處跑，但沒有讓我為所欲為。」對於自學孩子的家長，她的建議是信任孩子。她認為：「信任年輕人是我們社會最激進的一個觀念。但是孩子和人類的發展絕不是一條直線，而是一趟旅程。」

對於埃文．萊特（Evan Wright）來說，自學的旅程改變了他的生命。埃文之前也是自學的青少年，現在長期擔任不返校營隊的工作人員。回想之前，他說他覺得學校並不適合自己，因為：「我對學習真的很感興趣，但是在學校卻過得很糟。」十二歲時，他被診斷出患有注意力缺失症（ADD），院方開給他處方藥利他能（Ritalin），好讓他能專注在課業上。十五歲時，因為實在過得太糟了，他知道不離開學校不行，但是他不知道該怎麼做。有一天他偶然地在一家書店看到了《青少年解放手冊》。他記得當下的心情：「一開始我以為那只是挖苦式的玩笑，但讀了一會兒之

[1] 專為在特定學科上資優的學生開課的學院。

後發現那不是玩笑，是認真的。我對於書中許多的想法和可能性都很有共鳴，不管是和我自身或和教育相關的。」葛瑞絲的書證實了埃文的感受，並且詳細地說明了要怎麼向父母說明自己想離開學校的原因。埃文說：「當然，父母聽完沒有馬上表示支持。」

父母本來希望他只是一時興起，但是埃文非常堅持。父母了解到埃文在學校真的過得不快樂，經過一次又一次的談話，他們最後決定同意埃文在十五歲那年離開學校，開始自學。埃文表示：「很重要的是要和他們溝通，讓他們知道，我不是只想不去學校，而是想去追求我想要的那一種教育。」一開始，他和父母的協議是在家找家教，在家上學。過了幾個月，父母看到了埃文的轉變，就同意他停止上家教課，完全自學。

> 我不再服用利他能，因為我知道，那些讓我在教室惹麻煩的特質，實際上是我生活上的優勢。對我來說，注意力缺失症只是說明了我面對真的沒有興趣的事物時，就難以集中注意力的事實。在學校之外，反而被詮釋為我對真正感興趣的事物可以非常專注。對他人而言，注意力缺失症可能會以不同的方式表現，但是在我看來，那是在學校教室才有的問題。

自學之後，埃文開始探索他居住的城市，參觀博物館，大量閱讀，騎著腳踏車到處跑，開始到鄰近的遊民收容所當志工。埃文也花了許多時間去學校化。他說：「開始自學的初期，我花了大部分的時間來『解壓縮』。我對自己的信心，對自己的智力和學習的能力，在之前學校的經驗裡受到很大的打擊。能夠休息一下真的非常重要。」

後來，埃文和家人搬到加州，他開始在當地的海洋生命復育中心當志工，照顧受傷或失去父母的海洋動物。他也開始和其他自學生透過網路交流，並且因此發現了不返校營隊。他回想十七歲那年去參加營隊時：「那真的是非常深刻的經驗。看到其他自學的青少年如何過他們的生活，真的對我啟發很大。那裡有上百名自學的青少年。我感受到青少年在被賦予自由之後，有多大的可能性，會怎麼去學習事物。」和蘇菲一樣，營隊結束後，埃文更確定了想對自己的生活和學習有更大的掌控權。回到加州之後，他到一個海洋生物避難所實習。這個海洋生物避難所與《國家地理雜誌》（*National Geographic*）以及美國國家海洋暨大氣總署（National Oceanic and Atmospheric Association, NOAA）合作，因此他在那裡有機會向他最崇拜的幾位科學家，學習許多與海洋生物健康相關的事務。另外，因為營隊的啟發，他也開始獨立旅遊。他曾自己在哥斯大黎加住了一個月，協助海龜的研究，也一邊探索雨林；他幾乎走遍了加州的海岸。如果留在學校，他認為自己不可能有那些經歷。

現年三十七歲的埃文住在西雅圖，他在那裡帶領不返校營隊，並且全年協助自學青少年彼此連結。他同時在一家專門為LGBTQ[2]成人提升領導力的非營利組織工作。他表示：「上學和教

[2] 為女同性戀者（Lesbian）、男同性戀者（Gay）、雙性戀者（Bisexual）、跨性別者（Transgender）、疑性戀者或酷兒（Question or Queer）的縮寫總稱。通常可作為所有非異性戀、非順性別族群之泛稱。

育現在完全被混為一談。我們需要把二者分開。學校教育應該只是教育的一種形式；教育應該遠比學校教育寬廣。」

世界學校

蘭妮．利柏提（Lainie Liberti）知道世界可以有多寬廣。二〇〇八年的金融海嘯狠狠地打擊了她。那時她是一名單親媽媽，和九歲大的兒子米羅（Miro）住在加州，擁有一家自己的公司，為有環保意識的客戶做品牌工作。銀行界紓困政策之後的經濟蕭條，讓她損失了許多客戶，也讓她的未來充滿不確定。蘭妮想，與其當一個被害者，不如自己積極改變。她收掉公司，賣掉所有家產，為米羅辦了休學，然後一大一小就啟程前往中美洲。一開始她只是想趁資本主義出岔子時，短暫放空一下。朋友試著勸她打消念頭，同事說這等於是葬送事業，但蘭妮知道是該做大改變的時候了，她想帶兒子跳脫美國社會裡工作和消費的惡性循環。十年後，蘭妮和米羅仍然繼續在世界各地旅遊。他們心懷感激，原本看似山窮水盡，如今竟是柳暗花明。

展開旅程八個月之後，靠著微薄的積蓄過著緩慢又沒有壓力的生活，蘭妮和米羅決定不回美國了。蘭妮開始研究在家自學，也很快就發現，自己和米羅正在經驗的其實就是教育方法裡所形容的無校自學。而且，不只是無校自學，事實上，他們是「在世界自學」。母子倆學了西班牙語，米羅說得已經稱得上流暢；他們到許多城市和村莊探險，和當地居民交流，融入小群體的圈子；他們讓好奇心引導自己，探索所到之處的歷史與文化。蘭妮說：「我們學會對任何事都說好。我們把世界當成教室，想像和學習因此沒有極限。把學習帶到教室之外，讓我們有機會同時在家中又在世界中，並從中學到慈悲。」

頭幾年，米羅和蘭妮在拉丁美洲度過。他們住過的城市、鄉鎮到村莊的語言和文化，讓他們有種回家的感覺。他們過得很簡單，只有幾件能滿足基本需求的家當。蘭妮開始兼差做一些顧問性的工作，但是母子倆完全沒打算回美國生活和工作。

米羅十四歲時，他和母親受邀回到美國，在一場自學的座談會上演講。這是米羅第一次加入由志同道合的一群同齡孩子組成的社群，他感到非常興奮。這些孩子和他一樣，在教室之外學習，追尋著自己的興趣，自由地生活和探索，不必像今天社會中的青少年受限於那些典型的限制。然而回到他的世界學校之後，米羅變得沮喪了。他清楚自己喜愛住在遙遠的地方並向當地學習的生活，但他同時也渴望和更多的同儕連結。米羅和蘭妮一起討論了許多方案，包括回到美國，找個自學生比較多的地方安頓下來，但是母子倆都不想這麼做。於是，他們創辦了專案世界學校（Project World School）。

「我們發現，沒有一個有自學生的地方適合我們搬過去，所以我們決定把自學生帶到我們身邊。」蘭妮回想當時創辦學校的初心：「我們一直在學習，學了好多。學習已經變成我們的生活重心，和別人一起學習也是。我們想要和其他的自學生分享。」專案世界學校的第一個試行方案，是把一組六個自學的青少年帶到祕魯住六個星期，在一個刻意營造的社群裡，讓他們充分融入當地的生活。蘭妮說：「我們愛這個世界，我們想和這些人，在這些地方，一起在一個群體裡生活。」「試行之後，我們找出計畫中可行和不可行之處，然後聚焦在社群營造、團隊建立、信任、勇於接受新經驗，以及相關的核心基礎上。」

如今，專案世界學校已經進入第六年的營運，持續地把自學青少年集結起來，帶到不同的地點進行二至四週的旅程。二〇一七年，他們的世界學校之旅足蹟遍及巴厘島、南非、墨西哥、秘魯、希臘、泰國。組員通常包含了十五名青少年，藉著建立共識和協調，往往能夠共同創造一個足以改變生命的經驗。蘭妮表示：「我們歡迎任何人，只要他們把目標聚焦在社群和自主上。」最近，有幾個就讀常規學校的青少年參加他們的世界社群，讓社群面臨一些挑戰。蘭妮說：「因為我是所謂的大人，所以他們立刻就覺得我有權發號施令，所以就在那裡等著我告訴他們該做什麼。我們得一直提醒他們，我們不會告訴他們要做什麼，而是由社群一起決定要做什麼。」「許多接受學校教育的孩子，比較不想要和別人分享自己的看法，或是和別人共同創作。他們要花上許多時間才能開始脫離最基本的學校教育思維。」在一次旅程後的評鑑中，一個接受學校教育的孩子寫著，希望能按年齡分組，因為他不喜歡十三歲的人在學習時，有十八歲的人在旁邊。蘭妮說：「他沒有真正抓到自學和世界學校的精神。」向不同種類的人或地方學習，以社群和自主為核心的理念，正是專案世界學校任務的宗旨。

現年十八歲的米羅開始負責更多組織經營以及帶團旅遊的工作，在其他共同輔導員的協助之下，一年要和青少年相處七個月之久的蘭妮終於得以放鬆休息一下。米羅渴望同儕連結，渴望和其他自學生建立長久的友誼，專案世界學校幫他實現了，同時也讓他能夠在和他人共同組成的社群裡，向全世界各地學習。回想在自學之前的生活，蘭妮說：「那時，我不知道世界這麼美，這麼多元與豐富。我常想起其他的孩子，他們被迫去上學，遵循著只能讓別人開心的夢想。事實上，上學不代表學習。真正能讓生命富足的是多元的體驗，不是無意義的填鴨式教育。」為孩子開啟走向世界的大門，尤其是青少年，已經成為米羅和蘭妮個人自學旅程中重要的部分。不要設限，放下對學校的期待，反而可能讓孩子找到新的發現和意外的機會。對蘭妮和米羅來說，自學將他們帶向全新且真正活在世界裡的生活方式，也給他們帶來新的經濟契機，這是他們還在過學校生活時所想像不到的。當我們把教育帶到教室四面牆之外的世界，讓我們的思考漸漸脫離學校教育的思維，或許，我們就會開始思考，我們的生活中還有什麼樣的框架。

學徒制

工作可能就是其中一種框架。十九世紀工業式學校教育創造了一種機制，能以極高的效率把年輕人訓練成服從的員工。從強迫學習到工廠工作的生產線上，個人的興趣和熱情完全被壓抑了。即使到了今天，依然沒有什麼改變。現在的常規學校依然不重視孩子的好奇心、忽視創造的熱情。從學校到大學，到一份沒有成就感的工作，把孩子設定在一條往往使之負債累累的道路上。在理想狀況下，工作應該是有意義的，而且與我們的天賦和熱情密切相關。如果不是，如果我們的工作比較卑微或乏味，也希望我們對創造的熱情不至於被學校教育摧毀，因為那才是真正代表我們、啟發我們的東西。培養這樣的熱情，最後才能帶我們找到更有成就感的工作。作家暨全球策略家約翰．海格（John Hagel）寫道：

> 在這個變動的世界裡，我想給每個人的關鍵訊息是：找到你的熱情，把熱情和工作結合起來。當今社會面臨的最大挑戰就是，大部分的人都是既有學校和社會的產物。人們被鼓勵為了薪水工作，薪水高的就是好工作，而非鼓勵你去找你的熱情，並找到一個方式讓你能以之維生。[11]

自學青少年找到了另外一條步向成年的道路——用熱情鋪成的道路。因為不必受到常規學校教育的嚴格控制，自學生能夠規畫自己的路線。通常，這條道路上也包括了大學。我訪談過的成年自學生中，許多人在青春期時選擇到社區大學上一些課程，最後也就讀了四年制的大學或研究所。一些人因為旅遊或社區服務計畫而延後進入大學，等到真的有明確目的時繼續深造。對許多自學生而言，大學並非預設值，而是根據個人的興趣和未來的目標，選擇或不選擇的一個選項。卡西．布朗頓（Carsie Blanton）住在維吉尼亞州郊區的童年時期，大部分是在自學中度過。十六歲時，她從東部搬到西部的奧勒岡，和一些年輕的成人自學生住在一棟房子裡，這些自學生是她參加不返校夏令營的時候認識的。她選擇不上大學，選擇根據自己的創作熱情建立一份事業。現年三十二歲的卡西是一名成功的音樂人和詞曲創作者，她回想當初在美國西部的自學經驗：

> 我想十六歲就搬出來住，算是非常「自學化」（unschoolerish）的舉動。我加入兩個樂團，沉浸在音樂世界，參加演出、寫歌，還有旅遊。我也開始寫書，寫了一堆爛詩，還參加朗詩擂臺（poetry slams）[3]。我認為，如果我留在學校就不會做這些事，至少在那個年紀不會，這些經歷後來對我的事業和創作生命都很有幫助。自學是最適合我的教育，一如全職寫作和作曲是最適合我的工作。

我們的社會盛行「文憑至上」的觀念，年輕人往往依著路徑，魚貫地進入昂貴又定義不清的大學，之後再被導向預設的、非出於選擇的事業。我常說，大學不是我為我的孩子設定的終極目標。如果他們想上大學是因為那對他們選擇的人生道路有幫助，很好；但大學絕對不是我們自學路徑的頂點。在青少年邁向成年決定事業的路途中，大學應該只是眾多選項的其中一個。正如保羅·古德曼在書中所寫的：「我們的目標應該是去創造更多通往成長的道路，而不是把現有的學

[3] 參賽者在現場觀眾和評審面前輪番上台朗誦自創詩的一種比賽。

校道路愈弄愈窄。」[12]在《強迫性的錯誤教育》一書中，古德曼更進一步建議，直接把錢給青少年，讓他們去進行「任何看似合理的自選教育，例如一趟有意義的旅行，或是自行創業。」[13]

已通過時間考驗的學徒制，或許是一種值得考慮的做法，可以把青少年和成人真實且實用的經驗連結。學徒制最早出現在中世紀晚期，是年輕世代——特別是十至十五歲的青少年——從工匠師傅身上獲得實際技術的一種在職訓練。這些青少年學徒的年齡已經夠大，適合在充滿真實生活經驗和成人導師的環境中學習。而今，青少年和他們被隔絕的真實世界之間愈來愈缺乏連結，這或許是青春期亂象日益惡化的一個原因。心理學家羅伯特・艾普斯坦在著作中指出：「一個世紀前，我們把青少年從工廠和街道上救回來；現在，我們必須把他們從學校裡救出來。」[14]

現代的青少年被限制在學校裡，和成人的世界分開，除了零星的課後打工，幾乎沒有什麼機會在某個領域和某種手藝的大師身邊工作。他們不太有機會接觸到真實世界和各行各業，上大學是基於社會期待，而不是出於自己的意願。青少年學徒制，甚至青少年的打工機會，已經逐漸成為過去年代的遺跡。根據美國勞工統計局的資料，青少年勞動力參與率在一九七九年還高達五八％，到了二〇一五年就暴跌至僅剩三四％，預計到了二〇二四年只會剩二四％。[15]

在艾薩克・莫爾豪斯（Issac Morehouse）看來，這個趨勢令人憂心。艾薩克小時候是在家自學，因此有機會邊玩邊探索自己的興趣和天賦，也學習到工作的真正價值。從小因為家中父親失能，艾薩克和兄弟姐妹必須擔起家計的責任。因此，他們需要的不是那些給孩子做的日常雜務，而是一份能夠養家糊口的工作。即使如此，艾薩克在童年還是有大量時間玩耍，他花了許多時間專注在他的樂高玩具上。

長成青少年後，艾薩克決定上中學一試。他想要看看中學是什麼樣子，但是很快地他的好奇心就被消磨殆盡。「我不喜歡讓別人替我安排時程，我不喜歡要等那麼久才能工作。」他告訴老師他考慮輟學，去上社區大學。老師對他的想法嗤之以鼻，認為艾薩克還不夠成熟。十六歲時，艾薩克還是輟學了，並且就讀了社區大學。大學的情況好一點，但還是不那麼理想。「我還是覺得大部分的課程都很蠢，很浪費時間。我感覺大家其實也都不想去上課，只是為了將來找工作而不得不去。」雖然他還是把四年制的大學讀完了，但是他發現，他大部分的學習都是在學校之外。他也開始理解文憑、學位、各種證書都只是傳遞信號的機制。布萊恩・卡普蘭（Bryan Caplan）在他的著作《反對教育的理由》（*The Case Against Education*）中，提到了這種傳遞信號的元素。他說：「即使學生在學校的所學完全無用，如果他們的學業成績提供了**顯示他們具生產力的資訊**，雇主還是樂於多付給他們一些薪水。」[16] 不是因為這一紙證書證明了你的能力和價值，而是雇主依賴這份文件做為篩選出潛在雇員的條件。

艾薩克想，如果他能夠創造另外一種替代信號呢？如果他能夠幫助人們找到有興趣的工作，同時又能滿足雇主的需求，幫雇主篩選出最適合的員工呢？基於這個想法，艾薩克在二〇一四年創辦了普瑞斯（Praxis）。普瑞斯學徒計畫為大一點的青少年以及年輕人提供必要的訓練和指導，同時幫他們和求才若渴的雇主撮合。普瑞斯公司的名字源自於希臘文，原意是「做」（doing），正好符合艾薩克對現代學徒制的願景。在他的合作對象中，通常以在家自學生和無校自學生為最有熱忱、最成功的學徒。然而，其中也不乏一些不快樂或負債的大學生，也有大學剛畢業但仍然不知道要從事什麼事業的人。在普瑞斯，學徒會接受密集、可自行設定步調的線上訓練課程，學習職場常用的軟體（如Excel試算表、PowerPoint簡報、Trello專案管理等）以及其他有關企業溝通的技巧和理論。艾薩克認為，更重要的是，學徒訓練能幫助他們認清自己的能力和興趣範圍，用能夠吸引潛在雇主的方式展現這些能力和興趣，然後為他們找到喜歡他們表現的雇主。經過初步的學徒制訓練之後，普瑞斯會撮合學徒和各個產業有意願的雇主，由雇主以給薪的方式提供學徒工作，同時讓他們有機會接觸到真實的職場。在此期間，普瑞斯會持續提供協助和指導，確保一切順利進行。大部分的學徒後來都從雇主那裡得到了全職工作，有些則是把學徒經驗當成跳板，尋找其他工作或事業。

批評學徒制和技職訓練方案的人士，認為這樣會形成兩個階層的社會，比較享有優勢的青少年沿著通往大學的道路前進；比較弱勢的則進入低薪、技術門檻較低、不需要大學文憑的工作。支持學徒制的人士不同意這種看法，他們相信學徒制可以有助於對抗不平等，還能創造機會。在《成長的手段：重新打造學徒制，幫助青少年發展》（*The Means to Grow Up: Reinventing Apprenticeship as a Developmental Support in Adolescence*）這本書中，作者羅伯特．哈爾本（Robert Halpern）寫道：

> 學徒經驗可以為青少年打好基礎，在某些情況下，甚至可以為高中畢業後的青少年創造

更扎實、更接地氣的學習途徑，不限於社會階層。一條是學術道路，讓比較有優勢的青少年延長他們的青春期；另一條是比較職業取向的道路，把比較弱勢的青少年推進成人的世界，這看起來像是製造不平等的做法，實際上是解決不平等的一種手段。[17]

艾薩克和妻子現在也讓自己的四名子女自學，讓他們有充分的時間和空間玩耍和探索，發現興趣和天賦，並和社區裡的真人學習做真實的工作。艾薩克說：「學會為自己的生活和教育作主，愈早愈好；打破學校教育思維，跳脫輸送帶模式，愈多愈好。我們試著盡可能地為我們的學徒建立各種媒介，灌輸自主的思維。」艾薩克不只想為青少年開闢另外一條道路，幫助他們走向成年，找到有意義的工作，還想幫助他們建立自己的信號，不必依賴幾張空洞的證書來決定他們的自我價值。艾薩克問：「為什麼每個人都要上大學？因為他們以為上大學才能找到工作。為什麼每個人都要上初中、高中？」艾薩克希望，藉著挑戰社會的既定思維，為青少年和年輕人提供其他的選項，幫助人們變成自己的生活和生命中，更積極和自主的領導人。

當青少年能夠脫離常規學校教育的束縛，能夠更融入社群的真實文化，他們會成長得更為茁壯。今天青少年常見的各種特質，包括壓力、焦慮、憂鬱，在他們得到自由，追尋自己的興趣，發展自身的天賦，並且得到支持和指導的時候，就會消失。比起被限制在強制性的教室裡，無論是透過提供青少年資源和鼓勵的自主學習中心，透過社區大學、線上課程、世界旅遊、工作或學徒制，或是綜合以上各種方式，青少年將成為成人世界中積極的一分子。青少年天生具備神奇的能力，得到了自由和尊重之後，就能感到快樂、充滿熱情。我們應該做的是，不要再把青少年當成學步兒對待，開始歡迎他們來到更寬廣的世界。

自學教育的重點提示

- **不要相信刻板印象。**青少年天生就冷淡、令人不快、情緒化、缺乏熱忱？那只是一個迷思。在假定這是正常情況之前，先看看他們的環境。在應該更全面且獨立地融入真實世界的時候，他們卻受到限制和控制。許多青少年需要自由，才能茁壯。給他們自由吧。
- **了解青少年對連結和社群的需求。**大部分的青少年都渴望同儕互動，充分的社交時間，以及被更大的社群認同和尊重的機會。幫他們建立這些連結，包括真實和虛擬的，把他們和更廣大的社群連結起來，幫助他們找到通向成年的入口。
- **樂於接受可能性。**走出學校的圍牆外，整個世界都可以是青少年的教室。把視野的觸角伸出去，不要只侷限在你的附近，找尋能讓他們追尋興趣，與其他志趣相同的同儕連結、找到導師，以及發現有意義工作的任何機會。除了專案世界學校（www.projectworldschool.com）之外，自學冒險（Unschool Adventures，www.

unschooladventures.com）是另一個為青少年辦的世界學校旅遊組織，由自學倡議人士及作家布雷克．博爾斯（Blake Boles）帶領。另外，自學冒險組織一整年都會舉辦非常受歡迎的青少年寫作僻靜營。此外，還有線上社群世界學校中心（Worldschooling Central，www.worldschoolingcentral.com）。創辦人是一個家庭，他們把房子賣掉之後一邊自學，一邊環遊世界，幫助連結想要把世界當成教室的家庭。

- **對輸送帶模式抱持懷疑**。大學可能是，也可能不是你家青少年的教育終點。自學生就像是終身學習者，為了更高深的教育，只要某些特定的方法對他個人的目標是具意義或有幫助的，他就會採取這個方案，但並不會把它視為生活中的必要選項。

10 校外自學

「玩耍總是被看成嚴肅學習之餘的放鬆。但對孩子來說，玩耍就是嚴肅的學習。」

——弗雷德．羅傑斯（Fred Rogers）[1]

以前的童年比較有自主性。從小到大，我會在放學後、周末時，還有整個暑假期間和鄰居的孩子玩。在年紀還小的時候，我們就自己往外跑，遠離大人隨時查看的眼神。我們會去爬樹、玩捉迷藏、不戴安全帽地騎腳踏車、蓋堡壘，或是展開丟橡實大戰。我們可能會跌倒、擦破皮，然後站起來。我們在社交網絡中學習交涉，有時當頭頭，有時當小嘍囉；有時被孤立，有時孤立別人。我們知道自己隨時可以回家。

現在的童年則經過精心策畫。孩子待在舖著橡膠地板的遊樂場或消毒過的教室內，在規畫好的活動中受到持續的監視。為了要給孩子我們曾經享受過的那種自由和獨立，需要刻意的努力與持續的警惕。對許多父母來說，讓童年的步調放慢下來，是他們選擇自學的主要理由。為了讓孩子有比較自然、好玩、自主的童年，家長選擇退出強調提早學習、增加上課時數、更多補習活動的主流教育。他們避開令人暈頭轉向的現代童年，有條有理地空出時間和空間，留給開放而隨興的玩耍，留給愈來愈稀有的白日夢行為。保留自主玩耍的機會，逐漸演變成一種反抗的行動。

幾年前我們搬進新家的時候，住家附近突然聚集了一大群小孩。孩子在午後街頭玩耍的聲音，每次有車經過就把球門網移到路邊的動作，讓我有種童年還沒消失的希望。因為家裡有四個孩子，住家地點又剛好位在市區邊街的中央地帶，我們家就變成街坊鄰居孩子聚集玩耍的熱點。有一天，我們的信箱裡出現了一張字條，寫字條的是住在對街的鄰居，是幾個二十出頭在附近就讀哈佛大學的研究生。字條中寫著自從我們搬來，午後的街道愈來愈吵，吵得他們不能專心。他們想知道我們可不可以給他們一週的玩耍時間表，讓他們可以預先知道孩子會在那裡玩的時間。我們禮貌地拒絕了，並表示我們並沒有違反任何市區噪音條例，所以會繼續讓孩子在外面玩，而且不會定時間。在那之後，他們就不再干涉了，但後來我們得知這些學生正在攻讀都市計畫的學位。這一代被剝奪了自由玩耍權利的孩子，長大後將成為家長和未來的政策制定者。強烈保護孩子自由玩耍的權利，已經成為我們的首要任務。

我們怎麼會走到這一步？莉諾・絲珂娜姬（Lenore Skenazy）在她的暢銷著作《散養教育》（*Free Range Kids*）中，分門別類地列出近三十幾年來，許多導致兒童自由玩耍和獨立權利大幅下降的力量。二〇〇八年，她因為讓自己九歲的兒子獨自搭乘紐約市地鐵，遭到全國媒體大加撻伐，封她為「全美最糟母親」。賦予孩子享有和我們一樣的自由和責任，最好的狀況是背上社會污名，最糟的狀況是有兒福單位來訪。[2] 我們或許會公開嘲笑所謂的「直升機家長」，批評他們像直升機一樣盤旋、操控孩子的生活，責怪他們教養出愈來愈脆弱、愈來愈依賴的年輕世代。然而，整個社會還是比較偏愛干預型的家長，而不是放手型的。童年，正在接受試煉。

身為知名作家及社運人士，絲珂娜姬的看法是，童年的自由和自主性之所以消失，主要是因為沒有根據的恐懼，以及社會規範的改變。媒體追求聳動效果，讓我們以為今天的社會已經不像我們小時候那樣安全，但是從犯罪率看來正好相反；父母忙於工作，沒什麼時間和鄰居彼此認識；新產品和電子裝置聲稱能保障孩子的安全，讓我們以為少了這些東西就可能身陷危險。[3] 以上種種因素，都劇烈地改變了孩子的遊戲模式。

但是，若想為孩子找回自由自主的遊戲時光，一切都還不算太晚。自學的家長和教育人士已經快速地加入行列，一起為孩子尋找、創造可以開心玩樂的空間，讓孩子也能嘗到我們享受過的自由和獨立。對於無法選擇自學的家長，沒有能力或權力參與自學資源中心或自主學校的家長，現在已經有愈來愈多的方式協助他們擁抱自學的理念，包括自由、以興趣為主的學習，以及童年的遊戲時間。自主學習的夏令營，課後的活動，以及以社區為基礎、由孩子主導的遊戲，這些的數量都逐漸增加。無論是常規學校學生的家長或是在家自學生，都有了更多的機會為孩子找回童年。

不是你以為的那種夏令營

在紐約上城的流連之地夏令營（Camp Stomping Ground），孩子很自由。不同於多數外宿一週的夏令營，流連之地挑戰主流觀念，不認為孩子需要被引導；相反地，營隊允許孩子每天從起床開始，就自行決定當天要做什麼。夏令營算是碩果僅存少數幾個可以接受孩子自由玩耍的場合，然而，在主流文化影響下，現在的夏令營逐漸變得更重視學業的學習，以及由成年人為孩子策畫的活動。流連之地力抗時代潮流，將夏令營傳統的自由作風推到極致，充分支持脫離學校思維的理念。

在流連之地，一群混齡的營隊學員和成年工作人員一起生活，一起學習，在完全由學員主導之下，一同創造充滿意義的夏日體驗。在那裡，沒有規定參加的活動，不要求孩子該做什麼和什麼時候要做。「徹底共情」（Radical empathy）是流連之地的核心理念，年輕世代和成年人一起合作，確保在完全自主的互動環境中，每個人都安全、受到尊重。學習的自由同時也代表學習的責任。正如營隊創辦人兼執行長蘿拉・克瑞哲（Laura Kriegel）和傑克・史卡特（Jack Schott）所言：

> 我們生長的年代，大概是人類歷史上最令人興奮、最重要的時代。然而，當世界充滿前所未有的可能性時，我們孩子的生活卻變得充滿愈來愈多控制和限制。如果我們不允許孩子看到這些可能性，要怎麼幫助他們在這樣的世界裡過得快樂？

因此，蘿拉和傑克要讓營隊成員自主決定怎麼運用時間，和誰在一起，到什麼地方去探索什麼。對於沒有辦法選擇全日自學方案的家長和孩子，利用上學之外的時間盡量自學，或許是可以優先考慮的做法。像流連之地這類的自主營隊方案，就是要提供這種機會，讓這些孩子也可以用自主、非強迫性的方式學習。

乍看之下，流連之地營隊和典型的營隊好像差不多：定時供餐、大型的室內休閒空間、有開闊的野地和林地供學員在其中遊戲徜徉，還有有趣的水上活動，以及訓練有素的營隊輔導員。傑克說：「差別在於一切都可以自由選擇。」在早上和下午的時段會有各式各樣的活動，包括攝影、射箭、泛舟、生火和救生技能、游泳、尋寶遊戲，以及龍與地下城桌遊、劇場、烏克麗麗等等。成員可以選擇參加這些活動，也可以選擇待在娛樂室裡，或是到野地去玩。他們也有權決定退出。舉例來說，如果孩子上了射箭課之後發現沒有興趣，就可以退出去做別的事。

一些人可能會想，萬一孩子什麼都不做呢？如果沒有要求他們在某個特定的時間參與某些特定的活動，他們不會只是在那裡耍廢嗎？流連之地沒有限制孩子使用3C的時間，不過營隊的所在地點，也只有在主要的休閒區才連得上網路。孩子難道不會整天坐在那裡玩數位裝置？「我們發現，通常最擔心孩子沉迷數位產品的父母，他們的孩子在家都有此問題。但是，這些孩子一來到這裡很快就不會再盯著螢幕了。他們通常也是活動中最活躍、最精力旺盛的孩子，有機會就一心只想玩。」傑克補充：「有些孩子可能剛開始時會盯著螢幕，因為來這裡是他們『去學校化』過程的一部分，但是一旦發現窗外正在進行一場泡泡大戰，誰會想錯過呢？」

周遭有那麼多有趣的事物、活動，以及資源，電腦和手機因此相形失色，特別是對渴望找回童年時期自由自在玩耍樂趣的孩子。大部分的孩子看到那麼多有趣又有意義的事可以做，絕不會選擇無所事事。蘿拉和傑克也沒有社會大眾對於3C產品的恐懼心態，他們認為：「科技有助於在孩子之間建立社群，分享經驗，特別是對有自閉傾向的孩子。兩個孩子一起看著手機上的影片哈哈大笑，就可以產生良好的連結。」「其實我們真的不覺得電子產品對營隊有什麼不良影響。有三到四個孩子每天可能會花一個小時玩電腦遊戲，但是其他人就用得很少，甚至根本用不到。因為旁邊有太多事在進行了。」

這兩位創辦人第一次有自學的念頭，是在創辦流連之地之前，到全國參觀各地夏令營的時候。其中一次，他們遇到了一位自學家庭的父親，他在住家社區辦了一個夏令營。這個父親和蘿拉及傑克分享了許多書籍、資源，以及新的教育思維。流連之地的點子因此受到啟發而萌芽。現在，他們相信夏令營可以是有力的跳板，幫助許多家庭跳進來參與自學理念的實踐。參加流連之地的學員有一半具有自主學習或無校自學的背景，也有一半來自常規學校。透過協助各個家庭把教育思維從**上學**轉成**學習**，傑克和蘿拉希望徹底改變大部分孩子學習的方法。傑克說：「我們正在重新想像一個世界，讓孩子有機會以不一樣的方式學習。我對未來抱持希望。愈來愈多人告訴我，這個營隊吸引人的地方在於它強調自主的本質。我想，對於學校的不當作風感到不安的人，已經愈來愈多。」

傑克和蘿拉的目標是，幫助孩子把這樣的自由與玩耍延伸到夏令營之外。為了這個目標，必須讓其他人認識，透過自學所產生的強烈而真實的學習。除了教育父母，傑克和蘿拉還致力於培養新的教育種子，一群理解、認同自學理念的教育工作者。於是，培訓營隊的輔導員也就成為兩位創辦人工作中重要的部分。在自主教育的宗旨下受訓後，輔導員會繼續留在輔導員社團中服務。傑克和蘿拉期望，這些前任輔導員能夠在營隊之外繼續投入自學教育。傑克表示：「對於輔導員來說，他們以前並不知道學校那麼糟糕，也不知道十八至二十五歲這個年齡層的孩子，有這麼多的精力與這麼多的可能性。」

許多家長想在生活中加入更多自學的理念，卻經常不知從何開始。舉例來說，傑克和蘿拉經常遇到家長表示想為自己的孩子選擇自主教育，但不是成效不彰，就是進不了附近的自主學習中心或自學學校。他們該怎麼辦？首先，自學的核心是心態。自學意味著認清學校的歷史地位，以及學校在現代社會中的角色和限制。對一些家長來說，採取自學的思維，純粹是不把學校教育看得太重；也可能意味著加入人數一直在增長的家長行列，呼籲學校不要出作業，或是讓孩子退出高風險測驗；或是向學校爭取更多的下課和自由玩耍的時間；也可能包括把孩子放學後的行程簡化、減少課外活動，給孩子更多隨興、沒人指導的玩耍時間，讓孩子做自己的事；也可能是指多花一點時間，和孩子一起去博物館或圖書館，或是已經實施興趣導向、自主而非強迫性學習的地方；也可能包括努力保護孩子在街坊玩耍的權力。或者，以上皆是。

社區性的自由玩耍空間

珍妮絲・歐唐納（Janice O'Donnell）是羅德島普洛維登斯兒童博物館（Providence Children's

Museum）的資深執行長，也是為都市兒童提供夏季冒險遊樂場計畫的普洛維登斯玩樂部隊（Providence PlayCorps）的創辦人，對她來說，找回消失的童年玩樂時光是她最主要的成立動機。珍妮絲感嘆：「孩子要從玩耍中學習，但他們現在都沒在玩了。」珍妮絲發現，過去四十多年來，自主性的童年玩耍活動已經明顯減少。她為此感到惋惜。珍妮絲對自學理念開始產生興趣，是她大學第一次讀到尼爾的《夏山學校》的時候。珍妮絲說：「它在對我唱歌。自主學習的理想合理多了。」她又說：「我向來覺得，學校不是我學到東西的地方。我只是在那裡盡我的本分，考好成績，但我很清楚，我真正的學習都發生在教室之外。」尼爾的書讓她開始關注一九六〇到七〇年代激進的教育改革運動，她大量閱讀約翰．霍特、赫伯．科爾等教育人士的著作，包括喬治．丹尼森（George Dennison）的《兒童的生活》（*The Lives of Children*），強納森．科佐爾的《早夭的童年》（*Death at an Early Age*）和《自由學校》。與此同時，她看著自己的孩子用有趣的方式學習、成長，便依著自己對自主教育的直覺，協助成立了一個採用自主學習理念的家長合作學校。一九七九年，她開始到新的普洛維登斯兒童博物館工作，並於一九八五年至二〇一四年擔任該博物館的執行長。

這些年來，珍妮絲協助打造博物館的特色，並為孩子提供更多手作和體驗式的學習，但也因為兒童玩樂時光的消逝而感到挫折。核心課程和高風險測驗的出現，代表兒童博物館重玩耍輕學業的用心不再受到重視。而孩子花更多時間從事經過規畫、由成人引導的課後或周末活動，可以到博物館享受開放和自由探索的時間也就愈來愈少。珍妮絲和團隊決定不再迎合學校團體的喜好，她覺得那樣做並不適合博物館，而且還會因為學校之間的競爭產生許多問題。珍妮絲說：「博物館不應該去配合學校團體。」因為大型團體的行程緊湊，很難讓孩子在喜歡的事物上多逗留。但是，珍妮絲補充：「當你真心想學某件事的時候，才會有真正的學習。」

博物館還是很歡迎學校團體，只是不再討好他們，不再配合他們的課程需要。相反地，珍妮絲和團隊加倍用心在以家庭為主、以孩子為焦點的邊玩邊學活動上。他們甚至把活動延伸到博物館之外，到市內低收入地區協助進行遊戲式的課活後動，也和寄養家庭的孩子互動。另外，他們還和當地的圖書館，以及其他容許更多彈性，更重視純粹玩耍和探索的組織合作。透過這些過程，珍妮絲和博物館的同事決定站出來力挺玩耍的重要性。她說：「我們決定拿回玩這個字。我們大膽地宣示，玩就是我們在做的事。我們的訊息是——孩子的玩耍非常寶貴。玩對他們很重要，不能玩對孩子會造成傷害。」

二〇〇〇年代初期，珍妮絲一邊積極投入維護兒童的玩耍自由，一邊感到愈來愈焦急。博物館的主題是玩，孩子在博物館的範圍內可以盡情探索，但出了博物館，這種自由就沒了。博物館還是要靠大人把孩子帶來遠足。珍妮絲覺得，有必要重新點燃人們對於在街坊玩耍的熱情——存在於她的童年記憶中，而現在已經幾乎絕跡的一種熱情。於是，她開始研究有關冒險遊樂場運動（adventure playground movement）的可能性，認為這或許可以幫助今日被剝奪玩耍自由的孩子。

和自學一樣，冒險遊樂場不是全新的概念，但有新的意涵。第一個冒險遊樂場始於一九四三年的丹麥。用當時的流行名詞「廢棄物遊樂場」（junk playground）來形容這類的遊樂場，算是相當恰當。這些遊樂場裡通常堆滿了廢棄的物料、工具、釘子、建材、紙箱紙盒，以及回收物資。用意是提供一個不同於一般消毒過的遊樂場，比較隨興、以玩為主的空間給各年齡層的孩子，讓他們在這裡可以隨興地建造或拆解、創造或摧毀。遊樂場的景觀設計負責人是卡爾・西爾多・索倫森（Carl Theodor Sørensen）。他發現，比起自己所建造的安全遊樂場，孩子反而更喜歡在其他各種空間裡玩。孩子一眼就看穿了那些遊樂場的人工性，他們想要的是更粗獷、更純粹的玩耍空間。

二十世紀後半期，冒險遊樂場的概念襲捲歐洲各地，現在全球已經有一千多個類似的遊樂場，大部分都在美國以外的國家，但美國國內的數量也有增加的趨勢。珍妮絲因此有了靈感，她特地到倫敦市低收入戶集中的東區，參觀當地一個很受歡迎的冒險遊樂場，並且大受鼓舞。遊樂場的位置就在市區的空地上，裡面有各式各樣的廢料，孩子可以自由來去，想怎麼玩都完全自主。遊樂場裡有受過訓練的玩樂員（playworker）負責確保孩子的安全，但從不主導孩子該怎麼玩。就和主張自學的家長和教育人士一樣，玩樂員提供一個讓孩子自主學習的空間，幫助孩子挖掘和發展興趣，但決不干涉孩子個人的遊戲任務。珍妮絲說：「玩樂員工作的藝術是必須在不給予指導的情況下協助孩子玩。」珍妮絲形容玩樂員的工作像是救生員，當場內有嚴重危險發生時，救生員會出手救援。但平時看見孩子用貝殼堆東西時，也可能會提示孩子，到哪裡可以找到很棒的貝殼。玩樂員的工作是保護和輔導，不是干預和指導。

珍妮絲努力維護與推廣孩子自由玩耍權力的熱情再度被點燃了，回到家鄉後，就開始著手把冒險遊樂場的模式帶給普洛維登斯的孩子。博物館在市內公園提供了各式各樣的「快閃冒險遊戲」（pop-up adventure play），吸引了數百人參加這些一日活動，但是珍妮絲想要更長期而持續的活動。她和普洛維登斯市合作，創辦了一個冒險玩樂夏日計畫，叫做「玩樂部隊」。二〇一四年夏天，在普洛維登斯兒童博物館、普洛維登斯市健康社區辦公室，以及公園管理處共同協辦之下，玩樂部隊正式開始。從此，每年夏天的平日時間，在市內多處公園和遊樂場，尤其是公共社會住宅密集的低收入區域，孩子可以聚在一起，在一個完全自主的空間，利用各種廢棄材料、工具、紙箱、膠帶、舊衣舊毯、球、繩索、顏料、粉筆、水等各種有趣的資源自由玩耍。而且想來就來，想走就走。玩樂部隊的工作人員由受過玩樂員訓練的成人組成，他們同時也在這些暑期公園裡發送聯邦補助的免費或減價午餐。總共只要十萬美元，就可以提供超過三千五百個孩子整個暑假的午餐。玩樂部隊證明了小小心力也可以成就大事。玩樂部隊的主要成本在於付給工作人員的薪水，他們大多是大學生或是剛從大學畢業，其中許多人在這個地區長大。資金來源包括了公家和私人的機關團體。

在玩樂部隊的努力之下，宣導鼓勵玩耍，讓孩子有更多機會體驗自主學習的理想，已經向前跨出了重要的一步。然而，珍妮絲並不以此自滿。她說：「我還想再進一步。」她解釋，下一步就是在一個特定的街坊空間辦全年性的計畫，希望透過玩耍，提升社區性的自主學習。她也指出，夏日計畫的優點是位置就在孩子的居住環境範圍，但那同時也是缺點。公共空間有時候很棘手，像是當地的安親中心來使用這個遊樂場時，可能會用和玩樂部隊工作人員很不一樣的規定去限制孩子玩耍。因此，一個永久性的冒險遊樂場，而且可以全年免費開放給全市的孩子，才是珍妮絲的願景——而且不是只在普洛維登斯，而是希望能拓展到全國各個城市。珍妮絲說：「我們有到了二十幾歲都沒有真正玩過的人，而他們即將為人父母。最重要的任務是把自主玩耍的價值傳播出去，讓人們知道，我們的孩子若失去了玩耍的機會，會受到多大的傷害。」

在這裡做得到，任何地方都做得到

在紐約市，另一個夏日冒險遊樂場出現了。對於兒童玩耍和珍妮絲抱持相同理念的紐約市遊樂場（play:groundNYC），坐落在了總督島（Governors Island）上。總督島面積一百五十英畝，之前曾作為軍事用途。從曼哈頓下城區和布魯克林搭短程郵輪即可抵達，航程中能欣賞令人屏息的自由女神像。遊樂場占地五萬平方英尺，紐約市透過總督島非營利信託提供了這塊地，條件是把這個島重新開發為社區用途。從春天到秋天的每個週末，孩子可以免費入園。園內堆滿剩餘材料、備用零件、錘子、釘子，以及各種回收再生物資，希望打造出孩子們理想的遊樂空間。島上舉辦為期一周的夏令營計畫，補貼了周末不收費時的成本，讓遊樂園能夠盡可能經常對大眾免費開放。因為必須搭乘郵輪，孩子較難自行前往紐約市遊樂場，通常必須由家長陪同，但是家長不能進入遊樂場，而是由經玩樂工作原則訓練的工作人員在場內確保孩子的安全，但不提供指導。在主要場地的附近，另外有一個家庭冒險遊樂場，可以讓家長和六歲左右甚至更大的小孩同樂。

不令人意外的，紐約市遊樂場是紐約市兩名自學家長的心血結晶。亞歷山大・寇斯特（Alexander Khost）和伊芙・墨舍（Eve Mosher）在一場孩子的生日派對上結識，兩人的話題談到了自由玩耍和冒險遊樂場。他們發現，自主玩耍和他們正在實施的自主式育兒有許多相似之處。亞歷山大是紐約市義務教育的合格美術教師，他說：「關鍵是信任孩子，放手讓他們有空間和時間做決定。」在初次談話之後，亞歷山大和伊芙投入了玩樂工作的世界，學習更多關於冒險遊樂場的事務；在當地大學尋找志同道合的合作夥伴；在市內公園舉辦快閃式冒險遊樂園活動；成立非營利組織；發起群眾募資。紐約市遊樂場開幕的前一年，工作團隊還聯合布魯克林兒童博物館，舉辦了一場冒險玩樂大展，吸引了數百人到訪。

二〇一六年五月，紐約市遊樂場在大眾的期待和支持之下開幕了。直到今天，它仍然在繼續成長，除了計畫持續在島上擴充之外，也計畫在紐約全市增加其他據點，讓更多的孩子能夠參加。亞歷山大說：「紐約市遊樂場是一個美妙的地方，宣告世人：是的，這一切都可能實現。如果在紐約做得到，在任何地方都做得到。」

課後自學

不在遊樂場的時候，亞歷山大就把時間貢獻給布魯克林蘋果學院（Brooklyn Apple Academy）。蘋果學院是一所自學資源中心，雖然全天候開放，但是來這裡享用自學資源的家庭，大致上一週最多來個三天。學院位在布魯克林南坡街區的中心地帶，一家小酒館的樓上。空間明亮舒適，裡面設有木工空間、設備完整的廚房，還有一個寬闊開放的聚會空間，裡面放滿了桌遊和遊戲地墊。廚房區域包括了兩個較小的房間，一間是圖書館，裡面有電腦和一張老舊的長椅；另一間是美術室，裡面有一張大桌和手作材料。我第一次到蘋果學院參觀那天，到達的時候看見亞歷山大正在現場協助活動進行。有些孩子在美術室裡正聚精會神地玩著桌遊戰國風雲（Risk），幾位媽媽也加入戰局同樂。有兩個男孩待在電腦室，用他們的行動裝置玩著遊戲。不久，戰國風雲結束了，螢幕也失去吸引力，一群孩子就聚在大型遊戲區玩摔角，或是跑上跑下。亞歷山大提議，去外面的遊樂場或是到附近的溜冰場去釋放能量，但孩子們決定要再玩一場桌遊，因為那天下午很冷。不久之後，放了學的孩子就會來到這裡。一整天行程都由人安排的孩子，唯有在這裡可以享受他們非常需要的自主休閒時間。

布魯克林蘋果學院由諾亞・艾波・梅爾斯（Noah Apple Mayers）成立於二〇一〇年，是一所非全日制的自主學習中心，為該市的自學孩童提供各式課程以及校外教學活動。幾年下來多次擴展，最終在目前的地點定下來，並且將服務拓展到自學社群之外。諾亞最初接觸到另類教育是她八年級在家自學一年的時候，那時她住在緬因州的鄉村地區。諾亞說：「回想起來，那是我受教育過程中最美好的一年，連大學也比不上。」成年後，他搬到紐約，在布魯克林自由學校工作，之後又到紐約市一所「微型學校」（micro-school）任職，紐約市幾名讓孩子在家自學的家長，為了融合學校教育和自學教育理念，共同成立了這所微型學校。最後，諾亞成立了蘋果學院，做為支持自主教育的專用空間。

布魯克林蘋果學院除了為平日的自學方案提供非必選的課程，另外還以中心裡的木工坊為基地，提供一種課後的「修補匠計畫」，由孩子自由進行各自的敲打手作工程，需要協助時可以向在場的大人求助，但是所有的事情都由孩子自己主導。諾亞表示：「許多參加課後方案的孩子平常的時間都被排滿了。有些孩子的行程滿到我難以想像。現在的標準就是這樣。所以，每當他們來到這裡，就像是從學校的狀態解壓縮。」他發現，孩子在這裡會先在木工坊花上一小時，然後一小時在沙發上看漫畫，另一小時玩桌遊。課後修補班的時間通常為三小時，在這段時間裡，基於自我主導的理念，孩子可以根據自己的興趣和判斷自由活動。諾亞認為：「任何人應該都該享有自由。」他積極地找出各種方式，不管是作為取代常規學校教育的選項，或是做為一般學校生活之外的補充品，他希望能讓更多家庭有能力選擇自學或自主學習。

對於那些每天都在被規畫好、由成人主導的活動中度過，沒什麼機會玩樂的孩子來說，自主課後方案就像是一條救生索。在德州休士頓的派瑞許學校（Parish School），結合了自主課後方案和冒險玩耍兩種理念。派瑞許是一所專為有溝通和學習障礙的孩子而設立的私立學校。這裡的學生有許多被診斷出患有泛自閉症障礙、注意力不足過動症、感覺處理障礙、閱讀障礙……等等問題。二〇〇八年，學校當局決定開發一個創新的課後方案，提供該校學生以及社區中其他的孩子使用。於是，在學校後方一塊大約一公頃多的空地上，一個冒險遊樂場出現了。派瑞許學校課後冒險遊樂場從一開始就由吉兒・伍德（Jill Wood）負責，她平常是學校的圖書管理員。在這個遊樂場裡，六歲至十二歲的孩子才是空間的主導者，他們在這裡合作和建造東西，遭遇問題，化解衝突。在一切的過程中，成人的介入愈少愈好，就像從前孩子玩的時候一樣。

吉兒白天在學校的角色給了她最好的角度，觀察到不經刻意規畫的自由玩耍如何改變孩子。我去參觀時，吉兒把室內鞋脫掉，換上切換成玩樂員模式要穿的橡膠鞋時告訴我：「圖書管理員的身分和玩樂員工作之間有很密切的關聯。圖書管理是兇悍的守護者，維護著一個自由、具資訊性、選擇性、非強迫性，以及不批判的學習環境。」有些孩子難以適應學校裡被規定、老師主導的環境，卻能在這個課後的空間茁壯成長，建立難以在教室培養的自信和技術。這個空間吸引了自學的孩子和鄰近社區的其他孩子，也幫助了派瑞許學校的許多學生。「孩子的能力實在令人難以置信。」吉兒和我分享了她對冒險遊樂場場內孩子的觀察：

> 只要我們退開，他們就能創造神奇。一點都不誇張。你很難相信，孩子們在這裡創造了些什麼。而且，這些孩子還被許多人以為不太會玩。我們相信，許多在教室裡看起來是問題的事，到了這裡就都不是問題了。所以，如果孩子遭遇到困難，我們這些大人應該先問問自己，要如何改變環境去迎合孩子的需求，而不是改變這個人；但是在教室裡，由於環境的結構，更多的事情是具有破壞性的。

一個溫暖的冬日午後，我來到派瑞許冒險遊樂場。陽光灑落在那裡的金屬、大型塑膠管、鋁罐、舊輪胎、塑膠瓶、扭曲的呼拉圈、木棧板、成堆的木材、丟棄的花圈、破爛的床單，以及經過孩子組裝和裝飾過的遊戲設備上。遊樂場的一端有一輛倒放的金屬購物推車，另一端有個舊的行李箱，不遠處的地面上躺著一只磁磚造的鳥浴（bird bath）[1]。第一個到達的孩子問道：「我可以開始了嗎？」她拉起一個裝飾滿滿絨毛、木棍已經不見了的彩繪馬頭，把它拖過草坪放到附近的遊樂設施上。不久，更多的孩子跑了進來，許多孩子肺活量全開地放聲大叫。你可以看得出來，來到這裡就代表解放了，可以放掉聽了一整天的「應該」「必須」「不可以」。吉兒笑著說：「大叫很療癒。」

這個課後冒險遊樂場全學年開放，每週開放四個下午，全日制每個月會花費家長四百五十美元，但是不開放家長進入。吉兒說：「家長會讓這個空間變得危險。」老實說，這個說法出乎我意料。家長造成危險？家長應該能保護孩子免於危險，不是嗎？後來我在一旁觀察孩子玩耍，才開始了解吉兒的意思。吉兒和同事衛斯．漢姆納（Wes Hamner）兩人都受過玩樂員的訓練。他們懂得怎麼不去干預地在一旁觀察，如何輔導而不操控，最重要的或許是，如何分辨危險和風險的差別，而這個部分對家長來說可能很難做到。我承認，有些時候，看到孩子在高處攀爬或是有些玩法，會讓我差點忍不住喊：「小心！」如果爬高的是我的小孩，我一定控制不住。

身為家長——即使是像我們這種清楚自主玩耍多重要的家長——就是會忍不住擔心孩子，擔心安全問題。有時候，擔心會讓自主玩耍變得不那麼安全。我很確定，如果我父母看到我在和鄰居的孩子玩丟橡實大戰，他們至少會告誡我們要小心，甚至就叫我們別玩了。但是他們沒看到，所以我們玩了。在玩的過程中，我們學會如何自我調整，學會為自己的行為負責；我們學會如何準確地評估風險，測試我們的極限，在我們為自己設定的範圍裡盡力而為；我們學會相信自己的判斷，和別人為了共同的目標合作。我們會踢到鐵板，會爭執。有時候我們會受傷，會哭泣。這些都是冒險遊樂和玩樂工作訓練的一部分，吉兒覺得都很重要。一旦孩子感覺到這個空間是由大人管理，掌控著風險程度，設定限制，還有處理衝突，這個玩樂空間就可能變得較無生氣、較危險。在這種情況下，安全的責任就不在孩子的身上了。吉兒舉出事實：冒險遊樂場的事故率，比附近的傳統遊樂場更低。

吉兒和衛斯兩人都很為現代的家長感到遺憾。衛斯同時也帶領市內的青年進行社區跑酷（Parkour）[2]計畫。他回想：

> 成長過程中，我們會拿父親的雜物堆和工具箱玩，但是現在的孩子卻因為現代社會的種種限制，不再享有這種自由。整體社會都改變了。家長可能會因為讓孩子在街道上玩，被告上警察局。在社會的期望裡，讓孩子從事經過規畫的活動，才算是「負責任」的家長。因此，孩子愈來愈不可能不依賴家長為他們評估風險。

---

[1] 庭園中供鳥兒戲水飲水的小水盆。

[2] 把整個城市當成場地，訓練各種肢體能力的一種運動。

吉兒補充說明：「家長身上承擔了很大的壓力。我們就擔任起中間人的角色。雖然這裡不是開了後門，讓你的孩子到林間奔跑五個小時，但至少是一種自由。」

現在的我們竟然需要特定的，有工作人員在場的空間，才能營造類似我們童年時享受過的那種不受監控、自主的玩耍樂趣。從許多方面來看，這都是對當代文化令人傷心的評價。對許多孩子，尤其是住在普洛維登斯、紐約，或休士頓這種城市的孩子，冒險遊樂場可能是少數僅存的機會，能讓他們嘗到童年該有的自由。當我沐浴在德州的陽光下，看著孩子用他們快要遺忘的方式玩耍，幾個問題在我心中縈繞不去：為什麼不能讓美國的每個社區都有一個冒險遊樂場？為什麼我們不重新設計現有的課後活動，讓一向只能待在常規學校的孩子，也能至少擁有一些午後的自由和自主？為什麼那些支持自學精神、鼓勵自主玩耍的夏令營和社區夏日計畫不能擴大，全年為孩子提供服務？為什麼孩子不能把大部分的時間花在玩耍上，只能用剩餘的時間玩？

其實，這些問題的答案就在我們手中。作為家長，應該由我們來決定，什麼對我們的孩子和社群才是最重要的。我們重視的就會出現；我們視為優先的就能實現。我們的社區計畫和公共空間規畫，直接反映了我們重視什麼，以什麼為優先。真正的問題是：對於童年自由和自主玩耍的權力，我們夠不夠在乎，在乎到要去催生改變？

自學教育的重點提示

- **盡量把課後自學的時間最大化。**首先認清自由、隨興的玩耍對孩子的健康和身心發展非常重要。尋找，或是創造自學的夏令營，或是強調透過玩耍和自主學習的課後活動。
- **改造你的鄰里街坊。**在你自己的社區裡，找回童年玩耍的自由。和當地的官方單位合作，規畫出幾條街道，專門作為午後或周末自由玩耍的空間。和還記得自己在隨興自由玩耍時有多快樂的鄰居連結起來，一起腦力激盪，找出方法，為現代的孩子重新打造同樣的環境。在當地公園舉辦快閃式的冒險玩樂活動。建造一個冒險遊樂場，或者協助將現有的課後活動或夏令營改造，變成能夠展示玩樂重要性的空間。
- **連結社區資源。**圖書館、博物館，以及當地的公園管理單位，都可能成為你的盟友，協助你去擴充或支援自主玩耍，以及校外的自學活動。許多單位已經在這麼做了。

11 自學的未來

「我生來是為待在圖書館裡，而不是教室裡。教室是把他人的利益關在裡面的監獄；圖書館是開放的、無止境的，而且自由。」

——塔納哈希・科茨（Ta-Nehisi Coates）[1]

我們需要的是受過教育的公民，而非上過學的公民。學校教育注重的一致性、服從和威權主義會限制我們的能力，讓我們難以有效解決目前和未來的挑戰。更重要的是，學校教育的這些模式會阻礙人類充分發揮潛能。常規的大眾學校教育是工業時代的產物，會摧毀創造力、抑制旺盛的活力、扼殺天生的好奇心，還會中斷發明能力。創造力、活力、好奇心、發明力，這些人類天生的傾向，是我們因應新的想像力年代必須具備的特質。好消息是我們不必去教這些特質；我們要做的是停止摧毀這些特質。每個孩子身上原本都存在這些特質。我們的工作是滋養它們、支持我們的孩子，讓他們保有最有創意、活力滿點、好奇、愛想點子的天性。孩子已經擁有這些天賦，我們千萬不要剝奪。

我們或許已經離開工業時代，朝著想像力年代前進，但是我們的主流教育制度仍然延續著工廠式的學校形式。把孩子封閉在愈來愈強制性、標準化，以考試為導向的學校環境，度過大部分的性格養成時期，根本不符合想像力年代的機會和需求。凱西・大衛森（Cathy Davidson）在她的著作《現在你看到了》（*Now You See It*）中指出，目前在小學就讀的孩子，有六五％未來會從事的職業，現在還沒有被發明出來。她表示：「在這個變動劇烈的時代，我們卻還在用為他們的曾曾曾祖父所設計的考試和課程教育他們。」[2]

在充滿變化的世界裡，機器人已逐漸取代人類在組裝線上的工作。因此，如何維持孩子天生的好奇心，支持他們以無窮的動力去探索和創新，就變得至為關鍵。自學所提供的教育架構，能夠讓人類面對後工業時代的挑戰，盡情發揮潛力。二〇一六年，世界經濟論壇針對未來的職業做了一份報告。報告顯示，許多目前最熱門的職業和技術，十年之前，甚至五年之前，並不存在。[3]因此，一體適用的大眾學校教育模式、停滯不變的課程、預設的能力期望，根本無法滿足未來以創新為主的經濟需求。當我們自己都不知道孩子在幾年後必須知道的事，我們怎麼可能有能力訓練他們去學習未來要知道的事呢？相反的，藉著讓孩子融入周遭真實的世界，允許他們探索融入真實世界後產生的興趣，我們可以幫助他們主導自己的教育，以掌控自己的能力。

一些教育改革人士呼籲跳脫傳統思維的框架，改造常規學校教育，以因應當代社會的需求和價值。在他們的努力下，或許可以推動以孩子為核心的課程，減少考試，打造功能完整的學校環境。但是，光是跳脫傳統思維的框架還不夠。打從有了國民義務教育，許多激進的教育人士就一直試圖調整和修補這種強迫性的學校教育模式，然而，很多人反應常規學校卻愈變愈嚴格。因此，我們必須徹底擺脫傳統思維框架，創造一個全新的幾何形狀。學校教育就是那個框架。那麼學習是什麼形狀？

幸運的是，我們已經有了不需要學校就能學習的成功模式，在本書中已經有所介紹。現在，更多家庭可以選擇退出學校，在家自學；自主學習中心和自學學校也已經可以向更多年輕世代提供協助和支持；實踐自學理念的自主夏令營和課後活動計畫也可以提供全日制或全年度的服務；青少年沉浸式體驗和學徒計畫也可以發展；冒險遊樂場和其他積極推動社區兒童自主玩樂的努力結果，也可以在全球各城市的鄰里街坊萌芽；我們可以迎接孩子回到我們的公共空間，而不是把他們限制在由成人主導與規畫的活動和學校課業裡。能夠支持這些自主機會的，正是想像力時代最主要的特徵——廣大的科技平台。科技平台能夠為所有人提供通往知識和資訊一種前所未有的管道。

除了上述這些例子，我們的社區還可以用其他方式，支持自主、不強迫的教育。事實上，已經有許多人這麼做了。我們應該更仔細地檢視我們的街坊鄰里，以及市鎮上公共資源的品質，或許就可以找到新的方法，支持沒有強制性學校教育的自然學習；我們也可以支持教育人士，他們正在打破現狀，創造全新形態、完全不像學校的大眾學校，幫助我們遠離強迫，朝向自主的教育前進。另外，我們可以鼓勵創業，鼓勵教育模式的研究和創新，或許可以找到超乎我們現階段想像的可能性。一個沒有學校卻有良好教育的社會藍圖，正在我們的眼前展開。我們必須勇敢地揚棄工廠式學校教育的實驗，找尋取代學校的方案，幫助學子教育自己，為想像力年代和更遠的未來做好準備。

社區資源

初次走進位在德州麥卡倫市（McAllen）的這棟建築物，會被它的量體吸引。這是占地十二萬三千平方英尺的大型單層結構，卻給人溫暖而友善的感覺。空間雖大，但是窗戶嶄新，牆面明亮。現代感的照明，色彩繽紛的地毯和桌椅以及舒適的長椅，讓整個空間更為怡人。裡面融合了開放空間和安靜的角落，包括一百一十六間電腦室（其中有十間為兒童專用）、一間真正的咖啡廳、志工管理的書店、配備了高科技視訊設備的會議室，以及一百八十個座位的視聽室。而且，一週七天，一年三百五十四天，這裡完全免費開放給大眾使用。到底是什麼地方這麼棒？

答案就是：麥卡倫公共圖書館。

二〇一二年，原本的沃爾瑪（Walmart）購物中心經過改建，重新打造成符合當地社區需求的空間。新建築的使用人數是之前的兩倍以上，因為這裡提供了更多的空間，更多可用於學習、連結、社區參與的資源。[4] 圖書館最好的功用就是大眾教育。

雖然許多圖書館都面臨了預算縮減的問題，但是全國各地的公共圖書館卻用縮減的經費做更多的事，逐漸轉型成充滿活力與自由，並且開放的學習空間，供社區內所有成員使用。增加了借還書之外的許多功能，公共圖書館變得更能夠滿足不同的教育需求。在加州的沙加緬度，公共圖書館還提供借用縫紉機、烏克麗麗、相機、桌遊；在密西根的安娜堡，向公共圖書館還可以借到望遠鏡和顯微鏡；在緬因州的比迪福德（Bideford）可以借到雪靴；在康乃狄克州的北黑文（North Haven）可以借到平底鍋。[5]

如果要想像自學的未來會是什麼樣子，公共圖書館會是理想的例子。公費辦理，偶爾有私人捐助，圖書館本質上就是個自由、自主的學習空間。和公立學校不同，圖書館不會有年齡上的歧視，讀者不是因為受到法律的威脅和強迫而來。在那裡，沒有規定要學什麼、怎麼學。除了基本的衛生和安全規定之外，社區民眾在圖書館可以自由探索、自行選擇，需要幫助的時候，還有經驗充足的圖書館員和志工協助。許多圖書館還主辦各式課程和活動，包括講座、第二語言學習、說故事時間、讀書會。這些活動對社區的所有成員開放，而且完全採自由參加。沒有人會強迫你，也沒有人會告訴你一定要學什麼、做什麼。在一些社區裡，公共圖書館還配合聯邦推行的暑期免費或補助午餐計畫，全年承擔發送午餐、照顧孩童營養的工作。

由納稅人集資，提供給全民全年使用的自主學習空間，可以是什麼樣子？全美各地的市鎮公共圖書館，做了最優雅且有效的示範：提供資源和課程；有知識豐富的工作人員協助輔導自然學習；讓各個年齡層，各種生活經驗的社區成員在這裡一起自由地、不受強制地學習。企業家暨慈善家安德魯・卡內基（Andrew Carnegie）認為，圖書館「最能夠達成一個社區造福他人的目標，是沙漠裡永不枯竭的噴泉」。[6]

一八四八年，十三歲的卡內基來到美國。身為可憐的蘇格蘭移民，卡內基沒什麼機會上正式學校，大部分的時間都是靠自己學習，書本就是他最主要的老師。卡內基傳的作者大衛．納索（David Nasaw）說，卡內基「很重視自己的教育。他期許自己能廣泛閱讀，他覺得身為男人和公民那是當所應為，不管他是工匠還是技工，職員還是商人，蘇格蘭人還是美國人」。[7] 書籍在十九世紀中期的美國並不便宜，也不容易取得，但是卡內基很幸運地遇到了一八五〇年。那年，賓州阿利根尼（Alleghany）地區的商人詹姆士．安德森上校（Colonel James Anderson）為他的城市建造了第一個私營的大眾圖書館。安德森上校允許當地的男孩每個週六到他的圖書館借一本書，隔週再歸還。[8]

安德森的作為深深地影響了卡內基，卡內基後來把自己的財富貢獻出很大一部分，建造了超過二千五百座公共圖書館。在美國各個城市鄉鎮，卡內基圖書館通常都是當地第一家免費的公共圖書館，並首開先例地使用「開放書架」模式，意思就是民眾自己在架上找書，不用再等圖書館員幫他們取書。從二十世紀初開始，卡內基圖書館也率先提供兒童專區，一些還提供了輕鬆的社區中心、室內保齡球室、音樂廳、臺球桌、游泳池，或者運動場。[9] 卡內基在自傳裡寫道：「從我自己的成長經驗來看，我知道最能讓孩子受益的用錢方法，就是在一個有心把圖書館當做市政機構支持營運的社區裡，成立一家公共圖書館。」[10] 公共圖書館對自主教育的貢獻歷久彌新，也為沒有學校教育的非強制性學習樹立了一個重要的原型。

圖書館不是唯一免費、社區性、供大眾使用、可自主學習的機構形式。全國各地許多博物館都讓我們看到了，當這些豐富的資源和機會開放給所有的社區成員之後，可能會發生什麼改變。

舉例來說，位在華盛頓特區的史密森尼學會（Smithsonian Institution）結合了公共基金和私人捐款，打造了一個充滿活力的學習和探索中心。成立於一八四六年的史密森尼學會，總共催生了十九家博物館、美術中心，以及一座國家動物園——大部分都免收門票，一年三百六十四天開放（只休聖誕節當天）。和其他免費參觀的博物館一樣，來到史密森尼的人可以用自己喜歡的步調探索其中，在感興趣的區域流連，跳過不感興趣的部分。在博物館裡，才華洋溢的館長、工作人員以及志工，會隨時在旁回答人們的問題，說明展品的內容。館內全天提供各式講座、示範，以及體驗活動，參觀民眾可以自行決定是否參加。試著想像一下，如果就像公共圖書館一樣，每個社區也都能有一座公共博物館，對自主學習會是多大的支持和鼓勵。

公共圖書館和公共博物館，以及其他像是公園、海灘、公共社區中心，甚至公共交通系統，都在示範公共財產和強制機構之間的差別：前者是自發性的，開放給所有人使用的，無強制性的；後者則不然。最近，我無意間聽到一位母親和她小學年紀的女兒之間的對話。小女孩抱怨當天搭校車時，坐在她旁邊的一個孩子對她很凶。母親試著安撫女兒，告訴她有時候坐在旁邊的是妳喜歡的人，有時候不是，「就像坐公車時一樣。」但事實上並不一樣。在公車上，坐你旁邊的人每天都是不同的人。關鍵是你可以摁鈴在下一站下車。但所謂的義務教育，本質上就是強制性的。

如果我們能脫離強制性的學校教育，讓教育模式變得像非強制性的公共財（種類廣泛，而且向多元對象開放），就可以輔導全體公民的創意、活力、好奇心、發明欲。正如保羅·古德曼在

《強迫性的錯誤教育》中所寫：「整體而言，教育必須是自發性而非強制性的，因為除非出於內在的動機，否則就不會有自由的成長。因此，教育的機會必須多元，而且以多元的方式管理。我們應該減少學校的影響力，不應該讓龐大的學校體系繼續擴充。」[11] 公共圖書館和公共博物館，以及許多其他的公共財，向我們證明了，自由比強迫更有力量。

教育工作者

一群資深的公立學校教師集結起來，打造了一所實踐許多自學原則的另類公立學校，都是為了自由。從他們的目標可以明顯看出，光是移除牆壁和桌子，給孩子多一些選擇，讓上學不那麼令人不快，並不足夠。史考特・伊凡（Scott Evans）和蓋伯瑞・庫珀（Gabriel Cooper）是這個加州團隊中的兩位成員，這群教師在二〇一七年秋天共同創辦了聖胡安自學學校（UnSchool San Juan）。這裡沒有成績，沒有考試，也沒有回家作業。學生沒有一年級或二年級的級別，而是依據個人的興趣和目標，在混齡、跨學科的團體裡互動。學校裡有一個大型的創客空間，設備齊全，科技新穎。對於聖胡安自學學校內部的學習空間而言，社區民眾扮演著非常重要的角色，學校也非常積極向外尋求學徒制的配合單位。如同前面章節提過的位於波士頓的炸藥庫學校，聖胡安自學學校也是在教師工會的支持之下，展開了從學校教育轉型成學習中心的大膽實驗。

史考特和蓋伯瑞兩人在這一區分別都有二十年左右的教學經驗。年復一年，他們的挫折感逐年升高。蓋伯瑞說：「許多孩子在這個制度裡失敗了，但那不是學生的錯，是制度的錯。」於是，他們的團隊找了這個區的主管，想做些創新的改變，於是他們設計出一個非正統的計畫：打造一個自主的公立學校，讓年輕世代探索自己的興趣，進行各自的計畫，在有用的資源和樂於提供協助的導師的支持之下，走自己選擇的道路。區主管非常認同，決定支持這個專案，試圖去顛覆常規學校教育的架構和心態。

有些現代的公立學校已經在校內施行新的軟體和制度，提供學生更多個人化的選擇和決定權，但是學校仍然必須按照既定的課程和標準的評鑑方式運作。這些學校可能有自定的步調，允許學生依照自定的進度和順序學習，但是學習的內容仍由學校主導，而非學生。聖胡安自學學校試圖在營運於常規學區裡的情況下，突破這個限制。史考特說：「來聖胡安，其實是得到教育最花力氣的地方。」他解釋，相較於要負責自己的學習與行為（即便仍略與學區的要求連動），按照常規學校教育那種被動的、教完就考的方式容易得多。

史考特和蓋伯瑞並不認為學生參加全國性的標準考試有什麼不好，但是他們打算讓學生和家長自己決定要不要參加這些考試。如果學生想要從聖胡安自學學校領到一份高中文憑，就必須符合某些核心領域的期待。蓋伯瑞表示：「我們的學生仍然必須達到這個學區對傳統核心科目的要求。」聖胡安自學學校的學生可以選擇進行和他們的興趣相關的計畫，但是為了符合科目的要求，他們的計畫必須能反映大分類上的核心能力。至於如何展現自己的學習和熟練程度，就由學生自己決定。這麼做的目標是讓一切盡可能自然地發生，學校的指導老師會適時給予支援。舉例來說，一個聖胡安自學學校的學生決定建造一座弩炮，也就是一種古代的投石器。學生必須決定自己的學習目標，但是在進行的過程中，他可能需要查閱歷史、數學、物理相關的知識，並且展現出對相關內容足夠的了解。然而，因為詮釋的標準比較寬鬆，而且直接綁定學生個人的學習目標，所以學科的要求勢必會對內容和評鑑的方式造成一些限制，這是常規學校外的自學生所亟力避免的。對於這一點，蓋伯瑞並不太在意。他認為：「學習並非完全不需要架構。」

雖然還是受到上述限制，但是比起其他常規學校裡的同齡學子，聖胡安自學學校的孩子還是多了許多自由和主動權。蓋伯瑞和史考特表示，學校裡的孩子已經被訓練成認為修了某些學分就等於會有某些成果；學習是一種可預測的、線性的過程。因此，要從傳統的模式轉向自主、以興趣為導向的模式，需要在心態上和情緒上做很大的轉換。聖胡安自學學校的創辦團隊在他們的學生身上，見證了典型的去學校化的過程，就和其他自學生離開傳統學校環境時所經歷的過程類似。蓋伯瑞說：「他們有些人好幾個月才終於開竅。」他們發現，自己才是自己教育的主人，要由自己做決定。對於孩子在信念和態度上的劇烈轉變，家長往往看得最清楚。蓋伯瑞說：「家長都說，他們從來沒有看過自己的孩子長大這麼多。他們現在很了不起。」

和學生一樣，史考特和蓋伯瑞也還在持續著自己脫離學校思維的過程。有時候他們會警覺到自己用了典型的學校語言，像是用年級來分類學生，或是談起成績。不管是對孩子還是大人，這都會是一個很大的學習曲線。蓋伯瑞表示：「在我的職業生涯中，這是我第一次這麼遠離自己的舒適圈。有些時候，我甚至是在危險圈裡面。」蓋伯瑞在聖胡安自學學校裡當了八年的教師，現在是校長。他說：「在過程中一直要調整自己，那種感覺實在很恐怖。最大的恐懼是會不會摧毀了孩子的夢想。我很誠實地告訴家長，我自己也不確定這種嘗試會不會成功。但是我也不確定傳統的學校能夠成功。這就像是坐雲霄飛車，但人生也是如此。」

聖胡安自學學校試圖在常規的公立學校制度內部進行改革，讓我們看到了一些可能性。如果有積極的教育工作者加入支援，如果創新的理念能夠得到認同，如果學習至上、學校其次的觀念能夠占上風，那麼，傳統學校就有希望，就能夠重新打造成為自學學校。蓋伯瑞表示：「時間會決定一切。」「學校的英文『school』這個字的希臘文字根是『閒暇』的意思。它應該是一種樂趣。現行制度已經毀了，但是我們或許可以回溯到學習原本的意涵——興趣和發現。」聖胡安自學學校是一場試驗。這些教育工作者能不能被允許繼續堅持他們對自主公立學校的願景？傳統的課程和責任標準，會不會對他們造成更多的壓力？學生的自主性在這個原本的傳統學區，能不能持續下去？聖胡安自學學校能不能在公立學校之中，成功地開創一個新的領域，這點還有待觀察。它會不會像之前許多先行者一樣，最後又被吸回主流的學校制度？蓋伯瑞也承認：「我們就像站在懸崖的邊緣，不知道最後會被拉回去，還是被允許往前躍進。」

創業家

像蓋伯瑞和史考特這樣的教育工作者，希望從常規的學校教育內部進行改革。但是另外有一群人，他們尋求的是在主流體系之外，打造一個全新的教育模式，賦予家長和教師一樣的權力。這樣的理想趨動了許多創業家，曼妮莎・史諾兒（Manisha Snoyer）就是其中一位。時間回到二〇〇九年，那時的曼妮莎是一名授課藝術家。為了增加收入，她開了一家成人外語學校。她喜歡教學，和學生互動也很融洽，但她發現行銷、收費，以及其他行政事務，耗費她太多的時間和精力。她想要把精神集中在教學和學習上，而不是在行政文書工作上。她也遇到許多有才華的老師和朋友，他們也想開設類似的教育課程，但是缺乏相關的行銷工具和創業經驗。

那個時候，曼妮莎同時也在做Airbnb。過去四年來，她已經把她在紐約的公寓出租過好幾次。曼妮莎開始有了想法，她說：「如果有一個專門為教育做行銷的平台，能像Airbnb那樣，為房東處理行銷、付款事宜，讓他們專注在提供住宿服務，該有多好？」於是，她成立了小屋教室（CottageClass）來做這件事，並且在二〇一七年，得到Airbnb共同創辦人奈特・布萊查席克（Nate Blecharczyk）以及Trip在線旅遊服務公司副總約瑟夫・薩德（Joseph Zadeh）兩人的天使投資[1]。兩位天使投資人各自都有小孩。現在，小屋教室協助教師和家長開發、執行各式各樣為孩子設計的教育方案，為這些「創業人士」處理所有的行政事務，幫他們在社群中媒合有興趣的家庭或學習者。如同Airbnb利用共享經濟，重新打造了短期住宿產業，小屋教室和其他類似的嘗試也可能

[1] 提供新創事業草創基金，以換取未來所有權利益的個人投資。

有助於改造教育。就像曼妮莎說的：「我們創立了小屋教室，希望能幫助家庭找到在地的創新學習管道，同時也讓教師和家長發起人創新辦學更容易。」

曼妮莎發現她接觸到的許多家長，都因為僵化、擁擠，以及考試導向的常規學校教育而感到沮喪。其中許多家長之前從來不曾考慮過要取代學校，但是因為對大眾學校教育太失望，不得不另尋出路。曼妮莎表示：「愈來愈多所謂的『主流家庭』，從前通常不會想打破常規，現在卻開始考慮可以取代現狀的方案，這完全是出於對現實的絕望。他們打算退出標準化的考試，或是退出傳統的學校體系。」小屋教室幫助這些家庭連結他們所在地區的學校教育替代方案。這些曾經是「主流」的家庭，通常後來都成為另類教育的狂熱分子。曼妮莎說：「當他們看到另類教育在自己孩子身上產生的正面影響，感受到他們新加入的這個社群有多美好，自然而然地，就對另類教育更為熱情了。」

小屋教室開放教師和學習者免費加入，讓教育工作者在這裡創造卓越的課程，讓家庭不必先付費，就能探索各種開課資訊。如果學生採用小屋教室平台報讀了課程，公司就從報名費中抽成。目前平台上開的課程包括工作坊、一次性課程、育兒分享、夏令營、課後和學前活動、自主學習中心，以及「微型學校」。其中一個合作對象叫做廸達（Dida）學院，位在紐約布魯克林中心地區，專門為青少年提供自主學習空間和指導資源。廸達學院的共同創辦人丹妮爾・列凡（Danielle Levine）表示，小屋教室協助她打造廸達的品牌，找到初期的學生和其他志同道合的教育工作者共組社群，並且幫她處理收費和報名事宜，對她非常有幫助。小屋教室還為成員組織提供了基本型的責任險以及財物損失險，丹妮爾認為這點很少見，對剛剛發展的小型教育機構是很大的福利。小屋教室代理的全日制學習中心，通常收費都只有典型私立學校的一半，付給教師的薪資占二〇％以上，這顯示若是由家長和老師直接促成，高價值、低成本的教育是可能實現的。

小屋教室不會控制或管理平台上任何課程的內容，所以雖然並非所有的課程都反映了自學的價值，但是許多都是。提供課程計畫的教育工作者在創造和執行內容時，享有充分的自由。曼妮莎表示，當你給予人們那麼多的自由：

自然而然地，就會吸引相信自由和自主的人。我們相信每一個孩子（每一個人也是）都有天生的好奇心，有生物本能的渴望，渴望學習成長。身為教育工作者和家人的照顧者，我們的工作是滿足孩子的基本需求（食物、住所、愛），支持他們去做他們最擅長的事——學習。

曼妮莎對小屋教室的期許很大膽。她希望這種去中心化的模式，能夠重新賦予家長和老師力量，最終能夠重新塑造美國的教育。至今為止，小屋教室已經為超過四百個家庭提供服務。目前雖然仍然以紐約為基地，但是這個組織已經把服務範圍擴大到其他的城市，收到了來自全球各地七十七個城市，共二千五百名教師的詢問。隨著小屋教室逐漸成長，曼妮莎也看到了一條共同的線，連接著對標準化常規學校教育感到窒息的教育工作者，和想要給孩子更好教育的沮喪家長。

曼妮莎說：「我們希望，所有的家長都能夠用適合自己孩子的方式教育他們，可以有多元的課程、學校、活動，供他們選擇。」「我們的任務是幫助這些最了解教育的人，包括老師、家長，還有孩子，重新打造我們的教育制度。」

家長

最後，還是要回歸家長，由家長來決定我們是否要朝向一個自學的未來前進；由家長來決定是否要重新拿回孩子教育的主控權；缺陷這麼多的常規學校教育，會不會繼續占上風？不合適的保姆是不是聊勝於無？如果大家都在用她，就表示她還可以？家長必須決定要不要滿足於還可以；家長必須決定是要繼續每年注入六千億美元在全國義務教育上，還是要為年輕世代創造一個不強制、自主的教育選項，讓教育和學校教育脫鉤。

事實上，支持一個不受學校教育，卻能夠擁有高水準教育的社會所需的組織，也已經存在了。不論是自學的家庭、自主學習中心、自學的學校，以及校外的自學資源，數量都在逐漸成長，這證明了年輕世代在沒有學校的情況下，仍然可以——而且的確做到了——對學習保有好奇、熱情、興奮的感覺。社區資源和科技已經提供了一個架構，可以讓年輕世代和成年人一樣，有更多機會接觸到自主和自發性的教育；公共圖書館和博物館既是由納稅人集資，又是非強迫性的，向來就是自然學習和終身學習中心的最佳範例；教育工作者和創業家也正在發明更多的機會，促進自學的可能性，提供更多的教育自由和選擇。

孩子不是小零件。他們不需要從幼兒階段開始就被放在組裝線上，花十幾年的時間把他們磨得發亮。教育是吸收與整合內容和文化的一種自然過程。支持教育且不會摧毀趨動人類學習好奇心和想像力的方式，有很多種。在自學的未來，可以預見一個簡單卻又具革命性的畫面：年輕世代在非強制性、自主的教育環境中學習。在那裡，真實和虛擬的資源都有助於自然學習；成人的角色主要是輔導學習，而不是教學。走出學校，把教育視為公共財產，為學習開發更多更新的可能性。我在本書中分享了其中的一些可能性，但是應該還有更多等著我們創造。身為家長，我們必須決定是否要繼續陷在常規教育的泥地裡一籌莫展，還是要迎接自學的未來，讓孩子的好奇心得到滋養並得到好的教育。重要的第一步，就是從我們自己開始，跳脫學校教育思維。

致謝詞

謝謝我的先生布萊恩，以及我們很棒的孩子，他們給了我時間與力量完成這本書。

特別感謝我的經紀人吉爾・馬薩爾（Jill Marsal），他看到了本書想法的潛力，並為之在芝加哥評論出版社（Chicago Review Press）找到一個理想的家與卓越的團隊。

感謝我的母親喬安妮・麥克唐納（Joanne McDonald）不厭其煩地閱讀本書的草稿；感謝我的朋友蘇珊・柯屈納（Susan Koechner）與瑞秋・錢尼（Rachel Chaney）提供了初期的編輯與見解；感謝塔莉・理查茲（Tali Richards）協助研究的工作；感謝沃爾特・葛允德（Walter Grinder）、查爾斯・漢米爾頓（Charles Hamilton）、勞倫斯・瑞德（Lawrence Reed）的不斷鼓勵與指導。

感謝彼得・格雷與我在自主教育聯盟（Alliance for Self-Directed Education）的同事，他們努力不懈地推廣自學的理想，讓更多家庭能接受這個教育哲學。

最後，感謝本書中特別提到的家長、教育工作者、自學生，能分享你們不上學仍能學習的故事與願景，讓我深感榮幸。

註釋

導言

1. Albert Einstein, *Autobiographical Notes*, trans. Paul Arthur Schlipp (La Salle: Open Court, 1979), 17.
2. John Holt, *How Children Learn*, rev. (New York: Da Capo Press, 2017), xi.
3. Peter Gray, *Free to Learn: Why Unleashing the Instinct to Play Will Make Our Children Happier, More Self-Reliant, and Better Learners for Life* (New York: Basic Books, 2013), x–xi.
4. Ivan Illich, *Deschooling Society* (London: Marion Boyars, 1970), 47.
5. John Holt, *Instead of Education* (Boulder, CO: Sentient Publications, 2004), 4.

1 名為學校的生存遊戲

1. Henry David Thoreau, *The Writings of Henry David Thoreau, Journal II: 1850–September 15, 1851*, ed. Bradford Torrey (Boston: Houghton, Mifflin & Co., 1906), 83.
2. Robert L. Fried, *The Game of School: Why We All Play It, How It Hurts Kids, and What It Will Take to Change It* (San Francisco: Jossey-Bass, 2005), x.
3. Cevin Soling, "Why Public Schools Must Be Abolished," *Forbes*, February 27, 2012, http://www.forbes.

com/sites/jamesmarshallcrotty/2012/02/27/why-public-schools-must-be-abolished/#d99c7732e377.

4. The Film Archives, "Education Is a System of Indoctrination of the Young – Noam Chomsky," YouTube video, June 1, 2012, 7:35, https://youtu.be/JvqMAlgAnlo.
5. Film Archives, "Education Is a System of Indoctrination."
6. Kirsten Olson, *Wounded by School: Recapturing the Joy in Learning and Standing Up to Old School Culture* (New York: Teachers College Press, 2009), xv.
7. Milton Gaither, *Homeschool: An American History* (New York: Palgrave Mac-Millan, 2008), 9.
8. Sheldon S. Cohen, *A History of Colonial Education; 1607–1776* (New York: John Wiley & Sons, 1974), 46.
9. Eric R. Eberling, "Massachusetts Education Laws of 1642, 1647, and 1648," *Historical Dictionary of American Education*, ed. Richard J. Altenbaugh (Westport, CT: Greenwood Press, 1999), 225–26.
10. Samuel Bowles and Herbert Gintis, "The Origins of Mass Public Education," *History of Education: Major Themes, Volume II: Education in Its Social Context*, ed. Roy Lowe (London: RoutledgeFlamer, 2000), 62–63.
11. Carl Kaestle, *Pillars of the Republic: Common Schools and American Society, 1780–1860* (New York: Hill and Wang, 1983), xi.
12. Thomas Jefferson, Letter to Charles Yancy, January 6, 1816, http://tjrs.monticello.org/letter/327.
13. Thomas Jefferson, *The Writings of Thomas Jefferson*, ed. Andrew A. Lipscomb (Thomas Jefferson Memorial Association, 1904), 423.
14. Bob Pepperman Taylor, *Horace Mann's Troubling Legacy: The Education of Democratic Citizens* (Lawrence: University Press of Kansas, 2010), 8.

15. Charles Leslie Glenn, *The Myth of the Common School* (Amherst: University of Massachusetts Press, 1988), 107.
16. Glenn, *Myth of the Common School*, 79.
17. Heather Andrea Williams, *Self-Taught: African American Education in Slavery and Freedom* (Chapel Hill: University of North Carolina Press, 2005).
18. Bowles and Gintis, "Origins of Mass Public Education," 78.
19. US Bureau of the Census, *Education of the American Population, A 1960 Census Monograph*, by John K. Folger and Charles B. Nam (Washington, DC: US Government Printing Office, 1967), 113.
20. Maris A. Vinovskis, *Education, Society, and Economic Opportunity: A Historical Perspective on Persistent Issues* (New Haven, CT: Yale University Press, 1995), 109.
21. David B. Tyack, *The One Best System: A History of American Urban Education* (Cambridge, MA: Harvard University Press, 1974), 30.
22. Paul E. Peterson, *Saving Schools: From Horace Mann to Virtual Learning* (Cambridge, MA: Belknap Press, 2010), 26.
23. Taylor, *Horace Mann's Troubling Legacy*, 33.
24. Jonathan Messerli, *Horace Mann: A Biography* (New York: Alfred A. Knopf, 1972), 429.
25. Michael S. Katz, "A History of Compulsory Education Laws," *Phi Beta Kappa* (Fastback Series No. 75, 1976), 17.
26. James G. Carter, Essays upon Popular Education: Containing a Particular Examination of the Schools of Massachusetts, and an Outline of an Institution for the Education of Teachers. (Boston: Bowles & Dearborn, 1826), 48–49.

27. Messerli, *Horace Mann*, 429.
28. Pierce v. Society of Sisters, 268 U.S. 510 (1925).
29. Charles Leslie Glenn, *The Myth of the Common School* (Amherst: University of Massachusetts Press, 1988), 76.
30. Carla Shalaby, *Troublemakers: Lessons in Freedom from Young Children at School* (New York: New Press, 2017), xx.
31. John Taylor Gatto, "I Quit, I Think," *Wall Street Journal*, Op-Ed, July 25, 1991.
32. John Taylor Gatto, *Dumbing Us Down: The Hidden Curriculum of Compulsory Schooling* (BC, Canada: New Society Publishers, 1992), 7–8.
33. Raymond S. Moore and Dorothy N. Moore, *Better Late Than Early: A New Approach to Your Child's Education* (Camas, WA: Reader's Digest Press, 1976), 52.
34. Margaret L. Kern and Howard S. Friedman, "Early Educational Milestones as Predictors of Lifelong Academic Achievement, Midlife Adjustment, and Longevity," *Journal of Applied Developmental Psychology* 30, no.4 (2008): 419–430.
35. Graeme Paton, "Bright Children Should Start School at Six, Says Academic," *Telegraph*, May 16, 2012, http://www.telegraph.co.uk/education/educationnews/9266592/Bright-children-should-start-school-at-six-says-academic.html.
36. Nancy Wallace, *Better Than School* (Burdett, NY: Larson Publications, 1983), 33.
37. US Department of Education, National Center for Educational Statistics, *Homeschooling in the United States: 2012*, by Jeremy Redford, Danielle Battle, Stacey Bielick, and Sarah Grady, Open-file report 2016-096.rev, National Center for Education Statistics (Washington, DC, 2017), https://nces.ed.gov/

pubs2016/2016096rev.pdf.

38. Brian Ray, "Research Facts on Homeschooling," National Home Education Research Institute, January 13, 2018, https://www.nheri.org/research-facts-on-homeschooling/; US Department of Education, National Center for Education Statistics, "The Condition of Education 2017," Open-file report 2017-144, J. McFarland, B. Hussar, C. de Brey, T. Snyder, X. Wang, S. Wilkinson-Flicker, S. Gebrekristos, J. Zhang, A. Rathbun, A. Barmer, F. Bullock Mann, and S. Hinz, National Center for Education Statistics (Washington, DC, March 2017), https://nces.ed.gov/pubs2017/2017144.pdf.

39. William Heuer and William Donovan, "Homeschooling: The Ultimate School Choice," Pioneer Institute for Public Policy Research, white paper no. 170, June 2017, https://pioneerinstitute.org/featured/study-states-provide-parents-information-homeschooling-options.

40. US Department of Education, National Center for Education Statistics, "Parent and Family Involvement in Education: Results from the National Household Education Surveys Program of 2016," September 2017, https://nces.ed.gov/pubsearch/pubsinfo.asp?pubid=2017102.

41. Tara Bahrampour, "Muslims Turning to Home Schooling in Increasing Numbers," *Washington Post*, February 21, 2010, http://www.washingtonpost.com/wp-dyn/content/article/2010/02/20/AR2010022001235.html.

42. Jaweed Kaleem, "Homeschooling Without God," *The Atlantic*, March 30, 2016, https://www.theatlantic.com/education/archive/2016/03/homeschooling-without-god/475953.

43. Richard G. Medlin, "Homeschooling and the Question of Socialization Revisited," *Peabody Journal of Education* 88, no. 3 (2013): 284–297.

44. Wallace, *Better Than School*, 237.

45. Wendy Priesnitz, *School Free: The Home Schooling Handbook* (St. George, ON: Alternate Press, 1987), 17,19.
46. Laura Grace Weldon, *Free Range Learning: How Homeschooling Changes Everything* (Prescott, AZ: Hohm Press, 2010).

2 無校自學是什麼？

1. Akilah S. Richards, "The Freedom of Unschooling: Raising Liberated Black Children Without the Restrictions of School," *Student Voices*, February 21, 2016, https://mystudentvoices.com/the-freedom-of-unschooling-raising-liberated-black-children-without-the-restrictions-of-school-58347bf5919.
2. J. Gary Knowles, Stacey Marlow, and James Muchmore, "From Pedagogy to Ideology: Origins and Phases of Home Education in the United States, 1970–1990," *American Journal of Education* 100, no. 2 (1992): 195–235.
3. Wendy Priesnitz, "The Words We Use: Living as if School Doesn't Exist," *Life Learning Magazine*, http://www.lifelearningmagazine.com/definitions/the-words-we-use-living-as-if-school-doesnt-exist.htm.
4. Karl F. Wheatley, "Unschooling: A Growing Oasis for Development and Democracy," *Encounter: Education for Meaning and Social Justice* 22, no. 2 (2009): 27–32.
5. Franklin Bobbitt, *The Curriculum* (Boston: Houghton Mifflin, 1918), 42.
6. David Hamilton, *Towards a Theory of Schooling* (London: Falmer Press, 1989), 45.
7. Karl F. Wheatley, "Questioning the Instruction Assumption: Implications for Education Policy and Practice," *Journal of Education and Human Development* 4, no. 1 (March 2015): 27–39.

8. Wheatley, "Questioning the Instruction Assumption."
9. M. G. Siegler, "Eric Schmidt: Every 2 Days We Create as Much Information as Did up to 2003," *TechCrunch*, August 4, 2010, http://techcrunch.com/2010/08/04/schmidt-data.
10. Charlie Magee, "The Age of Imagination: Coming Soon to a Civilization Near You," Second International Symposium: National Security and National Competitiveness: Open Source Solutions, 1993, http://www.oss.net/dynamaster/file_archive/040320/4a32a59dcdc168eced6517b5e6041cda/OSS1993-01-21.pdf.
11. Drew Hansen, "Imagination: What You Need to Thrive in the Future Economy," *Forbes*, August 6, 2012, https://www.forbes.com/sites/drewhansen/2012/08/06/imagination-future-economy/#2718867356dc.
12. Harry Bahrick and Lynda Hall, "Lifetime Maintenance of High School Mathematics Content," *Journal of Experimental Psychology: General* 120, no.1 (March 1991): 20–33.
13. Ansel Adams, *An Autobiography*, with Mary Street Alinder (New York: Little, Brown, 1985).
14. Ronald Swartz, *From Socrates to Summerhill and Beyond* (Charlotte, NC: Information Age Publishing, 2016), 174.
15. John Holt, *How Children Learn,* rev. (New York: Da Capo Press, 2017), xii–xiii.
16. Herbert R. Kohl, *The Open Classroom: A Practical Guide to a New Way of Teaching* (New York: New York Review, 1969), 12.
17. Rebecca M. Ryan, Ariel Kalil, Kathleen M. Ziol-Guest, and Christina Padilla, "Socioeconomic Gaps in Parents' Discipline Strategies from 1988 to 2011," *Pediatrics* 138, no. 6 (December 2016), http://pediatrics.aappublications.org/content/early/2016/11/10/peds.2016-0720.

3 無校自學的起源

1. John Dewey, "My Pedagogic Creed," *School Journal* LIV, no. 3 (January 16, 1897): 77–80.
2. Matthew Josephson, *Edison: A Biography* (New York: John Wiley & Sons, 1992), 21.
3. Josephson, *Edison*, 22.
4. Josephson, *Edison*, 412
5. John Locke, *Some Thoughts Concerning Education 2nd ed*, (London: Cambridge University Press, 1889), 53.
6. Jean-Jacques Rousseau, *Emile, or, On Education: Includes Emile and Sophie, or, The Solitaries*, trans. and ed. Christopher Kelly and Allan Bloom (Hanover, NH: University Press of New England, 2010).
7. Ann Taylor Allen, "Spiritual Motherhood: German Feminists and the Kindergarten Movement, 1848–1911," *History of Education Quarterly* 22, no. 3 (1982): 319–339.
8. Richard Bailey, *A. S. Neill* (London: Bloomsbury, 2013), 24.
9. Ronald Swartz, *From Socrates to Summerhill and Beyond* (Charlotte, NC: Information Age Publishing, 2016), 14; Bailey, *A. S. Neill*, 26–27.
10. Sidney Hook, "John Dewey and His Betrayers," *Change* 3, no. 7 (1971): 26.
11. Paul Goodman, *Compulsory Miseducation and the Community of Scholars* (New York: Vintage Books, 1962), 44.
12. Bailey, *A. S. Neill*, 24–25.
13. Bailey, *A. S. Neill*, 26–27.
14. Homer Lane, *Talks to Parents and Teachers* (New York: Schocken Books, 1969), 177.

15. Lane, *Talks to Parents*, 13.
16. A. S. Neill, *Summerhill School: A New View of Childhood*, rev. (New York: St. Martin's Griffin, 1992), 9.
17. Neill, *Summerhill School*, 15.
18. Paul Goodman, *New Reformation: Notes of a Neolithic Conservative* (New York: Random House, 1970), 67–68.
19. Ivan Illich, *Deschooling Society* (London: Marion Boyars, 1970), 1, 2.
20. John Holt and Patrick Farenga, *Teach Your Own: The John Holt Book of Homeschooling*, rev. (New York: Da Capo Press, 2003), 279.
21. Patrick Farenga, "Homeschooling Summarized in the Congressional Quarterly Researcher," *John Holt GWS*, March 18, 2014, https://www.johnholtgws.com/pat-farengas-blog/2014/3/18/homeschooling-summarized-in-the-congressional-quarterly-researcher.
22. US Department of Education, National Center for Education Statistics, "Parent and Family Involvement in Education: Results from the National Household Education Surveys Program of 2016," Codebook, September 2017, https://nces.ed.gov/nhes/data/2016/cbook_ecpp_pu.pdf.
23. Peter Gray and Gina Riley, "The Challenges and Benefits of Unschooling, According to 232 Families Who Have Chosen that Route," *Journal of Unschooling and Alternative Learning* 7, no. 14 (2013), https://jual.nipissingu.ca/wp-content/uploads/sites/25/2014/06/v72141.pdf.
24. Peter Gray, "Survey of Grown Unschoolers I: Overview of the Results," *Freedom to Learn* (*Psychology Today* blog), June 7, 2014, https://www.psychologytoday.com/blog/freedom-learn/201406/survey-grown-unschoolers-i-overview-findings.
25. Peter Gray, "Survey of Grown Unschoolers II: Going on to College, *Freedom to Learn* (*Psychology Today*

blog), June 17, 2014, https://www.psychologytoday.com/blog/freedom-learn/201406/survey-grown-unschoolers-ii-going-college.

26. Herbert R. Kohl, *The Open Classroom: A Practical Guide to a New Way of Teaching* (New York: New York Review, 1969), 15.
27. A. S. Neill, *Freedom—Not License!* (New York: Hart Publishing Company, 1966), 7.
28. Neill, *Summerhill School*, 36.
29. Grace Llewellyn and Amy Silver, *Guerrilla Learning: How to Give Your Kids a Real Education With or Without School* (New York: John Wiley & Sons, 2001), 11.

4 不一樣的童年

1. Jay Griffiths, *A Country Called Childhood: Children and the Exuberant World* (Berkeley, CA: Counterpoint, 2014), ix.
2. Michael Pollan, *In Defense of Food: An Eater's Manifesto* (New York: Penguin, 2008), 1.
3. Felix Gussone, MD, "America's Obesity Epidemics Reaches Record High, New Report Says," *NBC News*, October 13, 2017, https://www.nbcnews.com/health/health-news/america-s-obesity-epidemic-reaches-record-high-new-report-says-n810231.
4. F. Thomas Juster, Hiromi Ono, and Frank P. Stafford, "Changing Times of American Youth: 1981–2003," Institute for Social Research (Ann Arbor: University of Michigan, 2004), http://ns.umich.edu/Releases/2004/Nov04/teen_time_report.pdf.
5. Teresa Morisi, "Teen Labor Force Participation Before and After the Great Recession and Beyond," US

Bureau of Labor Statistics, February 2017, https://www.bls.gov/opub/mlr/2017/article/teen-labor-force-participation-before-and-after-the-great-recession.htm.

6. Sandra L. Hofferth and John F. Sandberg, "Changes in American Children's Time, 1981–1997," *Advances in Life Course Research* 6 (2001): 193–229.
7. Peter Gray, "The Decline of Play and the Rise of Psychopathology in Children and Adolescents," *American Journal of Play* 3, no. 4 (2011).
8. Angela Hanscom, *Balanced and Barefoot* (Oakland, CA: New Harbinger Publications, 2016), 30.
9. Jane E. Barker, Andrei D. Semenov, Laura Michaelson, Lindsay S. Provan, Hannah R. Snyder, Yuko Munakata, "Less-Structured Time in Children's Daily Lives Predicts Self-Directed Executive Functioning," *Frontiers in Psychology* 7 (June 17, 2014): 593.
10. "Time to Play, a Study on Children's Free Time: How It Is Spent, Prioritized and Valued," Gallup, August 2017, http://news.gallup.com/reports/214766/7.aspx?ays=n#aspnetForm.
11. Po Bronson and Ashley Merryman, "The Creativity Crisis," *Newsweek*, July 10, 2010, http://www.newsweek.com/creativity-crisis-74665.
12. K. H. Kim, *The Creativity Challenge: How We Can Recapture American Innovation*. (New York: Prometheus Books, 2016), 20.
13. Associated Press, "U.S. Education Spending Tops Global List, Study Shows," *CBS News*, June 25, 2013, https://www.cbsnews.com/news/us-education-spending-tops-global-list-study-shows.
14. Drew Desilver, "U.S. Students' Academic Achievement Still Lags That of Their Peers in Many Other Countries," Pew Research Center, February 15, 2017, http://www.pewresearch.org/fact-tank/2017/02/15/u-s-students-internationally-math-science.

15. Lauren Camera, "Student Scores in Reading and Math Drop," *U.S. News & World Report*, October 28, 2015, https://www.usnews.com/news/articles/2015/10/28/student-scores-in-reading-and-math-drop.
16. Erika Christakis, "The New Preschool Is Crushing Kids," *Atlantic*, January/February 2016, http://www.theatlantic.com/magazine/archive/2016/01/the-new-preschool-is-crushing-kids/419139.
17. Elizabeth Bonawitz, Patrick Shafto, Hyowon Gweon, Noah D. Goodman, Elisabeth Spelke, and Laura Schultz, "The Double-Edged Sword of Pedagogy: Instruction Limits Spontaneous Exploration and Discovery," *Cognition* 120, no. 3 (September 2011): 322–30.
18. Daphna Buchsbaum, Alison Gopnik, Thomas L. Griffiths, and Patrick Shafto, "Children's Imitation of Causal Action Sequences Is Influenced by Statistical and Pedagogical Evidence," *Cognition* 120, no. 3 (September 2011): 331–40.
19. Alison Gopnik, "Why Preschool Shouldn't Be Like School," *Slate*, March 16, 2011, http://www.slate.com/articles/double_x/doublex/2011/03/why_preschool_shouldnt_be_like_school.html#cx.
20. Cory Turner, "Why Preschool Suspensions Still Happen and How to Stop Them," NPR, June 20, 2016, http://www.npr.org/sections/ed/2016/06/20/482472535/why-preschool-suspensions-still-happen-and-how-to-stop-them.
21. US Department of Education, National Center for Educational Statistics, *Status and Trends in the Education of Racial and Ethnic Groups*, by Susan Aud, Mary Ann Fox, and Angelina KewalRamani, Open-file report 2010-015, National Center for Education Statistics (Washington, DC, 2010),https://nces.ed.gov/pubs2010/2010015.pdf.
22. Ama Mazama and Garvey Lundy, "African American Homeschooling as Racial Protectionism," *Journal of Black Studies* 43, no.7 (October 2012): 723–48.

23. Jessica Huseman, "The Rise of Homeschooling Among Black Families," *Atlantic*, February 17, 2015, https://www.theatlantic.com/education/archive/2015/02/the-rise-of-homeschooling-among-black-families/385543.
24. US Department of Health and Human Services, Centers for Disease Control and Prevention, *Diagnostic Experiences of Children with Attention-Deficit/Hyperactivity Disorder*, by Susanna N. Visser, Benjamin Zablotsky, Joseph R. Holbrook, Melissa L. Danielson, and Rebecca H. Bitsko, National Health Statistics Report 81 (September 3, 2015), https://www.cdc.gov/nchs/data/nhsr/nhsr081.pdf.
25. Enrico Gnaulati, *Back to Normal: Why Ordinary Childhood Behavior Is Mistaken for ADHD, Bipolar Disorder, and Autism Spectrum Disorder* (Boston: Beacon Press, 2013), 32.
26. Brent Fulton, Richard Scheffler, and Stephen Hinshaw, "State Variation in Increased ADHD Prevalence: Links to NCLB School Accountability and State Medication Laws," *Psychiatric Services* 66, no. 10 (October 2015):1074–82, https://ps.psychiatryonline.org/doi/pdf/10.1176/appi.ps.201400145?code=ps-site.
27. Peter Gray, "Experiences of ADHD-Labeled Kids Who Leave Typical Schooling," *Freedom to Learn* (*Psychology Today* blog), September 9, 2010, https://www.psychologytoday.com/blog/freedom-learn/201009/experiences-adhd-labeled-kids-who-leave-typical-schooling.
28. Peter Gray, "ADHD & School: Assessing Normalcy in an Abnormal Environment," *Freedom To Learn* (*Psychology Today* blog), July 7, 2010, https://www.psychologytoday.com/blog/freedom-learn/201007/adhd-school-assessing-normalcy-in-abnormal-environment.
29. Tracy Ventola, "A Solution to ADHD and Other School-Based Disorders," *OFF KLTR!* (blog), October 2, 2014, https://offkltr.com/2014/10/02/a-solution-to-adhd-and-other-school-based-disorders.
30. Valerie J. Calderon and Daniela Yu, "Student Enthusiasm Falls as High School Graduation Nears," Gallup,

June 1, 2017, http://news.gallup.com/opinion/gallup/211631/student-enthusiasm-falls-high-school-graduation-nears.aspx.

31. Ethan Yazzie-Mintz, "Charting the Path from Engagement to Achievement: A Report on the 2009 High School Survey of Student Engagement," Center for Evaluation and Education Policy (Bloomington, IN: 2010), https://www.wisconsinpbisnetwork.org/assets/files/2013%20Conference/Session%20Material/HighSchoolSurveyStudentEngagement.pdf.
32. Mihaly Csikszentmihalyi and Jeremy Hunter, *Journal of Happiness Studies* 4 (2003): 185–99.
33. Adam Grant, *Originals: How Non-Conformists Move the World* (New York: Viking, 2016), 7.

5 自然的讀寫與計算能力

1. Madeleine L'Engle, *A Circle Of Quiet* (New York: HarperCollins, 1972), 54–55.
2. Daphna Bassok, Scott Latham, and Anna Rorem, "Is Kindergarten the New First Grade?" *AERA Open* 1, no. 4 (January–March 2016): 1–31.
3. John Taylor Gatto, "I Quit, I Think," *Wall Street Journal*, Op-Ed, July 25, 1991.
4. Jane W. Torrey, "Learning to Read Without a Teacher: A Case Study," *Elementary English* 46 (1969): 550–556, 658.
5. William Teale, "Toward a Theory of How Children Learn to Read and Write Naturally," *Language Arts* 59, no. 6 (1982): 558.
6. Jane W. Torrey, "Reading That Comes Naturally: The Early Reader," *Reading Research: Advances in Theory and Practice. Vol. I*, ed. T. G. Waller and C . E. MacKinnon (New York: Academic Press, 1979): 123.

7. Alan Thomas and Harriet Pattison, "The Informal Acquisition and Development of Literacy," *International Perspectives on Home Education*, ed. P. Rothermel (London: Palgrave Macmillan, 2015): 57–73.
8. Annie Murphy Paul, "Why Third Grade Is So Important: The Matthew Effect," *Time*, September 26, 2012, http://ideas.time.com/2012/09/26/why-third-grade-is-so-important-the-matthew-effect.
9. Harriet Pattison, *Rethinking Learning to Read* (Shrewsbury, UK: Educational Heretics Press, 2016): 138–39.
10. Peter Gray, "Children Teach Themselves to Read," *Freedom to Learn* (*Psychology Today* blog), February 24, 2010, https://www.psychologytoday.com/blog/freedom-learn/201002/children-teach-themselves-read.
11. Nancy Carlsson-Paige, Geralyn Bywater McLaughlin, and Joan Wolfsheimer Almon, "Reading Instruction in Kindergarten: Little to Gain and Much to Lose," Defending the Early Years (2015): https://www.deyproject.org/uploads/1/5/5/7/15571834/readinginkindergarten_online-1__1_.pdf.
12. Arthur M. Pittis, "Literacy, Not Just Reading," *Waldorf Education: A Family Guide*, eds. Pamela Johnson Fenner and Karen L. Rivers (Amesbury, MA: Michaelmas Press, 1995), 73.
13. Sebastian Suggate, Elizabeth Schaughency, and Elaine Reese, "Children Learning to Read Later Catch up to Children Reading Earlier," *Early Childhood Research Quarterly* 28, no. 1 (October 2013): 33–48.
14. Daniel Greenberg, *Free at Last: The Sudbury Valley School* (Framingham, MA: Sudbury Valley School Press, 1987), 31, 35.
15. Karl F. Wheatley, "How Unschoolers Can Help to End Traditional Reading Instruction," *Journal of Unschooling and Alternative Learning* 7, no. 13 (2013), http://jual.nipissingu.ca/wp-content/uploads/sites/25/2014/06/v71131.pdf.

16. Andrew Perrin, "Who Doesn't Read Books in America?," Pew Research Center, November 23, 2016, http://www.pewresearch.org/fact-tank/2016/11/23/who-doesnt-read-books-in-america.
17. "The U.S. Illiteracy Rate Hasn't Changed in 10 Years," *Huffington Post*, September 6, 2013, https://www.huffingtonpost.com/2013/09/06/illiteracy-rate_n_3880355.html.
18. William Teale, "Toward a Theory of How Children Learn to Read and Write Naturally," *Language Arts* 59, no. 6 (1982): 558.
19. Andrew Hacker, *The Math Myth: And Other STEM Delusions* (New York: The New Press, 2016), 138.
20. Barbara Oakley, *Mindshift: Break Through Obstacles to Learning and Discover Your Hidden Potential* (New York: Tarcher Perigee, 2017), 3.
21. L. P. Benezet, "The Teaching of Arithmetic I: The Story of an Experiment," *Journal of the National Education Association* 24, no 8 (November 1935): 241–44.
22. Hassler Whitney, "Coming Alive in School Math and Beyond," *Educational Studies in Mathematics* 18, no. 3 (August 1987): 229–42.
23. Daniel Greenberg, *Free at Last: The Sudbury Valley School* (Framingham, MA: Sudbury Valley School Press, 1987), 18.
24. Whitney, "Coming Alive in School Math," 229–42.
25. Carlo Ricci, "Emergent, Self-Directed, and Self-Organized Learning: Literacy, Numeracy, and the iPod Touch," *International Review of Research in Open and Distributed Learning* 12, no. 7 (2011): 135–46.
26. "Thinking about Math in Terms of Literacy, not Levels," *PBS News Hour*, August 2, 2016, audio transcript, https://www.pbs.org/newshour/show/thinking-math-terms-literacy-not-levels.

6 科技輔助下的自學

1. Jeff Goodell, "Steve Jobs in 1994: The *Rolling Stone* Interview," *Rolling Stone*, June 16, 1994, https://www.rollingstone.com/culture/news/steve-jobs-in-1994-the-rolling-stone-interview-20110117.
2. Seymour Papert, *Mindstorms: Children, Computers, and Powerful Ideas*, 2nd ed. (New York: Basic Books, 1993), 7.
3. Papert, *Mindstorms*, 8, 9.
4. Mitchel Resnick, *Lifelong Kindergarten: Cultivating Creativity through Projects, Passion, Peers, and Play* (Cambridge, MA: MIT Press, 2017), 13.
5. Marc Parry, "Online, Bigger Classes May Be Better Classes," *Chronicle of Higher Education*, August 29, 2010, https://www.chronicle.com/article/Open-Teaching-When-the/124170.
6. Laura Pappano, "The Year of the MOOC," *New York Times*, November 2, 2012, https://mobile.nytimes.com/2012/11/04/education/edlife/massive-open-online-courses-are-multiplying-at-a-rapid-pace.html?mcubz=1.
7. Meltem Huri Baturay, "An Overview of the World of MOOCs," *Procedia—Social and Behavioral Sciences* 147 (February 12, 2015): 427–433.
8. Chris Parr, "Mooc Creators Criticize Courses' Lack of Creativity," *Times Higher Education*, October 17, 2013, https://www.timeshighereducation.com/news/mooc-creators-criticise-courses-lack-of-creativity/2008180.article.
9. Philipp Schmidt, Mitchel Resnick, and Natalie Rusk, "Learning Creative Learning: How We Tinkered with MOOCs," P2P online report, http://reports.p2pu.org/learning-creative-learning.

10. Sugata Mitra, R. Dangwal, S. Chatterjee, S. Jha, RS Bisht, and P. Kapur, "Acquisition of Computer Literacy on Shared Public Computers: Children and the 'Hole in the Wall'," *Australasian Journal of Educational Technology* 21, no. 3 (2005): 407–26. http://eprint.ncl.ac.uk/file_store/production/24094/3344F368-A39A-415F-9F96-E6F101EAA8C6.pdf.
11. Sugata Mitra, "Build a School in the Cloud," TED Talk, February 2013, https://www.ted.com/talks/sugata_mitra_build_a_school_in_the_cloud.
12. John Greathouse, "The Future of Learning: Why Skateboarders Suddenly Became Crazy Good in the Mid-80s," *Forbes*, February 25, 2017, https://www.forbes.com/sites/johngreathouse/2017/02/25/the-future-of-learning-why-skateboarders-suddenly-became-crazy-good-in-the-mid-90s/#352ba03a2c91.
13. Ivan Illich, *Deschooling Society* (London: Marion Boyars, 1970), vii.
14. Ken Robinson, "Do Schools Kill Creativity?," TED Talk, February 2006, https://www.ted.com/talks/ken_robinson_says_schools_kill_creativity.
15. Samuel Levin and Susan Engel, *A School of Our Own: The Story of the First Student-Run High School and a New Vision for American Education* (New York: New Press, 2016), 59.
16. Vasilis Kostakis, Vasilis Niaros, and Christos Giotitsas, "Production and Governance in Hackerspaces: A Manifestation of Commons-Based Peer Production in the Physical Realm?" *International Journal of Cultural Studies* 18, no. 5 (February 13, 2014): 555–73.
17. Neil Gershenfeld, "How to Make Almost Anything: The Digital Fabrication Revolution," *Foreign Affairs* 91, no. 6 (Nov/Dec 2012), http://cba.mit.edu/docs/papers/12.09.FA.pdf.
18. Deborah Fallows, "The Library Card," *Atlantic*, March 2016, http://www.theatlantic.com/magazine/archive/2016/03/the-library-card/426888.

19. Neil Gershenfeld, *Fab: The Coming Revolution on Your Desktop—From Personal Computers to Personal Fabrications* (New York: Basic Books, 2005), 7.

20. Clive Thompson, "Texting Isn't the First Technology Thought to Impair Social Skills," *Smithsonian Magazine*, March 2016, http://www.smithsonianmag.com/innovation/texting-isnt-first-new-technology-thought-impair-social-skills-180958091/#RyYV2qBULE6F0h0R.99.

21. Frank Rose, "*The Art of Immersion* Excerpt: Fear of Fiction," *Wired*, March 10, 2011, https://www.wired.com/2011/03/immersion-fear-of-fiction.

22. Bob Pepperman Taylor, *Horace Mann's Troubling Legacy: The Education of Democratic Citizens* (Lawrence: University Press of Kansas, 2010), 19.

23. Joe Clement and Matt Miles, *Screen Schooled: Two Veteran Teachers Expose How Technology Overload Is Making Our Kids Dumber* (Chicago: Chicago Review Press, 2017), 5.

24. danah boyd, *It's Complicated: The Social Lives of Networked Teens* (New Haven: Yale University Press, 2014), 18.

25. Andrew K. Przybylski, Netta Weinstein, and Kou Murayama, "Internet Gaming Disorder: Investigating the Clinical Relevance of a New Phenomenon," *American Journal of Psychiatry* 174, no. 3 (March 1, 2017): 230–36.

26. Cheryl K. Olson, "Children's Motivations for Video Game Play in the Context of Normal Development," *Review of General Psychology* 14, no. 2 (2010): 180–87.

27. Peter Gray, "The Many Benefits, for Kids, of Playing Video Games," *Freedom to Learn* (*Psychology Today* blog), January 7, 2012, https://www.psychologytoday.com/blog/freedom-learn/201201/the-many-benefits-kids-playing-video-games.

28. Peter Gray, "The Human Nature of Teaching II: What Can We Learn from Hunter-Gatherers?," *Freedom to Learn* (*Psychology Today* blog), May 2, 2012, https://www.psychologytoday.com/blog/freedom-learn/201105/the-human-nature-teaching-ii-what-can-we-learn-hunter-gatherers.
29. Philipp Schmidt, Mitchel Resnick, and Natalie Rusk, "Learning Creative Learning: How We Tinkered with MOOCs," P2PU online report, http://reports.p2pu.org/learning-creative-learning.

7 自學資源中心

1. Harper Lee, *To Kill a Mockingbird* (New York: Grand Central Publishing, 1960), 43–44.
2. John Holt, *Learning All the Time*, rev. (New York: Da Capo Books, 1990), 162.

8 自學的學校

1. Jerry Large, "Astrophysicist Has Plan for Drawing Kids into Science," *Seattle Times*, May 15, 2011, https://www.seattletimes.com/seattle-news/astrophysicist-has-plan-for-drawing-kids-into-science.
2. Daniel Greenberg, *Free at Last: The Sudbury Valley School* (Framingham, MA: Sudbury Valley School Press, 1987), 8.
3. William K. Stevens, "Students Flock to Philadelphia 'School Without Walls,'" *New York Times*, January 23, 1970, http://www.nytimes.com/1970/01/23/archives/students-flock-to-philadelphia-school-without-walls.html?_r=0.
4. Lynne Blumberg, "Out of the Mainstream: Staying There Isn't Easy," *Education Next* 10, no. 3 (Summer

2010), http://educationnext.org/out-of-the-mainstream.

5. Ron Miller, *Free Schools, Free People: Education and Democracy after the 1960s* (Albany: State University of New York Press, 2002), 130.
6. Jonathan Kozol, *Free Schools* (Boston: Houghton Mifflin Company, 1972), 11.
7. Daniel Greenberg, *Free at Last: The Sudbury Valley School* (Framingham, MA: Sudbury Valley School Press, 1987), 184.
8. Peter Gray and David Chanoff, "Democratic Schooling: What Happens to Young People Who Have Charge of Their Own Education?," *American Journal of Education* 94 (1986): 182–213.
9. Daniel Greenberg and Mimsy Sadofsky, *Legacy of Trust: Life after the Sudbury Valley School Experience* (Framingham, MA: Sudbury Valley School Press, 1992); Daniel Greenberg, Mimsy Sadofsky, and Jason Lempka, *The Pursuit of Happiness: The Lives of Sudbury Valley Alumni* (Framingham, MA: Sudbury Valley School Press, 2005).
10. Kirsten Olson, "The Shadow Side of Schooling," *Education Week*, April 21, 2008, https://www.edweek.org/ew/articles/2008/04/23/34olson_web.h27.html.
11. Peter Gray, "School Bullying: A Tragic Cost to Undemocratic Schools," *Freedom to Learn* (*Psychology Today* blog), May 12, 2010, https://www.psychologytoday.com/blog/freedom-learn/201005/school-bullying-tragic-cost-undemocratic-schools.
12. Mark McCaig, *Like Water: The Extraordinary Approach to Education at the Fairhaven School* (Upper Marlboro, MD: Fairhaven School Press, 2008), 5.

9 自學的青少年

1. Carol Black, "A Thousand Rivers: What the Modern World Has Forgotten About Children and Learning," CarolBlack.org, http://carolblack.org/a-thousand-rivers.
2. Robert Epstein, *Teen 2.0: Saving Our Children and Families from the Torment of Adolescence* (Fresno, CA: Quill Driver Books, 2010), 21.
3. Perri Klass, "Kids' Suicide-Related Hospital Visits Rise Sharply," *New York Times*, May 16, 2018, https://www.nytimes.com/2018/05/16/well/family/suicide-adolescents-hospital.html.
4. Gregory Plemmons, et al., "Hospitalization for Suicide Ideation or Attempt: 2008–2015," *Pediatrics*, May 2018.
5. CDC QuickStats, "Suicide Rates for Teens Aged 15–19 Years, by Sex — United States, 1975–2015," *MMWR Morb Mortal Wkly Rep* 2017;66:816. DOI: http://dx.doi.org/10.15585/mmwr.mm6630a6.
6. CDC QuickStats, "Death Rates for Motor Vehicle Traffic Injury, Suicide, and Homicide Among Children and Adolescents aged 10–14 Years — United States, 1999–2014," *MMWR Morb Mortal Wkly Rep* 2016;65:1203. DOI: http://dx.doi.org/10.15585/mmwr.mm6543a8.
7. Margaret Shapiro, "Stressed-Out Teens, with School a Main Cause," *Washington Post*, February 17, 2014, https://www.washingtonpost.com/national/health-science/stressed-out-teens-with-school-a-main-cause/2014/02/14/d3b8ab56-9425-11e3-84e1-27626c5ef5fb_story.html?utm_term=.e8719bda42c6.
8. Epstein, *Teen 2.0*, 4.
9. Thomas Hine, "The Rise and Decline of the Teenager," *American Heritage* 50, no. 5 (September 1999), https://www.americanheritage.com/content/rise-and-decline-teenager.

10. Grace Llewellyn, *The Teenage Liberation Handbook: How to Quit School and Get a Real Life and Education*, 2nd ed. (Eugene, OR: Lowry House Publishers, 1998), 38.
11. John Hagel III and Jeff Schwartz, "A Framework for Understanding the Future of Work," *Deloitte HR Times* blog, September 27, 2017, https://hrtimesblog.com/2017/09/27/a-framework-for-understanding-the-future-of-work.
12. Paul Goodman, *New Reformation: Notes of a Neolithic Conservative* (New York: Random House, 1970), 87.
13. Paul Goodman, *Compulsory Miseducation and the Community of Scholars* (New York: Vintage Books, 1962), 61.
14. Robert Epstein, *Teen 2.0: Saving Our Children and Families from the Torment of Adolescence* (Fresno, CA: Quill Driver Books, 2010), 320.
15. Teresa Morisi, "Teen Labor Force Participation Before and After the Great Recession and Beyond," US Bureau of Labor Statistics, February 2017, https://www.bls.gov/opub/mlr/2017/article/teen-labor-force-participation-before-and-after-the-great-recession.htm.
16. Bryan Caplan, *The Case Against Education: Why the Education System Is a Waste of Time and Money* (Princeton, NJ: Princeton University Press, 2018), 3.
17. Robert Halpern, *The Means to Grow Up: Reinventing Apprenticeship as a Developmental Support in Adolescence* (New York: Routledge, 2009), xiv.

10 校外自學

1. Heidi Moore, "Why Play Is the Work of Childhood," Fred Rogers Center, September 23, 2014, http://

www.fredrogerscenter.org/2014/09/why-play-is-the-work-of-childhood.

2. Donna St. George, " 'Free Range' Parents Cleared in Second Neglect Case After Kids Walked Alone," *Washington Post*, June 22, 2015, https://www.washingtonpost.com/local/education/free-range-parents-cleared-in-second-neglect-case-after-children-walked-alone/2015/06/22/82283c24-188c-11e5-bd7f-4611a60dd8e5_story.html?utm_term=.cda931cd6d6b.
3. Lenore Skenazy, *Free-Range Kids: How to Raise Safe, Self-Reliant Children — Without Going Nuts with Worry* (San Francisco, CA: Jossey-Bass, 2009), 8.

11 自學的未來

1. Ta-Nehisi Coates, *Between the World and Me* (New York: Spiegel and Grau, 2015), 48.
2. Cathy N. Davidson, *Now You See It: How Technology and Brain Science Will Transform Schools and Business for the 21st Century* (New York: Viking, 2011), 18, 12.
3. World Economic Forum, "The Future of Jobs: Employment, Skills and Workforce Strategy for the Fourth Industrial Revolution," January 2016, http://www3.weforum.org/docs/WEF_Future_of_Jobs.pdf.
4. Sonia Smith, "Big-Box Store Has New Life as an Airy Public Library," *New York Times*, September 1, 2012, http://www.nytimes.com/2012/09/02/us/former-walmart-in-mcallen-is-now-an-airy-public-library.html.
5. Patricia Lee Brown, "These Public Libraries are for Snowshoes and Ukuleles." *The New York Times*, September 14, 2015, http://www.nytimes.com/2015/09/15/us/these-public-libraries-are-for-snowshoes-and-ukuleles.html.

6. Joseph Frazier Wall, *Andrew Carnegie* (New York: Oxford University Press, 1970), 818–19.
7. David Nasaw, *Andrew Carnegie* (New York: Penguin, 2006), 45.
8. Nasaw, *Andrew Carnegie*, 42–43.
9. Deborah Fallows, "The Library Card," *Atlantic*, March 2016, retrieved from web May 5, 2016: http://www.theatlantic.com/magazine/archive/2016/03/the-library-card/426888.
10. Andrew Carnegie, *The Autobiography of Andrew Carnegie* (Boston: Houghton Mifflin, 1920), 45.
11. Paul Goodman, *Compulsory Miseducation and the Community of Scholars* (New York: Vintage Books, 1962), 61.

全球資源

書籍

A White Rose: A Soldier's Story of Love, War, and School, by Brian Huskie
Art of Self-Directed Learning, by Blake Boles
Better Late Than Early, by Raymond and Dorothy Moore
Better Than School, by Nancy Wallace
Big Book of Unschooling, by Sandra Dodd
Challenging Assumptions in Education, by Wendy Priesnitz
Creative Schools, by Ken Robinson
College Without High School, by Blake Boles
Compulsory Miseducation and the Community of Scholars, by Paul Goodman
Deschooling Our Lives, by Matt Hern
Deschooling Society, by Ivan Illich
Dumbing Us Down, by John Taylor Gatto
The End of School, by Zachary Slayback
Free at Last, by Daniel Greenberg
Free-Range Kids, by Lenore Skenazy

Free Range Learning, by Laura Grace Weldon
Free Schools, Free People, by Ron Miller
Free to Learn, by Peter Gray
Free to Live, by Pam Laricchia
Growing Up Absurd, by Paul Goodman
Guerrilla Learning, by Grace Llewellyn and Amy Silver
Hacking Your Education, by Dale Stephens
Home Grown, by Ben Hewitt
Homeschooling Our Children, Unschooling Ourselves, by Alison McKee
How Children Fail, by John Holt
How Children Learn, by John Holt
In Defense of Childhood: Protecting Kids' Inner Wildness, by Chris Mercogliano
Learning All the Time, by John Holt
Like Water, by Mark McCaig
The Lives of Children, by George Dennison
The Modern School Movement, by Paul Avrich
Passion-Driven Education, by Connor Boyack
Pedagogy of the Oppressed, by Paulo Freire
Radical Unschooling, by Dayna Martin
Summerhill School: A New View of Childhood, by A. S. Neill
Schools on Trial: How Freedom and Creativity Can Fix Our Educational Malpractice, by Nikhil Goyal

School Free, by Wendy Priesnitz

School's Over: How to Have Freedom and Democracy in Education, by Jerry Mintz

Starting a Sudbury School, by Daniel Greenberg and Mimsy Sadofsky

The Teacher Liberation Handbook: How to Leave School and Create a Place Where You and Young People Can Thrive, by Joel Hammon

Teen 2.0: Saving Our Children and Families from the Torment of Adolescence, by Robert Epstein

The Teenage Liberation Handbook, by Grace Llewellyn

Teaching the Restless: One School's No-Ritalin Approach to Helping Children Learn and Succeed, by Chris Mercogliano

Teach Your Own, by John Holt and Patrick Farenga

The Unschooling Handbook, by Mary Griffith

The Unschooling Unmanual, by Jan Hunt

Weapons of Mass Instruction, by John Taylor Gatto

電影／紀錄片

Class Dismissed, Jeremy Stuart

On Being and Becoming, Clara Bellar

Self-Taught, Jeremy Stuart

Schooling the World: The White Man's Last Burden, Carol Black

The War on Kids, Cevin Soling

網站

African American Unschooling (scwalton0.tripod.com)

Agile Learning Centers (agilelearningcenters.org)

Alliance for Self-Directed Education (www.self-directed.org)

Alternative Education Resource Organization (www.educationrevolution.org)

Alternatives to School (www.alternativestoschool.com)

Camp Stomping Ground (campstompingground.org)

Christian Unschooling (www.christianunschooling.com)

The Classical Unschooler (www.purvabrown.com)

Confessions of a Muslim Mom (www.confessionsofamuslimmommaholic.com)

CottageClass (cottageclass.com)

Eclectic Learning Network (www.eclecticlearningnetwork.com)

European Democratic Education Community (www.eudec.org)

Fare of the Free Child (www.akilahsrichards.com)

Freedom to Learn (www.psychologytoday.com/us/blog/freedom-learn)

Free Range Kids (www.freerangekids.com)

Growing Minds (www.growingminds.co.za)

Happiness Is Here (happinessishereblog.com)

I'm Unschooled. Yes, I Can Write. (www.yes-i-can-write.blogspot.com)

International Democratic Education Network (www.idenetwork.org)

John Holt/Growing Without Schooling (www.johnholtgws.com)

Joyfully Rejoicing (www.joyfullyrejoycing.com)
Let Grow (letgrow.org)
Liberated Learners (www.liberatedlearners.net)
Life Learning Magazine (www.lifelearningmagazine.com)
Living Joyfully (livingjoyfully.ca)
Natural Child Project (www.naturalchild.org)
Not-Back-to-School Camp (www.nbtsc.org)
Peer Unschooling Network (peerunschooling.net)
Praxis (discoverpraxis.com)
Project World School (projectworldschool.com)
Secular Homeschool (www.secularhomeschool.com)
School Sucks Project (schoolsucksproject.com)
UnCollege (www.uncollege.org)
Unschool Adventures (www.unschooladventures.com)
Unschooling Dads (www.unschoolingdads.com)
Unschooling Mom2Mom (unschoolingmom2mom.com)
Worldschooling Central (www.worldschoolingcentral.com)

附錄　臺灣自學參考資訊

※標記「＊」星號之資料，皆由教育部指導政大之「臺灣實驗教育推動中心」（https://teec.nccu.edu.tw/）整理提供

■概念、現況與自我評估

《自學手冊：邁向自我創化的旅程》（二〇二〇年出版）＊

■非學校型態實驗教育相關法規

《高級中等以下教育階段非學校型態實驗教育實施條例》

《高級中等教育階段非學校型態實驗教育未取得學籍學生受教權益維護辦法》

各縣市非學校型態實驗教育相關法規＊：

各縣市教育主管機關非學校型態實驗教育相關網址列表＊：

辦學申請條件與相關指導

《實驗教育作業手冊》（二〇二一年修訂版）之第七至十一章非學校型態實驗教育相關內容＊

實驗教育團體、機構列表

「二〇二〇・〇七實驗教育互動地圖」＊

實驗教育組織、社群

臺灣實驗教育聯盟　http://ateei-org.blogspot.com/
保障教育選擇權聯盟　http://homeschool.tw/
自主學習促進會　https://sites.google.com/view/autoalearn
臺灣瑟谷教育推廣協會　https://sudburytw.wixsite.com/sudburytw
慕真在家教育協會　http://mujen.org.tw/
台灣另類暨實驗教育學會　http://twfaepa.com/
台灣親子共學教育促進會　http://parentparticipatingeducation.blogspot.com/

「自學 2.0」互助地圖（由自主學習促進會設計、維護）　http://we.alearn.org.tw/
在家自學社群（由自主學習促進會發起、維護）　https://fb.com/groups/109762725747093/

■常見QA＊

https://teec.nccu.edu.tw/faq/12/1.htm

或參前列《自學手冊：邁向自我創化的旅程》，書中4.6～4.9（常見問題集）相關內容＊

■臺灣中文參考資源

※所列資料以二〇二一年十一月查對狀況為依據

書籍

《心教：點燃每個孩子的學習渴望》，李崇建，寶瓶文化，二〇一五年

《台灣教育的另一片天空》，果哲，大塊文化，二〇一六年

《用「自主學習」來翻轉教育！沒有課表、沒有分數的瑟谷學校》，丹尼爾·格林伯格，橡樹林，二〇一六年

《在家自學的四個孩子》，許惠珺，道聲，二〇一八年

《成為他自己：全人，給未來世代的教育烏托邦》，劉若凡，衛城，二〇一五年
《自學時代：找回學習的動機與主權，成為自己和孩子的最佳教練》，黃夏成，如何，二〇一六年
《我家就是國際學校》（增修版，附自學手冊），魏多麗、陳怡光，商周出版，二〇一六年
《沒有學校可以嗎？》，徐玫怡，大塊文化，二〇一八年
《夏山學校》，A.S. Neill，遠流，一九九四年
《給孩子火種，他們就會燃燒全宇宙》，茱莉．博加特，時報出版，二〇一九年
《會玩才會學》（暢銷修訂版），彼得．格雷，今周刊，二〇二一年
《學校在窗外潮本》（網路時代版），黃武雄，左岸文化，二〇二一年
《學習的革命》，佐藤學，親子天下，二〇一二年

影音資料

《獨立特派員：自學的自由》（專題報導），公共電視
《獨立特派員：實驗學校來了》（專題報導），公共電視（以上可於YouTube搜尋觀看）
《不太乖學堂》系列影音，教育部指導政大之「臺灣實驗教育推動中心」（系列影片可於YouTube搜尋觀看，亦有同名Podcast頻道）
《宅．私塾》（紀錄片），黃建亮導演（放映資訊洽同名粉絲頁）

※本書編輯過程中，
承蒙鄭同僚教授、陳怡光先生協助，
特此致謝。

自主學習大未來：
家長最想知道、認識自學的第一本指南

Unschooled: Raising Curious, Well-Educated Children Outside the Conventional Classroom

作者	凱莉・麥克唐納 Kerry McDonald
譯者	林麗雪
社長	陳蕙慧
副總編輯	戴偉傑
主編	李佩璇
特約編輯	翁仲琪
行銷企劃	陳雅雯、尹子麟、余一霞
封面設計	比比司工作室
排版	宸遠彩藝有限公司

讀書共和國集團社長	郭重興
發行人兼出版總監	曾大福
出版	木馬文化事業股份有限公司
發行	遠足文化事業股份有限公司
地址	231 新北市新店區民權路 108-3 號 8 樓
電話	(02) 2218-1417
傳真	(02) 2218-0727
E-mail	service@bookrep.com.tw
客服專線	0800-221-029
法律顧問	華陽國際專利商標事務所　蘇文生　律師
印刷	呈靖彩藝有限公司

初版	2021 年 12 月
定價	新台幣 450 元
ISBN	9786263140776（紙本）
	9786263140844（EPUB）
	9786263140851（PDF）

國家圖書館出版品預行編目

自主學習大未來：家長最想知道、認識自學的第一本指南 / 凱莉・麥克唐納 (Kerry McDonald) 著 ; 林麗雪譯 . -- 初版 . -- 新北市 : 木馬文化事業股份有限公司出版 : 遠足文化事業股份有限公司發行 , 2021.12
348 面 ; 14.8 x 21 公分
譯自 : Unschooled : raising curious, well-educated children outside the conventional classroom
ISBN 978-626-314-077-6(平裝)

1. 在家教育 2. 自主學習 3. 自學 4. 美國

528.1 110018884